Understanding Trade Secrets Law

지식재산권 보호를 위한 필독서

영업비밀보호법의 이해

김정덕 · 김성화 지음

한국학술정보[주]

머리말

　오늘날 세계 시장경제는 '노동과 자본'에서 '지식과 정보'의 체제로 급속히 이동하고 있다. 이러한 움직임은 지식재산권이라는 새로운 고부가 가치의 창출에 대해 고민하지 않을 수 없는 상황에 직면하게 된 것이다. 지식재산권은 국가와 기업의 운명을 가르는 핵심 경쟁력으로 부상하고 있다. 특히 세계화와 더불어 국내 제품의 국제적 인지도와 경쟁력이 높아지면서 지식재산권분쟁은 국내기업 간의 문제가 아닌 국가적 분쟁으로 점차 확산되어 가고 있다. 따라서 전문적이고 체계적인 지식재산권 보호를 위한 국가차원의 전략적인 지식재산권 인프라 구축은 시급한 과제가 아닐 수 없다.

　이에 우리 정부는 영업비밀 보호와 관련해서도 여러 대책을 강구하고 있다. 특허청은 2010년 11월 회사나 개인이 보유하고 있는 영업비밀 문서에서 추출한 '전자지문(HASH값)'을 이용해 비밀의 존재 여부와 시점 등을 공식 확인받을 수 있는 영업비밀 원본 증명 제도를 시행하는 등 지식재산권 보호를 위해 노력하고 있다. 그러나 정부의 이러한 노력에도 불구하고 폭발적으로 늘어나는 영업비밀이 포함된 지식재산권 보호에는 여전이 미흡하고 그 대책이 그리 긍정적이라 할 수 없다. 실제로 2011년 6월에도 A사의 임원이 1천억 원대 산업용 특수 파이프 핵심기술을 담긴 비밀 276개 파일을 USB를 통해 빼낸 사건이 발생하여 영업비밀 보호의 취약성을 드러낸 바 있다. 이처럼 영업비밀 유출은 단순히 한 기업의 운명을 가늠할 뿐만 아니라 장기적으로 국가의 경쟁력을 추락시킨다는 점에서 시사하는 바가 크다. 즉 영업비밀은 '시장에서의 독점적 지위 확보'나 '특허분쟁의 사전 예방', '향후 기술개발의 원천'이 되는 열쇠라고 할 수 있기 때문에 영업비밀 보호에 대한 중요성의 강조는 지나침이 없다고 할 것이다.

이 책은 지식재산권의 중요 부분인 영업비밀에 대한 이러저러한 고민에서 비롯됐다. 따라서 이 책은 영업비밀에 관한 기본적인 개념에서 쟁점이 되는 문제로 확장시키고 있다. 또한, 영업비밀 관리를 위한 내용과 고민이 녹아져 있다. 결국 이 책은 영업비밀보호법을 공부하는 학생뿐만 아니라 영업비밀을 체계적으로 관리하고자 하는 기업체의 담당자들에게 유용할 것으로 기대한다.

이 책은 총7장으로 구성되어 있다. 제1장은 영업비밀보호제도의 전반적인 체계에 관한 내용이다. 1장에서 주로 다루고 있는 것은 지식과 정보가 '지식재산권'으로 인정받기까지의 일련의 과정을 기술하고 있다. 아울러, '지식재산권'의 기본개념들에 대해 정리하였다.

제2장에서는 영업비밀의 종류와 요건에 관해 언급하고 있으며, 제3장에서는 영업비밀의 침해유형을 6기지로 구분하여 기술했다. 제4장에서는 영업비밀의 침해행위에 따른 구제 형태를 각각 민사적 구제와 형사적 구제로 구분하여 살펴보았다.

제5장에서는 영업비밀보호와 관련하여 국제규범의 전반적인 연혁과 동향을 포함하여 다루었다. 특히 WTO/TRIPs 협정은 각국의 입법의 기준과 방향을 제시한다는 점에서 주목해볼 필요가 있을 것이다.

제6장에서는 우리나라 영업비밀보호법제의 개선방안에 관한 전반

적인 사항들에 대해 언급했다. 제7장에서는 영업비밀의 관리를 위한
다양한 대책에 관해 기술하였다.

이 책은 저자의 박사학위논문인 「영업비밀의 보호법제에 관한 연
구 - WTO/TRIPs 협정의 국내이행을 중심으로- 」를 토대로 재구성
하였으며, 공동저자가 목차 부분에 대한 수정과 검토를 하였고 제5
장, 제6장, 제7장 내용에 대한 교정 및 보완작업을 하였다. 보다 완
성도 높은 책을 출간하겠다는 욕심에도 불구하고 저자의 부족한 능
력으로 말미암아 미흡한 점이 많을 것으로 판단된다. 현명한 독자
여러분의 기탄없는 질타와 조언을 기대하며, 미흡한 점은 향후 꾸준
한 연구를 통해 수정·보완할 것임을 약속드린다. 특히, 영업비밀 보
호와 관련하여 거래과정에서의 영업비밀 유출문제, 비영리기관의 영
업비밀 보호범위에 관한 문제, 경업금지규정에 대한 근로자에 대한
보호규정에 관한 문제, 재판상 영업비밀 누설 방지 규정 등에 대해
심도 있는 연구와 논의가 필요한 부분들이 산재해 있다. 향후 이러
한 문제에 대해 풍부하고 완성도 높은 내용을 독자 여러분이 접할
수 있도록 노력하려고 한다.

이 책이 출간되기까지 많은 분들의 도움이 있었다. 저자의 지도교
수이자 큰 버팀목이신 고준환 교수님께 우선 감사의 말씀을 전한다.
또한 늘 용기와 희망을 주신 홍승인 교수님께도 감사의 말씀을 전하
고 싶다. 학위논문심사에서부터 이 책의 집필 과정에 이르기까지 아
낌없는 가르침과 격려를 해주신 연기영, 나윤수, 김인숙 교수님께도
깊은 감사를 드린다. 더불어 언제나 물심양면으로 도움을 주는 진희
권 교수님과 홍용석·김기수·정정일·최낙균·좌현동 박사님의 얼

굴도 떠오른다. 일일이 호명할 수 없을 만큼 신세를 지고 있는 가족들에게 이 책이 조금이나마 위안이 되었으면 좋겠다. 특히 아침·저녁으로 자식의 안부를 묻는 어머니, 백인순 여사님께 큰절 올린다. 아울러 힘든 상황 속에서도 묵묵히 지켜봐주고 힘이 되어준 아내 강유정과 아들 김강헌에게도 감사의 말을 전한다.

출판업계의 많은 어려움에도 불구하고 이 책의 출간을 흔쾌히 허락해 주신 한국학술정보(주) 채종준 사장님과 식구들께도 진심으로 감사드린다.

2011년 6월
덕수궁이 보이는 연구실에서
저자 씀

제6장 한국 영업비밀보호법제의 개선방안 ⋯ 261

제1장 영업비밀보호제도의 개관

Ⅰ. 지식재산권 시대의 도래

1. 지식과 정보의 진화

(1) 지식의 재산권화

자본과 노동은 19세기와 20세기 경제이론의 두 축일뿐 아니라 주요 생산요소였다. 고전경제학에 의하면 자본과 노동과 같은 생산요소가 증가하면 수익은 체감한다는 것이 일반적으로 적용되었다. 즉 노동이나 자본의 투입을 늘린다고 수익이 그 만큼 증가하는 것이 아니라는 것이다. 이는 수익률체감의 법칙에 따라 세계경제는 성장의 둔화와 침체에 직면할 것이라는 전망도 뒤섞였다. 이에 벨은 자본과 노동이 산업사회의 전략적이고 변혁적인 자원이었던 것과 마찬가지로 탈산업사회에서는 지식과 정보가 사회의 전략적이고 변혁적인 자원으로 대체된다는 점이 결정적인 차이라고 주장 한다.[1] 미래 학자로 잘 알려진 피터 드러커(Peter Drucker)는 "진정한 지배적 자원, 절대적으로 결정적인 '생산요소'는 이제 더 이상 자본도, 토지도 노동도 아니라 지식"이며, "자본가들과 프롤레타리아 대신에 탈자본주의사회의 계급들은 지식근로자와 서비스근로자"라고 주장한다.[2] 뿐만 아니라 지식의 중요성이 더욱 커지고 있고 가치는 이제 '생산성'과 '혁신'에 의해 창조되는데 생산성과 혁신은 지식을 작업에 적용하

---

1) 권태환·조형제·한상진, 「정보사회의 이해」, 미래M&B, 2002, 72면.
2) Drucker, Peter(이재규 역), 「자본주의 이후의 사회」, 한국경제신문사, 1993, 23면.

게 될 것이다.

이처럼 지식이 중요한 생산요소로까지 취급되면서 지식에 대한 배타적 소유권을 인정한다는 것은 지식에 대한 타인의 불법적 사용을 방지하고 독점적 경제이익을 보장받을 수 있게 해 주는 것을 의미한다. 따라서 지식생산물에 대한 독점이윤의 기대는 발명과 창작에 대한 의욕을 고취시켜 이에 대한 투자와 상품화를 촉진시키며 그 발명과 창작의 내용이 공공의 영역에 공개되도록 함으로써 궁극적으로 산업기술발전의 기반이 되는 지식과 정보의 축적을 가속화시킨다.3)

그러나 지식재산권의 보호의 확장이 경제적 후생의 관점에서 반드시 긍정적인 영향만을 가져다주는 것은 아니다. 이미 발명 또는 창작된 지적 생산물은 다른 사람이 아무리 많이 사용해도 발명자의 효용이 감소된다고 보기 어렵고 오히려 이러한 발명과 창작을 많이 쓸수록 사회 전체의 복지는 증가하기 때문에 지적 생산물에 대한 독점력의 허용은 독점가격 형성을 통해 자원의 비효율적인 분배를 가져오게 되고 지식재산권 소유자에 의한 경쟁 제한적인 불공정 행위가 초래될 가능성이 있다. 또한 정보와 지식은 본래 '이용에 배타성이 없는 재화'로서 '공공재'에 해당하는 것이며,4) 지식재산권법은 특정

---

3) 일반적으로 지식재산권의 보호근거는 재산권이론과 공공재이론(Public Goods)이 있는데, 공공재이론은 종종 공공영역(Public Domain)개념과 혼용되어 사용된다. 이는 공공재가 다수가 혜택을 누린다는 관점과 비경합성과 비배제성의 특성이 있다는 두 가지 접근관점이 있기 때문이다. 이에 비해 공유성은 누구나 유무형의 사물이나 지적 활동을 자유롭게 이용할 수 있는 법적 지위나 상태를 의미하고 그러한 분야를 공공영역이라고 한다. 따라서 균형문제를 바라보는 수단을 의미할 때는 공공재라는 용어를 그 외에 공공이익과 관련하여서는 공공영역 혹은 공유성의 용어를 사용하고자 한다. 지식재산권의 보호이론을 개인적 재산권, 공리주의적 견해로 나누어 설명한 것에 대해서는 Merges, Menell, and Lemley, Intellectual Property in the New Technological Age, Aspen, 2003, pp.2~20 참조.
4) 지식재산권의 공공재성의 특징에 관한 논의는 K. E. Maskus and J. H. Reichman, *Internaational Public Goods and Transfer of Technology*, Cambridge University

한 사회적 목적을 위해 이러한 공공재로서의 지식을 사적인 재화로 변화시키는 제도적 장치라는 비판을 하기도 한다.[5] 이에 각 기업들은 기술수준이 고도화·전문화됨에 따라 최첨단기술 개발에 막대한 노력과 비용을 투입할 뿐 아니라 경쟁기업의 최첨단 기술과 관련한 다양한 지식과 정보 획득에 노력을 경주하고 있다. 이와 같은 지식과 정보 보호의 중대성이 커지면서 개인이나 기업차원을 넘어 국가 경쟁력 차원에서 다루어지고 있다.[6] 그 만큼 지식정보사회에서 지식은 단순히 이익획득의 수단으로서가 아니라 국제경쟁의 장에서 생존을 위한 필수 전략수단으로 자리잡고 있다고 할 수 있다.

(2) 정보의 상품화

과학과 기술이 산업 생산에 적용되는 속도는 산업혁명 이후 꾸준히 빨라졌다. 과학기술혁명의 성과는 상품생산으로 곧바로 연결되었다. 후기자본주의, 소비자주의 혹은 후기산업주의에서는 산업 생산과 관련된 생산기술과 이의 토대인 과학지식뿐만 아니라 상품 유통과 관련된 각종 정보, 상품 소비와 관련된 소비자 정보 등도 과학과 기술만큼 중요한 의미를 갖게 되었다. 또한 생산에 대한 소비의 영향력이 확대되고 상품 구매지의 세그멘테이션(segmentation)[7]이 확대

Press, 2005, Part 1 참조.

5) 홍성태, "지적 재산권과 '현실 정보사회'의 모순", 『정보화 저널』제6권 제2호, 한국전산원, 1999. 6, 42면.

6) May, Christopher, "A Global Economy of Intellectual Property Rights: The new enclosures?", Routledge, 2000, pp.1~15.

7) 세그멘테이션(SEGMENTATION)은 경제학의 용어로서 세분화, 분할의 뜻을 내포하고 있다. 기업이 상품을 제조, 판매하고자 할 때 시장 전체에 그 수요가 꼭 있다고는 단정할 수가 없다. 그래서 어떠한 층에 잠재 고객그룹이 있는가를 분석

되고 소비자의 선택 범위가 커짐에 따라 유통경로의 확보는 생산만큼이나 중요해졌다.

디지털 경제는 이처럼 새로운 지식산업 분야의 확장과 '정보의 상품화'를 축으로 성장한다. 지식시장, 문화시장, 아이디어 시장이 성장은 브래이버맨이 논한 바처럼 비트 시대의 전반적인 상품화(commodification) 및 상업화(commercialization) 추세를 반영한다. 정보의 상품화는 정보의 사용가치가 교환가치로 바뀌는 과정에서 이루어진다. 이에 반해 정보의 상업화는 청중과 광고주 간의 소통관계 형성을 중심으로 이루어진다. 두 가지는 동시에 일어나는데 인터넷과 웹 페이지 가운데 광고를 싣는 사이트가 소의 '정보의 상업화' 현상이다. 정보의 상품화는 저작권이 있는 배타적 정보나 공유되던 정보 혹은 개인의 창조적인 정보가 재가공되거나 다른 정보가 결합되어 새로운 정보가치가 생겨나게 되면 이것을 유통서비스를 강화하거나 검색서비스 등을 제공하면서 사용가치를 가지던 정보를 교환가치 있는 정보로 전화하는 과정을 말한다. 정보의 상품화가 이루어지는 첫 번째 경로는 새로운 정보상품의 창출을 통해서다.[8] 두 번째 경로는 이미 생산된 정보를 상품화하여 이를 통해 이익을 보장받으려는 기존 컨텐츠 업계의 활동을 통해 이루어진다. 이는 정보가 무엇인가를 복제 가능하도록 하는 열쇠의 역할을 하기 때문이다.[9] 거대 독점 기업은 저작권이

해 그것을 목표로 하여 마케팅을 전개할 필요가 있다. 세그멘테이션은 시장을 공통적인 수요와 구매행동을 가진 층으로 나누어서 그 층의 욕구와 필요에 맞추어서 제품을 디자인하여 제공하는 것을 말한다. 세분화의 기준에는 인구학적, 지역적, 사회적, 심리적 방법 등이 있다. 보급률이 포화 상태에 도달했거나 먼저 나온 상품이 강할 때 세그멘테이션 전략이 전개된다.
(http://enc.daum.net/dic100/contents.do?query1=11XXX10658)

8) 예를 들면 오락, 문화, 각종 생활 정보, 비즈니스 관련정보가 이에 해당한다.

9) 福田 光雲, "サービスの情報化と知的財産權", 『NII Journal』 No.2, 國立情

라는 법적 권리를 통해 자신의 경제적 이해를 관철시키고자 한다. 배타적 소유권과 그러한 배타적 소유에 입각한 상품화 및 상품화된 비트에 대한 복제 및 사용권 제한이 저작권의 핵심 내용을 이루게 된다. 이러한 저작권과 더불어 기업 활동과 관련하여 생산 활동, 영업 활동 및 경영 활동에 관한 재산적 가치가 있는 정보, 즉 영업비밀(Trade Secret) 또한 하나의 재산권과 유사한 형태로 보호되기에 이르렀다. 이에 중요정보가 담겨져 있는 영업비밀은 신지식재산권으로 보호하기에 이르렀다.

2. 지식재산권의 의의

지식재산권(Intellectual Property Right)[10]은 인간의 지적 창착물

報學硏究所, 2001.3, 72面.

10) 지식재산권은 우리나라에 처음 도입된 이후 초기에는 무체재산권, 지적소유권, 지적재산권으로 불리고 있다. 1980년대 중반에는 지적소유권이라는 말이 주로 사용되었으며, 1980년대 말부터 1990년대로 오면서 지적재산권이라는 말이 널리 사용되었다. 이에 1998년 4월부터 특허청은 산업재산권과 저작권 등 기존의 지적소유권과 지적재산권을 대체하는 용어로서 지식재산권이라는 용어를 사용하고 있다. 특허청의 지식재산권 용어 채택 배경은 영업비밀, 데이터베이스, 인디넷도메인네임, 시리석 표시, 반도체설계 등 새로운 지식재산의 출현한 데에 착안한 것이다. 그러나 현행법의 여러 곳에서 아직까지 혼용되고 있는 실정이다. 발명진흥법, 민사소송법, 대외무역법, 기술이전촉진법, 전가거래기본법, 과학기술기본법, 관세법, 외국인투자기본법 등에서 지적재산권법이라는 용어가 법문에 사용되고 있고, 1999년 신설된 정보화촉진기본법 제16조의 4에서는 "정부는 정보화를 촉진함에 있어서 합리적인 지적소유권의 보호시책을 강구하여야 한다"고 규정하면서 지적소유권이라는 용어를 사용하고 있다. 한편 무체재산권이라는 용어도 민사소송 등 인지규칙 제18조에서 "무체재산권에 관한 소(訴)중 금전의 지급이나 물건의 인도를 목적으로 하지 아니하는 소(訴)는 소가(訴價)를 산출할 수 없는 소송으로 본다"고 규정하면서 사용되고 있고, 이 밖에도 공직자윤리법, 증권거래법, 인지세법 등에서도 여전히 무체재산권이라는 용어를

에 관한 권리로서 재산적 가치가 있는 것을 말한다.[11] 즉, 지식재산권은 정신적 재화인 '지적재산' 내지 무형의 재화인 '무체재산'을 그 보호대상으로 하는 일련의 사법체계상의 권리[12]로서 보호받을 수 있는 권리를 의미한다. 이에 세계지적재산권기구[13] 설립조약 제2조 제8항에서는 "지식소유권이라 함은 문학·예술 및 과학적 저작물, 실연자의 실연, 음반 및 방송, 인간 노력에 의한 모든 분야에서의 발명, 과학적 발견, 디자인, 상표, 서비스표, 상호 및 기타의 명칭, 부정경쟁으로부터의 보호 등에 관한 권리와 그 밖에 산업, 과학, 문학 또는 예술분야의 지식활동에서 발생하는 모든 권리를 포함한다"고 규정하였다. 이후 TRIPs 협정에서는 지식재산의 보호범위를 기존의 산업재산권과 저작권은 물론 지리적 표시권, 미공개정보가 포함된 영업비밀 등까지 지식재산권의 보호 범위가 확장되었다. 이와 같은 지식재산권의 탄생은 인격의 자유를 기초로 한 근대국가의 형성과 더불어 출발한 개념이다.[14] 근대 산업사회에 들어와서 경제거래의 대상이

사용하고 있다. 이에 이 책에서는 영업비밀 보호와 같은 새로운 지식재산권이 출현하는 현실에 비추어 지식재산권이라는 명칭의 사용이 적절하다고 생각되므로 지식재산권이라는 용어를 사용하고자 한다. 이와 더불어, 각종 법령에 명칭의 통일화 작업을 통해 지식재산권의 올바른 체계를 확립해야 한다.

11) 이동훈·김창배 공저, 『지식재산권법』, 예응, 2004, 17면.

12) 지식재산법에는 권리의 탄생, 소멸 등에 관한 공법적 절차규정도 섞여 있지만 그 보호대상인 지식재산권은 유체물에 대한 소유권과 마찬가지로 사권이며 목적물에 대한 권리이므로 본질적으로 사법의 영역에 속한다[송영식·이상정 공저, 『지적재산법』, 세창출판사, 2005, 8~9면].

13) 세계지적재산권기구(WIPO)는 국가 간의 협조를 통하여 그리고 적당한 경우에는 기타 모든 국제기구와 공동으로 전세계를 통한 지식재산권의 보호를 촉진하고, 제 동맹 간의 행정적 협조를 확보함을 목적으로 1967년 스웨덴의 스톡홀름에서 체결되었고, 1970년 4월 발효되었다. 우리나라는 1979년 3월에 가입하였다.

14) 지식재산권의 개념과 발전 양상에 관한 구체적 내용은 배대헌, "지적재산권 개념의 형성·발전", 『지적소유권법연구』제2호, 한국지적소유권학회, 1998. 2, 265면 이하 참조

되는 생산수단이나 상품 등 유체재산에 대한 절대불가침의 지배권이라는 근대적 소유권개념이 확립되었다. 동시에 인간정신의 발달에 따라 재산권도 다양화되어 학문·예술에 대한 창작물이나 창조적 발명정신에 기초한 새로운 기술 등에 대한 권리도 하나의 소유물로서 보호되어야 한다는 사회경제적 욕구가 높아지게 되었다. 이에 따라 근대적 의미의 지식재산권이라는 개념이 탄생한 것이다.[15] 이러한 지식재산권은 결국 인간의 지적 발명과 창작 활동에 의하여 생산된 지식에 대해 배타적 권리를 인정하여 경제적 인센티브를 제공함으로써 기술의 발전을 촉진하는 등 인류문화의 창달에 기여하는 역할을 수행한다.

3. 지식재산권의 유형

　지식재산에 대한 보호권인 지식재산권은 전통적으로 인간의 지적 활동의 성과로 얻어진 정신적·무형적 재화에 대한 "소유권에 유사한 재산권"을 지칭하는 것으로 산업적·영업적 소유권인 '산업재산권'과 문학적 또는 미술적 소유권인 '저작권'의 두 가지 유형으로 크게 나누어져 왔다. 그러나 컴퓨터 소프트웨어 및 반도체칩 설계권, 데이터베이스 등 최첨단기술이 응용된 장작물의 발생은 지식재산권 분야의 외연 확대를 요구하고 있고 그 범위가 보다 넓게 받아들여지고 있다. 이에 따라 오늘날 지식재산권분야는 전통적 의미의 산업발전을 목적으로 하는 산업재산권과 문화 창달을 목적으로 하는 저작

---

15) 정완, 『저작권보호의 국제적 동향』, 법무부, 1988, 9면.

권 그리고 신지식재산권으로 분류하는 것이 일반적 경향이다.16) 아래와 같이 나타낼 수 있다.

[표-1] 지식재산권의 유형

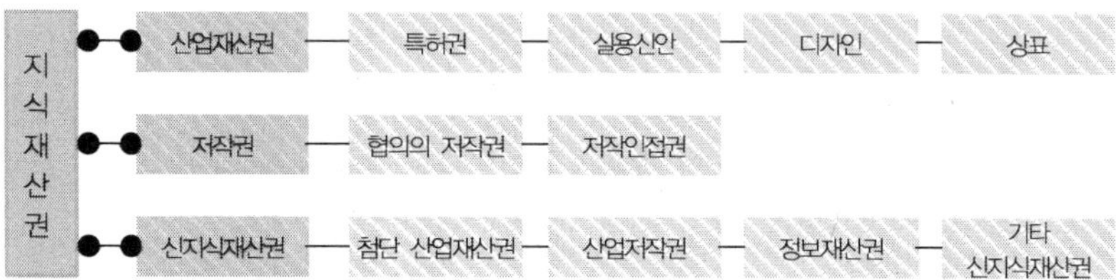

다만, 신지식재산권은 지식재산권의 분류기준인 산업재산권과 저작권 중 어느 하나로 쉽게 판별할 수 없는 특징을 가지고 있다. 이러한 신지식재산권의 보호는 국내뿐 아니라 국제사회에서도 중요한 협상의제가 되고 있다.

이렇듯 지식재산권은 현재도 대단히 광범위한 권리를 포함하고 있을 뿐만 아니라 시간이 경과함에 따라 과거에는 지식재산권으로 보호받지 못했던 것도 지식재산권으로 보호되거나 과학의 발달로 새로이 보호의 필요가 있는 것도 발생할 것으로 예상된다. 따라서 새로운 유형의 지식재산권에 대한 세밀하고 계속적인 논의가 필요할 것으로 생각된다.

---

16) 고준환 · 안성조 공저, 『평화세계거래법』, 교서관, 2004, 211면; 高石義一, 『尖端産業の知的所有權』, 東洋經濟新聞社, 1990, 38面; 김관형, 『지적재산권법개론』, 경문사, 2000, 4면; 정진섭, 『국제지적소유권법』, 육법사, 1992, 31면; 이동훈 · 김창배, 전게서, 17면; 윤선희, 『지적재산권법』, 세창출판사, 2007, 2∼3면; 송영식 · 이상정, 전게서 7면 이하.

(1) 산업재산권

　산업재산권은(industrial property)은 특허발명이나 실용적인 고안, 심미적인 디자인과 같은 산업상 유용한 신규의 창작에 대한 권리와 상호, 상표, 서비스표, 영업표 등 영업상 유용한 표지에 대한 권리로 나누어진다. 따라서 특허법, 실용실안법, 디자인보호법, 상표법을 산업재산권법이라고 칭하며 그 권리는 특허권, 실용신안권, 디자인권, 상표권으로 분류된다.17)

[표-2] 산업재산권의 비교

구 분	특허권	실용신안권	디자인권	상표권
보호대상	발명	고안	디자인	상표
보호목적	기술발전	기술발전	디자인창작장려	업무상의 신용유지
	산업발전	산업발전	산업발전	산업발전과 수요자의 이익보호
등록요건	산업상이용가능성	산업상이용가능성	공업상이용가능성	자타상품식별력
	신규성	신규성	신규성	
	진보성(⇑)	진보성(⇓)	창작성	
권리의 발생	설정등록	설정등록	설정등록	설정등록
권리의 내용	절대적 · 배타적독점권	절대적 · 배타적독점권	절대적 · 배타적독점권	절대적 · 배타적독점권
존속기간	출원일로부터 20년	출원일로부터 10년	등록일로부터 15년	등록일로부터 10년 (10년마다 갱신 가능)
등 록	심사	심사	심사/무심사	심사
출원공개	유(조기공개)	유(조기공개)	출원인이 신청가능	출원공고
심사청구	유(우선심사)	유(우선심사)	무	무
이의신청	유	유	유(무심사경우)	유

---

17) 연기영 외 4인, 『공학법제』, 동국대학교 출판부, 2005, 124면 참조.

먼저, 특허권(patent)은 산업재산권 중에서도 가장 전형적이고 경제적 비중이 큰 것으로서 새로운 산업적 발명에 대하여 발명자가 일정기간 동안 이 발명에 대한 독점적인 권리를 가지는 배타적인 지배권을 의미한다. 따라서 다음과 같은 특징을 가진다. 첫째, 특허권은 특허발명을 독점적으로 실시할 수 있는 권리이므로 특허권이 특허무효심판 또는 존속기간의 만료 등의 원인으로 소멸할 때까지는 누구의 방해 없이 당해 특허발명을 실시할 권리를 독점한다(특허법 제94조). 둘째, 특허권은 기술사상의 산업적 이용에 대한 지배라는 형태로 나타난다. 그렇기 때문에 같은 기술을 이용하는 경쟁업자에게 배타적 효력을 가지므로 영업에 있어서 우월적·독점적 지위를 가진다. 셋째, 특허권은 기술에 대한 독점권을 산업상의 재산권을 구성하여 권리의 사용·수익·처분권능을 인정한다. 이와 더불어 특허의 궁극적인 목표는 유용한 기술적인 제품을 생산하기 위한 연구와 개발에 대한 투자를 장려하는 것이다. 그렇기 때문에 특허권의 침해에 대해서는 침해를 금지하거나 손해배상을 청구할 수 있는 강력한 보호수단이 부여된다. 이와 같은 특허권에는 새로운 물질 자체의 발명에 인정되는 물질특허(product patent), 새로운 제조기술에 대하여 인정되는 제법특허(process patent), 새로운 용도개발에 주어지는 용도특허(use patent)로 구분된다.

산업재산권의 두 번째 종류로는 실용신안권(utility model)이다. 실용신안권은 실용신안인 고안에 대하여 독점배타적인 권리를 주는 것이다. 이는 특허제도만으로는 기술개발의욕이 상실될 우려가 있으므로 기술수준이 낮은 발명도 보호하고 창작의욕을 유지·증진시킬 필요가 있기 때문이다. 이렇듯 실용신안권은 기술적 사상의 창작을 보호하는 것이라는 점에서 특허권과 그 이념을 같이한다. 이러한 이유 때문에 실용신안제도를 굳이 별도의 법으로 보호할 필요가 있는가에 대한 의문을 제기하기도 하였다. 그러나 특허의 대상은 기술적 사상의 창작 중 고도의 것인 발명인 데 반해 실용신안의 대상은 특허에 비해 상대적으로 작은 실용적 발명이라는 데 그 차이점이 존재한다.[18]

세 번째 종류는 디자인권이다. 디자인권은 물품의 형태, 모양, 색채 등에 있어서 외관상으로 표현되는 독창성에 대하여 인정되는 권리이다. 디자인은 외관으로부터 표출되는 심미감이 중심이 되며 기술성이나 실용성이 있어야 하는 것은 아니다. 즉 디자인권은 물품의 형상이나 모양 혹은 색채 또는 이들의 결합에 의한 시각을 통하여 미감을 일으키게 하는 공업적으로 이용 가능한 디자인의 보호 및 이용을 도모하는 것이다(디자인보호법 제1조). 이러한 측면에서 물질자체나 제조방법을 중심으로 하는 특허권과 구별되고 기술적인 요인이 중요시되는 실용신안권과도 구별된다.

마지막으로 상표권(trademark)이다. 상표법상 상표란 상품을 생산·가공·증명 또는 판매하는 것을 업으로 영위하는 자가 가지의 업무에 관련된 상품을 타인의 상품과 식별하도록 하기 위하여 사용하는 표식을 말한다(상표법 제1조). 상표는 어떤 기업이 자사의 상품 또는 업무를 개성화함으로써 자사의 상품과 타사의 상품이 식별되고, 소비자들은 상품 또는 업무에 대하여 품질·성능·출처 등을 믿고 그 상품을 선택하게 된다. 이러한 상표에 권리를 부여해 준 깃이 상표권이다. 상표권은 상품소유자가 자신의 상품을 식별하고 인식하기 쉽도록 사용하는 고유의 문자, 도형, 기호, 색채 등을 표현된 상품표시에 대한 배타적인 사용권을 의미한다. 이것은 상표의 기능을 인정

---

18) 실용신안은 물건에 대해 고안만을 그 보호대상으로 한다.

하여 그 상표를 선정 개발, 발전시키는 데 지속적으로 투자하는 것
을 장려하기 위하여 상표에 대하여 재산권을 인정해 주는 것이다.

(2) 저작권

저작권(Copyright)은 인간의 사상이나 감정을 창작적으로 표현한
저작물을 보호하기 위해 그 저작자에게 부여한 권리를 말한다.[19) 아
울러 그 보호객체인 저작물은 창작자의 정신노동의 소산이며, 창작
자의 인격에 그 뿌리를 두고 있는 권리이다. 따라서 저작권은 일반
적인 재산권과는 달리 독특한 보호와 규제를 할 필요가 있는 분야로
서 지식재산권법의 영역에서도 매우 독특한 위치를 점하고 있다.[20)
저작권의 대상은 인쇄술에 의한 복제물, 즉 출판물을 비롯하여 음반,
테이프, 그림, 조각품, 사진, 필름, 악보, 광고문안 등 매우 다양하게
인정된다. 따라서 저작권자는 자신이 창작한 저작물에 대한 공표, 출
판, 번역, 복제, 공연, 방송, 연주 및 전시 등에 대한 권한을 독점적
이며 배타적으로 행사하게 된다. 저작권은 저작인격권(moral right)
과 저작재산권(copy right)으로 구분할 수 있다. 그리고 저작물로 예
시되지 않은 실연, 음반 및 방송물에 대해서는 저작인접권으로 보호
되고 있다.

저작인격권은 저작자가 자기 저작물에 대하여 자신이 저작자임을
주장할 수 있는 권리를 의미한다. 이는 저작에 관한 경제적 권리와
는 별도로 저작자가 자기 저작물을 왜곡하는 행위로 인하여 자신의

---

19) 김기태, 『저작권』, 살림, 2008, 5면.
20) 정진섭, 전게서, 35면.

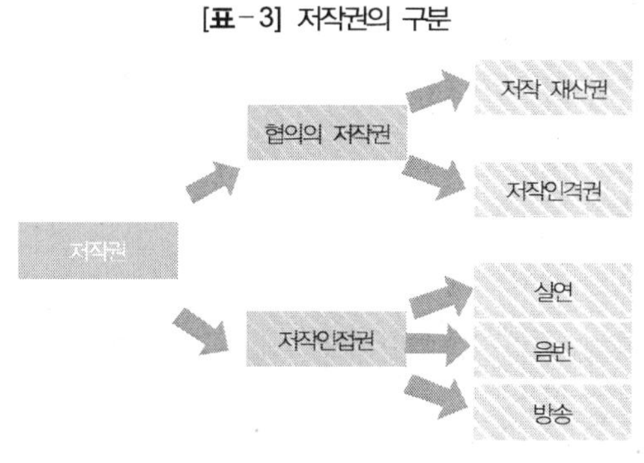

인격과 명예가 손상되는 것을 방지할 수 있는 권리이다. 저작권법에서는 이를 공표권·성명표시권·동일성 유지권의 세 가지로 나누어 규정하고 있다. 우선 공표권은 저작자가 미공표의 저작물을 공표할 것인가 아닌가 그리고 공표하는 경우에 그 시기와 방법 등을 어떻게 할 것인가를 결정하는 권리이다.

저작인격권의 두 번째 권리로 성명표시권이 있다. 성명표시권이란 저작자가 그의 저작물을 이용함에 있어서 자신이 저작자임을 표시할 수 있는 권리라고 할 수 있다. 저작자는 자신의 저작물의 원작품은 물론 그 복제물 그리고 그것을 공표함에 있어서 그의 실명(實名)이나 이명(異名)중에서 마음에 드는 것을 선택해 표시할 수 있는 권리가 있다. 결국 저작인격권으로서 성명표시권은 저작자가 저작물에 자신이 저작자임을 다양한 방법으로 표시하거나 표시하지 않을 수 있다는 것, 그리고 이용자가 저작물을 이용함에 있어서 저작자가 표시한 바에 따라 저작물에 저작자를 표시해야 한다는 것으로 요약할 수 있다. 따라서 이용자가 이용 저작물에 저작자를 표시함에 있어서 원저작자를 무시하고 다른 사람으로 표시하는 것은 명백히 성명표시권을 침해하는 것이라고 할 수 있다. 저작인격권의 세 번째 권리는 동일성유지권이다. 동일성유지권은 저작자가 자신이 작성한 저작물이 어떠한 형태로 이용되더라도 처음에 작성한 대로 유지되도록 할 수 있는 권리를 말한다. 즉 저작자의 의사에 관계없이 이용자로부터 저작물의 내용을 변경 당하지 않을 권리라고 할 수 있다. 하지만 저작물의 본질적인 변경이라도 그것이 정당한 절차를 거쳐 번역 또는 편곡 및 개작 등이 이루어진 것이라면 동일성유지권의 침해가 아니다. 다만, 번역을 함에 있어서 필연적인 변경과는 상관없는 중대한 실수로서의 오역(誤譯)따위는 동일성유지권의 침해 사유가 될 수 있다.[21]

저작권 구분의 두 번째(番째) 유형으로 저작재산권을 둘 수 있다. 저작재산권은 저작자가 자신의 저작물에 대해 갖는 재산적인 권리를 의미한다. 따라서 일반적인 물권과 마찬가지로 지배권이며, 양도와 상속의 대상일 뿐만 아니라 채권적인 효력도 가지고 있다. 저작자 일신에 전속되는 인격권과는 사뭇 다른 특성을 가지고 있는 것이다. 또한 저작재산권은 저작자가 자신의 저작물에 대해서 갖는 배타적인 이용권이라고도 할 수 있다. 그러나 실제로는 자신이 직접 저작물을 이용하는 경우보다는 남에게 저작물을 이용하도록 허락하고 그 대가를 받는 경우가 대부분이다. 이러한 저작재산권으로는 복제권, 공연권, 방송권, 전송권, 전시권, 배포권, 판매용음반의 대여권, 2차적 저작물 작성권 등 일곱 가지가 있다.

저작권의 마지막 권리는 저작인접권(neighbouring right)이다. 저작인접권은 저작권에서 파생된 권리로서 저작물로 예시되지 않은 인접권을 의미한다. 즉, 저작권제도에 의한 저작물의 보호를 전제로 하면서 저작권과는 별개 독립적으로 저작물의 내용을 공중에게 전달하는 매체, 예를 들면, 저작물의 실연, 저작물이 고정된 음반, 저작물을 전파하는 방송 등에 대하여 저작물에 준하여 문화적 창작가치를 인정하는 것이다.

---

21) 김기태, 전게서, 9~10면 참조.

(3) 신지식재산권

　신지식재산권은 과학과 산업의 발전으로 새로운 지식재산이 출현함에 따라 기존의 지식재산으로 분류되지 않은 새로운 형태의 지식재산을 의미한다. 신지식재산권은 그 성질에 따라 크게 산업적 저작권, 첨단산업재산권, 정보재산권과 기타 신지식재산권으로 구분할 수 있다.

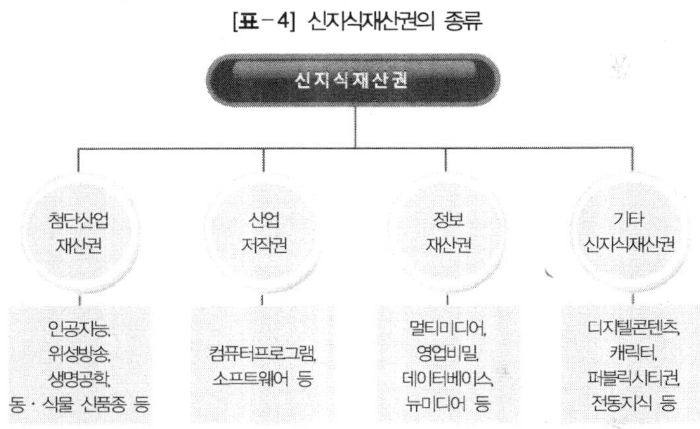

[표-4] 신지식재산권의 종류

　우선 산업적 저작권이란 산업재산권과 저작권의 복합어로서 창작의 방법과 내용에 있어서는 저작권적인 특성이 강하지만 그 용도는 산업재산권과 같이 산업적 활용이 주요기능인 지식소산물에 대한 재산권을 일컫는다. 예컨대 컴퓨터 프로그램[22]이나 소프트웨어, 데이터베이스(Date Base)[23] 등의 개발은 기계언어로 쓰인 논리체계로 쉽게

---

22) 컴퓨터 프로그램이라 함은 특정한 결과를 얻기 위하여 컴퓨터 등 정보처리능력을 가진장치(컴퓨터)내에서 직접 또는 간접으로 사용되는 일련의 지시, 명령으로 표현된 것을 말한다(컴퓨터프로그램보호법 제2조).

복제가 가능한 저작권적인 창작에 가까우나 그 용도는 컴퓨터의 하드웨어를 움직이게 하는 산업적 활용에 초점이 있다. 또한 반도체집적회로설계(IC Layout Design)24) 일종의 디자인이라는 점에서 저작권과 비슷하나 전자제품의 주요부품으로 사용되고 있는 점에서 첨단산업에 직접 관련된 것이다.

둘째, 첨단산업재산권은 첨단산업에 관련된 산업재산권을 지칭하는 것으로서 종래에는 산업재산권의 보호대상에 포함되지 않고 있었다. 그러나 유전공학, 전자 · 정보산업 등 첨단기술의 급속한 발달로 인하여 새롭게 산업재산권으로 보호되기에 이른 것이다. 예를 들면, 식물의 신품종 육성권,25) 생명공학의 산업응용 등에 따른 결과물들이 그 예라고 할 수 있다.

끝으로 정보재산권은 기업의 활동에서 가치가 있는 지식과 정보를 보호대상으로 하는 재산권으로서 영업비밀, 뉴미디어, 멀티미디어 등이 이에 해당된다. 이외에도 디지털 콘텐츠,26) 캐릭터(Character),27)

---

23) 데이터 베이스라 함은 소재를 체계적으로 배열 또는 구성한 편집물로서 그 소재를 개별적으로 접근 또는 검색할 수 있도록 한 것을 말한다(저작권법 제2조 제12의 4호).

24) 반도체집적회로 배치설계라 함은 반도체집적회로를 제조하기 위하여 각종 회로소자 및 그들을 연결하는 도선을 평면적 또는 입체적으로 배치한 설계를 말한다(반도체집적회로의배치설계에관한법률 제2조 제2항).

25) 식물신품종 육성권은 우리나라의 경우 종자산업법에 의해 보호되고 있다. 위 법에 의한 품종보호권을 취득하기 위해서는 특허와 같은 출원, 심사, 등록의 절차를 거쳐야 하며, 농림부의 관할 하에 있다.

26) 디지털 콘텐츠라 함은 부호 · 문자 · 음성 · 음향 · 이미지 또는 영상 등으로 표현된 자료 또는 정보로서 그 보존 및 이용에 있어서 효용을 높일 수 있도록 전자적 형태로 제작 또는 처리된 것을 말한다(온라인디지털콘텐츠산업발전법 제2조 제1호).

27) 캐릭터라 함은 소설이나 연극, 영화, 만화 등의 인물, 역할을 의미한다. 캐릭터는 엄밀한 의미에서 재산권은 아니지만 창작가에게는 일종의 자산이며 이미 법에 의하여 보호받을 가치 있는 이익이라 할 수 있으므로 제3자가 자기의 상업

·퍼블릭시티(Publicity)권,[28] 도메인 네임,[29] 전통지식,[30] 타이프 페이스(Type Face),[31] 지리적 표시[32] 등이 신지식재산권에 해당된다. 새로운 유형의 지식재산권은 향후 자연공학 등의 발전으로 그 형태와 종류가 더욱 늘어날 것으로 예측되는 한편 이에 대한 보호법제의 필요성과 대비책이 요구된다 할 것이다.

적 이익을 위하여 부정사용하는 경우에는 저작권법, 디자인보호법, 상표법, 부정경쟁방지 및 영업비밀보호에 관한 법률에 의해 보호가 주어져야 할 것이다[송영식 · 이상정, 상게서, 186~187면].

28) Publicity의 권리란 인격권적 성질을 가지는 성명, 초상 등이 상업상 영리목적으로 이용되는 경우 이를 공표, 상품화할 수 있는 권리를 말한다. 저작인격권의 공표권이 일신적속적인 인격권인 것과는 달리 Publicity의 권리는 재산권으로서 양도, 상속이 가능하다. 성명권과 초상권과 별도로 이를 재산권으로서 인정하여야 하는 이유는 영화배우, 운동선수 등의 경우에는 그의 성명, 초상으로 인하여 쌓아올린 경제적 가치들에 대한 충분한 대가를 받아야 하기 때문이다. 이처럼 Publicity의 권리는 성명이나 초상 그 자체를 보호하려는 것이 아니라 성명, 초상으로 인한 경제적 가치를 보호한다는 점에서 Privacy권과 구별된다.

29) 도메인 네임이란 인터넷상의 숫자로 된 주소에 해당하는 숫자 · 문자 · 기호 또는 이들의 결합을 의미한다[송영식 · 이상정, 전게서, 214면].

30) 전통지식이란 전통적 지식, 혁신적 기술 및 관행으로서 민간치료 요법, 이집트 벽화의 문양, 아프리카 토인의 음악 등이 이에 해당한다. 전통지식과 관련된 상세한 내용을 담고 있는 문헌으로는 고광국, "전통지식의 지적재산권 보호", 충남대학교 박사학위논문, 2006; 황종환, "전통지식보호에 관한 연구", 고려대학교 박사학위논문, 2004, 참조.

31) 타이프 페이스(글자체)라 함은 기록이나 표시 또는 인쇄 등에 사용하기 위하여 공통적인 특징을 가진 형태로 만들어진 한 벌의 글자꼴을 의미한다.

32) 지리적 표시란 상품의 특성 · 품질 · 명성 또는 그 밖의 특성이 본질적으로 지리적 근원에서 비롯되는 경우 회원국의 영토 또는 회원국의 지역 또는 지방을 원산지로 하는 상품임을 명시하는 표시로서(TRIPs 협정 제22조 제1항) 보르도 포도주, 부성 녹차 등이 이에 해당한다.

Ⅱ. 영업비밀의 기원

1. 의의

얼마 전 어느 외국 회사의 온라인게임 국내 판권을 들여오기 위해 경쟁을 벌이던 국내 게임회사들이 오히려 외국 회사에 국내 온라인 게임 운영의 경영 및 영업정보 등을 제공하고도 외국회사가 직배로 방침을 바꿈에 따라 국내 게임회사들은 온라인 게임 운영에 대한 영업비밀 등을 고스란히 외국회사에 넘어간 일이 발생한 바 있다.[33] 이 경우는 영업비밀이 포함된 중요정보의 외부 노출에 대한 위험성과 보호에 대한 필요성을 일깨워 준 사례이다. 그렇다면 오늘날과 같이 지식재산권 개념이 없던 과거에는 영업비밀이 어떻게 보호되었을까? 그 기원이 궁금하지 않을 수 없다.

과거에도 정보(Information)는 큰 역할을 담당하였음은 물론이다.[34] 그러나 특허제도가 없는 시대에 있어서는 기술의 독점, 즉 기

---

33) 정경석, 『지적재산권이야기』, 법률정보센터, 2006, 176면.

34) 정보란 'Informatio'에서 유래된 개념으로서, 'Informatio'는 '형상(Vorstellung)', '설명(Erläuterung)', '교시(Unterweisung)' 등을 뜻하였던 것으로, 프랑스에서는 고전적인 원어로서 주로 법적 차원에서 '어떤 진상(眞想)에 대한 수집 및 처리'의 의미로 사용되었다고 한다[Christopher John Fox, *information and misinformation*, Greenwood Press, 1983, pp.4~6: 이민영, "정보매체의 규제법리에 관한 연구", 성균관대학교 박사학위논문, 2006, 38면에서 재인용]. 하지만 정보의 개념은 각종 전달 매체의 발달과 용도 등 활용범위에 따라 다양하게 사용되고 있다. 우리나라 공공기관의 정보공개에 관한 법률 제2조 제2호에서 정보라 함은 "공공기관이 직무상 작성 또는 취득하여 관리하고 있는 문서·도면·사진·필름·테이프·슬라이드 및 컴퓨터에 의하여 처리되는 매체 등에 기록된 사항을 말한다"라고 규정하고 있고, 정보화촉진기본법 제2조 제1호에서는 "정보라 함은

술정보의 지배를 위해서는 그 정보를 비밀로 하여 사실상의 독점을 꾀할 방법 이외에는 없었다. 기술비밀의 역사는 기술의 역사만큼 오래된 것이라고 한다. 예를 들면 유리의 역사는 2,200년 전에 쓰인 유리제조의 텍스트(text)가 발견되었지만 이들은 텍스트(text)는 제조비밀을 지키기 위해 일종의 비밀언어로 써 놓았다.

[그림-1] 채륜

또한, 기원 105년 채륜(蔡倫)35)이 발명한 종이 제조 기술도 비밀로 되었다. 중국인은 종이 제조법을 비밀로 하기 위해 노력을 기울였으나 향후 이 기술은 서쪽으로 이동하였다. 왜냐하면, 중국인이 제지장(製紙場)을 건설했던 사마두칸이 아라비아인에 의해 함락 당했기 때문이다. 그곳에서 일하고 있던 중국인이 아라비아인의 포로가 되고 아라비아인은 그들을 통해 종이 제조법을 손에 넣었던 것이다.

정보가 중요한 것은 기술정보뿐만이 아니었다. 내륙아시아를 횡단하는 고대 통상로, 즉 실크로드(Silk - Road)도 중요한 정보였다. 이것은 문자 그대로 동방에서 서방으로 비단 등을 운반한 길이었지만 막대한 이익을 올렸다. 그것은 동은 광주(廣州)에서 서는 로마에 이르기까지 이르렀으며 그곳에는 몇 개인기의 본도와 몇 개의 문도가 있었던 것으로 알려졌다. 동서통상 개시 후의 중앙아시아의 역사는

자연인 또는 법인 특정목적을 위하여 광 또는 전자적 방식으로 처리하여 부호·문자·음성·음향 및 영상 등으로 표현한 모든 종류의 자료 또는 지식을 말한다"고 규정하고 있다.

35) 채륜은 중국 후한(後漢)의 관리로서 종이를 발명한 사람으로 알려져 있다. 후한서(後漢書)에 의하면, 채륜은 105년경 물속에서 부드러워진 나무껍질 등을 이용하여 종이를 만들어 낸 것으로 전해지고 있다.

[**그림**-2] 통상로 실크로드

통상로의 이익의 투쟁을 따라 전개되었다고 말할 정도로 길은 중요하였다. 이 통상로는 자연상의 험한 길을 피하고 사회적인 곤란을 피하기 위해 변경되었다. 새로운 통상로는 상인의 재산으로서 상업상의 비밀로 되었다.36)

옛날부터 영업비밀을 계속 유지한 이야기는 여러 가지가 있으나 그 중 가장 유명한 것은 고려청자와 코카콜라의 제조 사례가 대표적인 사례이다.

[그림-3] 고려청자 제조과정

고려청자의 경우 진흙 채취, 굽기, 유약 처리 등 일련의 과정을 일반에 공개하지 않고 죽음에 임박해서야 전승자에게만 그 비법을 전승하는 것으로 유명하다. 뿐만 아니라 코카콜라는 우연한 기회에 조합된 것인데 오늘날에는 각지의 보토라가 코카콜라사가 제조한 원액을 배급받아 보토 링크를 행하고 있다. 코카콜라사는 그 원액의 제조비법은 오직 한 사람 밖에 모른다고 한다.37)

영업비밀은 그것을 비밀로 함으로써 사실상 독점되어 왔다. 그러나 이것에 관련된 법률이 전혀 없었던 것은 아니다. 로마시대에 있

---

36) 少野昌延(천병태 역), 『노·하우 -기업의 기술비밀-』, 탐구당, 1982, 10면.
37) Deborah E. Bouchoux, *Intellectual Property for paralegals*, Cliftion Park, 2005, p.393.

어서도 염색기술이나 도자기 제조방법에 영업비밀이 존재했음이 전해지고 있다. 로마시대에는 주로 노예가 피용자였으므로 사용자와 피고용자 간의 문제로 되었다. 로마에서는 경쟁업자가 노예들에게 영업비밀을 누설하도록 유혹했었으나 이미 비밀을 누설한 이들 노예를 제소하는 것은 실익이 없었다. 그리하여 로마법에서는 영업비밀 위반을 유혹한 제3의 교사범을 제소하는 소인(訴因)을 개발하였다. 이를 Actio Servi Corrupti라고 하였다.[38] 그 후, 영업비밀이 근대적 의미에서 보호되기 시작한 것은 산업혁명에 따른 기술의 발달과 노동자의 이동이 급증하면서 부터였다. 19세기 중엽부터 프랑스와 벨기에에서는 형벌규정을 두기 시작했다. 독일에서는 1909년부터 민사구제책을 규정하였고 영미법에서도 판례의 발전으로 영업비밀을 보호하기 시작하여 현재에 이르고 있다.[39]

이처럼 영업비밀 보호의 문제는 오래되었으나 새로운 문제들이 제기되고 있다. 일반적으로 경쟁사회에 있어서 경제적 우위를 차지하기 위해서는 신규의 기술개발과 비밀정보의 독점상태의 지속은 유효하다. 오늘날 새로운 기술정보의 독점을 꾀하기 위한 수단으로 공개의 특허제도를 선택할 수도 있지만 그것과 달리 과거로부터 외부에 노출시키지 않음으로써 기술비밀의 보호유지에 만전의 노력을 기울여 온 것이다.[40] 이와 같이 공개를 통한 보호와 비밀을 통한 보호빙법의 문제는 오늘날에도 중요한 형태가 되고 있다.

---

38) A. Arthur Schiller, "Trade Secrets and the Roman Law : The Actio Servi Corrupti", *Columbia Law Review*, Vol. 30, No. 6, Columbia Law Review Association, 1930, p.837.

39) 송석언, "영업비밀보호제도", 『법정논총』 제44집, 중앙대학교 법과대학, 1995, 77면.

40) 千野直郎, "營業秘密保護の法史と法理", 『現代企業法諸問題』, 成文堂, 1996, 16面.

2. 한국 영업비밀보호법의 연혁

우리나라 부정경쟁방지 및 영업비밀보호에 관한 법률에 의한 영업
비밀보호는 첫째, 영업비밀의 성립요건(제2조의 2)을, 둘째 영업비밀
침해행위의 유형(제2조의 3)에 대한 기본규정을 마련하고 있다. 또한
영업비밀 침해행위의 구제수단으로서 민사적 구제와 형사적 구제책
을 마련하고 있다. 민사적 구제수단으로 금지 · 예방청구권(제10조),
손해배상청구권(제11조), 신용회복청구권(제12조)을 규정하고 있고,
형사적 구제수단으로 예비 · 음모 · 미수범(제18조, 제18조의 2, 제18
조의 3)의 처벌 규정과 양벌규정(제19조) 등을 마련하고 있다.

우리나라 영업비밀보호법은 1934년 12월 제정된 '조선부정경쟁방
지령'에서 시작되었고 8 · 15 광복 이후까지도 의용되었다.[41] 이후
1961년 12월 30일 '부정경쟁방지법(법률 제911호)'이 제정된 이후
몇 차례 개정을 통해 오늘에 이르고 있다.[42]

제1차 개정(1986. 12. 30)은 고도성장을 해 온 우리나라 산업경제
의 규모에 맞는 법률의 필요와 경제선진국의 지식재산에 대한 보호
압력의 대응이라는 요구에 부응한 것으로 부정경쟁심의위원회의 설
치 · 특허청장의 시정권고 및 벌금의 상향조정 등을 규정하였다.

제2차 개정(1991. 12. 31)에서는 새로운 지식재산으로 부상하고
있던 영업비밀에 대한 보호규정을 신설하였다. 이는 당시 WTO/TRIPs

---

41) 영업비밀보호법의 입법 변천과정에 상세한 내용은 정영철, "영업비밀법 제정의
문제", 『상사법연구』 제9집, 한국상사법학회, 1991. 11, 289면. 이하 참조.

42) 이 법률에서는 헤이그 개정협약에서 규정하고 있는 "산업상 또는 상업상의 공
정한 관습에 반하는 모든 행위로부터 지식재산을 유효하게 보호하는 것과 동시
에 특히 금지되어야 할 특정의 행위가 정해져야 한다"는 협약상의 정신이 담겨
있다[황의창 · 황광연, 전게서, 113면].

에 영업비밀이 보호대상으로 확정됨으로써 정부는 과학기술의 발전을 위한 외국의 선진기술의 도입을 유도하고, 다른 한편으로는 국제통상의 마찰을 줄이기 위하여 개정된 것이다.[43] 1991년 개정안에서는 영업비밀의 부정취득행위 등 영업비밀 침해행위의 유형을 정하였고, 영업비밀 침해행위에 대한 민사적 구제수단으로 침해행위 금지·예방청구권, 손해배상청구권 및 신용회복금지조치청구권을 정하였다. 뿐만 아니라 영업비밀의 선의취득자를 구제하기 위하여 특별규정을 두어 선의취득자에 대한 침해행위 금지·예방청구권 등의 행사를 제한하도록 했다. 이와 더불어 기업의 임직원이 그 기업 특유의 생산기술에 관한 영업비밀을 제3자에게 누설하는 행위에 대하여는 3년 이하의 징역 또는 3천만 원 이하의 벌금을 과할 수 있도록 형사처벌규정을 마련했다. 그러나 1991년 개정 부정경쟁방지법에 의한 영업비밀 보호는 여러 면에서 제한적인 것이었기 때문에 이후 영업비밀 보호의 확대 내지 강화를 주장하는 견해가 대두되었다.[44] 특히 1998년 반도체기술 해외유출사건이 발생한 바 있으나, 영업비밀 침해혐의자들 중 2명만 실형이 선고되고, 나머지 16명이 집행유예가 선고되자 처벌이 약하다는 지적이 있었다.[45] 이로 인하여 1998년 12월 개정이 이루어지게 되었다.

제3차 개정(1998. 12. 31)에서는 부정경쟁방지법을 「부정경쟁방지 및 영업비밀보호에 관한 법률」로 법 명칭이 변경되었다. 뿐만 아니

---

43) 특허청, 전게서, 5면.

44) 한국상공회의소, "국제 산업스파이사례와 산업스파이방지법률 제정방향", 1998, 55면; 국회사무처예산실, 「산업스파이방지법 제정방향에 관한 연구」, 1998, 27면; 윤해성, 전게학위논문, 129면.

45) 차상육, "영업비밀의 보호", 『산업재산권』 제32호, 한국지적재산권법학회, 2007, 8, 92면.

라 손해배상청구 시 침해자가 얻은 이익액을 청구인의 손해액으로 추정할 수 있도록 하였다. 또한 영업비밀을 해외로 유출한 자를 가중처벌하고 전직 임직원이 제3자에게 누설한 경우도 처벌하는 등 영업비밀 침해행위에 대한 형벌규정을 대폭 강화하였다.

제4차 개정(2001. 2. 3)에서는 유명상표와의 혼동 외에 비상업적 사용 등 정당한 사유 없이 유명상표 표지의 식별력이나 명성을 손상시키는 행위를 부정경쟁행위의 유형으로 추가하고 이러한 손상 행위에 대하여는 다른 부정경쟁행위와 달리 고의가 있는 경우에만 손해배상 및 신용회복의 책임을 묻도록 하였다. 또한 상표권자의 대리인이나 대표자, 대리인이나 대표자이었던 자가 정당한 사유 없이 상표권자의 등록상표와 동일 또는 유사한 상표를 그 상표의 지정상품과 또는 유사한 상품에 사용한 경우를 부정경쟁행위의 유형으로 추가하였다. 이와 더불어 부정경쟁행위 또는 영업비밀 침해행위로 인한 손해액을 침해자가 양도한 수량에 침해당한 자가 그 물건의 판매로 얻을 수 있는 단위 수량당 이익액을 곱한 금액으로 구체화하였다.

제5차 개정(2004. 1. 20)에서는 부정한 목적으로 타인의 성명·상호·상표 등과 동일하거나 유사한 도메인이름을 등록·사용하는 등의 행위를 부정경쟁행위에 추가했다. 또한 기업의 영업비밀 보호를 강화하기 위하여 기업의 영업비밀 침해행위의 처벌대상과 보호되는 기업의 영업비밀을 확대하였다. 뿐만 아니라 기업의 영업비밀을 침해한 자에 대한 친고제를 폐지하는 등 형사처벌을 강화하였다.

제6차 개정(2007. 12. 21)에서는 영업비밀을 외국으로 유출하려는 자에 대한 징역형의 법정형을 최고 7년 이하에서 최고 10년 이하의 징역으로 상향 조정했다. 이는 2000년 이후 우리나라의 첨단산업 피해가 급증한 데에 개정이유를 찾을 수 있다.

제7차 개정(2008. 12. 26)에서는 영업주와 관련한 양벌규정을 수
정하였다. 즉 개정 전 제19조 양벌규정은 영업주가 종업원 등에 대
한 권리·감독상 주의의무를 다하였는지 여부에 관계없이 영업주를
처벌하도록 하고 있어 책임주의 원칙에 위배될 소지가 있었다. 이에
영업주가 종업원 등에 대한 관리·감독상 주의의무를 다한 경우에는
처벌을 면하도록 하였다.

제8차 개정(2009. 3. 25)에서는 특허청장으로 하여금 부정경쟁방
지 및 영업비밀보호에 관한 사업을 할 수 있도록 하였다. 이것은 개
발도상국과의 무역장벽 철폐로 위조상품이 대량으로 유입되는 등 악
영향에 대비하여 부정경쟁방지 및 영업비밀보호 관련 업무를 강화하
도록 한 것이다.

제9차 개정(2009. 12. 30)에서는 영업비밀의 해외유출과 사용을
차단하기 위해 관련규정을 강화하였다. 즉 막대한 국가 이익의 손실
과 함께 국가경쟁력의 저하로 이어지는 국내기술의 해외유출을 방지
하기 위하여 외국에서 사용될 것임을 알면서 기업의 영업비밀을 취
득·사용한 자에 대해서도 이를 제3자에게 누설한 자와 동일하게 10
년 이하의 징역 또는 그 재산상 이득액의 2배 이상 10배 이하에 상
당하는 벌금에 처하도록 한 것이다46).

---

46) 특허청은 2010년 11월 22일부터 인감증명서처럼 기업이 보유한 영업비밀의 원
   천적 소유권을 증명하는 영업비밀 원본증명서 서비스 제도를 도입했다. '영업비
   밀 원본 증명 서비스'는 회사나 개인이 보유하고 있는 영업비밀 문서에서 추출
   한 '전자지문(HASH값)'을 이용해 비밀의 존재 여부와 시점 등을 공식 확인받
   을 수 있는 제도이다. 이는 영업비밀이 포함된 핵심기술유출로 논란을 빚을 때
   기업의 비밀 존재 여부와 시점 등을 공식 확인할 수 있다.

Ⅲ. 영업비밀의 개념

1. 영업비밀의 의의

영업[47]비밀은 19세기 초 영국의 보통법(Common Law)에서 보호의 싹이 트기 시작했으며 그 후 미국에 도입되면서 발전하게 되었다.[48] 영미법계에서는 트레이드 시크리트(trade secret)라고 그대로 사용하나 우리나라와 일본에서는 이를 번역하여 영업비밀로 사용하고 있다.[49]

일반적으로 영업비밀이란 어떤 기업이 비밀[50]로 보유하고 있는 기

---

47) 영업의 개념과 관련하여 우리나라 부정경쟁방지 및 영업비밀보호에 관한 법률에서는 '영업'의 의의에 대해서는 정의를 두고 있지 않아 어떠한 의미인지 명확하지는 않다. 다만, 상법에서는 영업양도 부분에서 '영업'을 정의하고 있다. 영업은 주관적 의의의 영업과 객관적 의의의 영업으로 나누고 있다[정찬형, 『상법강의(상)』, 박영사, 2008, 158면]. 여기서 주관적 의의의 영업이란 상인의 영리활동을 의미[상법 제5조(의제상인의 의의), 제6조(무능력자의 영업과 등기), 제8조(법정대리인에 의한 영업의 등기), 제21조 제1항(상호의 단일성), 제22조(상호등기의 효력), 제46조(기본적 상행위), 제61조(상인의 보수청구권)등]하는 데 반하여, 객관적 의의의 영업이란 상인의 영업목적을 위하여 결합시킨 재산의 전체를 의미[상법 제20조 단서(회사영업을 양수한 자의 상호의 부당사용의 금지), 제25조(상호의 양도) 등]한다.

48) 윤선희, "영업비밀의 보호와 한국헌법", 『입법조사월보』 제205호, 국회사무처, 1991. 12, 29면.

49) 이상정, "영업비밀의 보호", 『사회과학논집』 제2권 제2호, 울산대학교, 1992, 22면. 영업비밀의 단어는 독일, 스위스, 오스트리아, 한국, 일본 등 부정경쟁방지법에 의해 보호를 행하고 있는 나라들에서 많이 사용하고 있다[千野直郎, 『營業秘密の法的保護』, 中央經濟社, 2002, 123面].

50) 비밀은 보유한 주체와 그것이 생산ㆍ보관ㆍ유통ㆍ소비된 과정, 그리고 보호 상태의 3개 요소로 분류 할 수 있다[林紘一郎, "秘密の法的保護と管理義務", 『研究レポート』No.243, 富士通總研(FRI) 經濟研究所, 2005. 10, 1面].

술상 혹은 경영상 정보로서 재산적 가치가 있는 것으로 총칭되고 있다.51) 미국에서는 통일 영업비밀법 제4조에서 '영업비밀을 공개 또는 사용에 의해 경제적 가치를 얻을 수 있는 자에게 일반적으로 알려져 있지 않고 정당한 수단에 의해서는 쉽게 얻을 수 없기 때문에 영업비밀 보유자에게만이 현실적 또는 잠재적으로 독자적인 경제적 가치를 가질 수 있는 것으로서 그 비밀을 유지하기 위하여 적절하고도 합리적인 노력이 가해진 제조법 또는 공식, 패턴, 데이터의 편집, 프로그램, 도구, 고안, 방법, 기술 또는 공정 등을 포함한 모든 정보'라고 정의하고 있다.52) 일본의 경우에는 비밀로 관리되는 생산방법, 판매방법 기타 사업 활동에 유용한 기술상 또는 영업상의 정보로서 공연히 알려져 있지 않은 정보를 의미한다(일본 부정경쟁방지법 제2조 제4항).

우리나라는 부정경쟁방지 및 영업비밀보호에 관한 법률 제2조에서 영업비밀은 공연히 알려져 있지 아니하고 독립된 경제적 가치를 가지는 것으로서 상당한 노력에 의하여 비밀로 유지된 생산방법, 판매방법 기타 영업활동에 유용한 기술상 또는 경영상의 정보라고 정의하고 있다. 기술상 정보53)에는 등록을 출원할 수 없는 기술과 그 등록요건에 해당된다 하더라도 필요에 따라서는 등록을 하지 않는 기술 등을 포함하며 경영상 정보54)에는 상업상의 정보 기타 경영상 유

---

51) 법무부, 『UR협정의 법적고찰(하)』, 법무부, 1994, 592면.

52) 정갑주, "노하우(Know-How)의 보호", 『지적소유권에 관한 제문제(상)』, 재판자료 제56집, 법원행정처, 1992, 227면.

53) 기술상의 정보에는 설계도, 상품의 구성, 제조방법, 제조공정, 화학방법, 성분원료의 배합비, 설계방법, 설계도면, 제조원가, 실험자료, 연구보고서 등이 해당된다[澁谷達紀, 『知的財産法講義(Ⅲ)』, 有斐閣, 2005, 104面].

54) 경영상의 정보로는 고객의 명부, 판매지침서, 시장조사정보, 고객관리기법, 판매매뉴얼, 제품의 할인시스템 등이 해당된다[澁谷達紀, 上揭書, 104面].

용한 지위를 확보할 수 있는 사상의 창작 또는 이를 실시하는 데에 필요한 구체적인 지식, 자료 경험 등의 정보로서 공연히 알려져 있지 않고 비밀로 유지되고 있는 정보를 포함된다고 할 수 있다.

이와 같이 영업비밀의 개념에 대한 각국 법제의 태도는 약간은 차이가 있으나 실질적 내용에는 동일하다.[55] 이를 정리하여 보면 다음과 같은 요건이 필요하다. 첫째, 정보의 공개 또는 사용에 의하여 경제적 이익을 얻을 수 있는 타인에게 일반적으로 알려져 있지 않고 정당한 수단으로는 쉽게 획득할 수 없는 것이어야 한다. 둘째, 현실적 또는 잠재적으로 독립의 경제적 가치를 얻을 수 있는 것이어야 한다. 셋째, 정보의 비밀을 유지하기 위하여 주어진 상황에서 합리적인 노력을 해야 한다는 점을 들 수 있다.

2. 영업비밀의 용어

영업비밀은 노하우(know-how),[56] 기업비밀[57] 재산적 정보(proprietary information)[58] 등으로 다양하게 불리고 있다.[59] 이렇게 서로 다른

---

55) 千野直郎, 前揭書, 123面.

56) 紋谷暢男(윤선희 역),『무체재산권법개론』, 법경출판사, 1991, 22면. 이하.

57) 長內 健,『企業秘密保護法入門』, 民事法研究會, 2005, 2面. 이하.

58) 通商産業省知的財産權政策室,『營業秘密 · 逐業解說改正不正競爭防止法』, 有斐閣, 1990, 175面. 이하.

59) 영업비밀은 영업권(Good Will)과도 밀접한 관련성이 있다. 영업권은 기업의 명성이라는 데 의미가 있다. 기업이나 자산에는 크게 나누어 공장설비나 그 용지와 같이 눈에 보이는 것과 지식재산권과 같이 눈에 보이지 않는 것이 있다. 후자의 경우에는 특허권이나 상표권과 같은 권리 이외에 이 영업권(Good Will)이 포함된다. Good Will은 오랜 세월에 걸쳐 기업이 영업활동을 계속해 온 것에 의해 얻어지는 무형의 경제적 이익을 말한다. 단골 고객, 구매처, 영업상의 명

용어로 구분·사용되고 있는 이유는 그 용어가 생성된 배경과 이유 등이 다르기 때문이다. 뿐만 아니라 영업비밀의 경우 법적 성격이 단일이론으로 설명되기 곤란함에 따라 개념 정의가 쉽지 않다.[60] 그러나 영업비밀과 유사용어 등은 법률과 판례에 의하여 충분히 명확하게 구별되고 있으므로[61] 영업비밀에 대한 보다 명확한 개념 파악이 중요하다. 이는 영업비밀을 법적 보호 대상으로서 영업비밀을 어디까지 개념정의하고 보호할 것인가와 깊은 연관이 있다. 따라서 이하에서는 영업비밀과 유사하게 불리는 노하우(Know-How), 기업비밀, 재산적 정보 등과 같은 유사용어들과의 구별을 통해 좀 더 명확한 영업비밀의 개념에 대해 살펴보고자 한다.

(1) 노하우(know-how)

노하우(know-how)[62]에 관한 개념 정의도 정해진 것은 없으나 일반적으로 사업 활동에 있어서 경쟁상의 우위를 확보할 목적으로 개발·축적된 기술상의 비밀정보를 말한다.[63] 우리나라 대법원은 "노하우

성, 평판, 신용 등 모든 유형의 이익을 포함한다. 어떤 의미에서 영업체로서의 기업에 있어 가장 중요한 "생명선"이라고도 할 수 있는 부분이다. 한국 혹은 영미법하에서도 Good Will은 지식재산권의 일부를 이루는 것으로서 그 침해에 대해서는 일정한 보호가 부여되고 있다. 최근에는 특히 M&A(기업매수)의 경우에 문제가 발생하는 일이 많다[長谷川俊明 著(고상현 譯), 『법률넝한사선』, 광장서적출판부, 1997, 148~149면].

60) Unkovic, Dennis, *The Trade Secret Handbook*, Prentice-Hall, Inc., 1985, p.33.

61) 千野直郎, 前揭書, 116面.

62) 노하우와 관련하여 어원적으로는 미국과 마찬가지로 프랑스어에서는 'savoir-faire'라 하고, 그 의미는 어떻게 하는가(만드는가, faire)를 안다(savoir)라는 것이며, 영어로 Technical Know-How, 프랑스어로 Connaissances Technique, 독일어로 Technische Verbersserungen이라고 한다[土井輝生, 『工業所有權論』, 商事法務研究會, 1973, 22面].

란 공업목적에 도움이 되는 어느 종류의 기술을 단독 또는 결합하여
작성하고 그것을 응용하는 데 필요로 하는 비밀의 기술적 지식, 경험
또는 그것들의 집적을 일컫는 것"[64]이라고 하고 국제상업회의소
(International Chamber of Commerce: ICC)에서도 "노하우란 산업
목적에 이바지하는 기술 또는 실시하는 데에 필요한 기술, 응용지식,
방법 및 자료를 의미하고 노하우가 기밀성을 갖는 경우에는 기밀노하
우가 된다"고 밝히고 있다.[65] 따라서 트레이드 시크리트나 영업비밀
중 기술적 정보만을 지칭해서 사용된다는 점에서 다른 개념들보다 그
범위가 좁다고 볼 것이다.[66] 이에 영업비밀이라는 개념보다 노하우라
는 개념이 우리나라의 경제사회에 익숙해 진 것도 사실이지만 법률상
용어로 사용하기에는 부적절하다는 지적이 있다.[67]

생각건대 노하우의 개념은 영업비밀의 개념과 차이가 있다고 단정
하기는 어렵다. 하지만 노하우는 기술적 노하우와 영업적 노하우로
구별하여 사용하기보다는 기술적 노하우를 지칭하여 사용하므로 영
업비밀과 차이가 있다고 볼 수 있다.

(2) 기업비밀

기업비밀[68]은 기업의 비밀 정보 모두를 포함하는 개념이다.[69] 즉

---

63) 정갑주, 상계논문, 227면.
64) 대법원 1991. 5. 14, 91누209.
65) 大矢息生,『知的所有權と營業秘密の保護』, 稅務經理協會, 1994, 133~134面.
66) 정갑주, 전계논문, 227면.
67) 이상정, 전계논문, 22면.
68) 영국에서는 기업비밀을 기밀정보(Confidential Information)라 칭하고 기술상
　　정보 및 영업상 정보뿐만 아니라 프라이버시와 같은 개인 비밀정보, 언론보도기

기업활동에 유용한 정보에 한하지 않고 기업의 비밀에 해당하는 정보 모두를 포함하는 것으로 이해한다.[70] 기업비밀에는 종교적 교전과 같은 비경제적 정보, 세금포탈, 2중 장부, 공해물질방출, 기업 자금도피, 기업의 부동산 투기 등과 같이 반사회적 정보, 경쟁사로부터의 인력스카웃, 사장과 여사원 간의 애정 스캔들 등과 같은 반윤리적 정보, 신기술 발표회 및 신상품 전시회, 주식공모일자 발표 등과 같은 단일 또는 일시적인 사건에 해당하는 단순한 정보 등이 기업비밀에 해당한다고 볼 수 있다.[71]

따라서 기업비밀은 노하우와 영업비밀에 속하지 않는 정보까지 대상으로 하고 있으므로 정보의 범위가 가장 넓다. 이점에서 영업비밀과 기업비밀의 차이가 존재한다. 하지만 기업 활동에 관계된 모든 정보를 보호대상으로 할 수 있는 것은 아니므로 이를 비밀로 취급하는 것과 영업비밀로서 법적 보호를 받는 것과는 별개의 문제라고 할 수 있다.

(3) 재산적 정보·미공개 정보

재산적 정보(Proprietary Information)의 개념은 GATT 및 WTO/TRIPs 협정의 교섭과정에서 사용되었다. 교섭당시 주요 민간업계의 의견을

관의 뉴스 등의 사회·정치에 관한 비밀정보도 포함한 정보를 기밀정보로 판단하고 있고 오래전부터 판례법으로 보호하고 있다[千野直郎, 前揭書, 122面].

69) 千野直郎, 上揭書, 121面.

70) 기업이라 함은 사회경제적 작용을 하는 실재로서 영리행위를 중심개념으로 하여 그 영리행위 가운데 한정개념으로서 계획적 의도인 기획성과 반복적 집적(동종행위 반복)인 계속성을 도입하고 행위를 기초로 주체와 객체가 관계를 맺어 유기적 통일을 이룬 단위를 의미한다[고준환, 『기업법원론』, 교서관, 2000, 14면].

71) 황의창, 『영업비밀』, 육법사, 1992, 131면.

반영하기 위해 설치된 '지적재산 문제에 관한 미국, 일본, 유럽 민간 삼자 간 회의'에서 처음 논의되었다. 위 3자 간 회의의 결과물인 '지식재산권에 관한 GATT의 기본적 윤곽'이라는 공동문서를 통해 구체적으로 사용되었다. 즉 미국 측은 영업비밀의 개념으로 사용되는 트레이드 시크리트의 사용을 주장하였으나 일본 측은 트레이드 시크리트의 경우 미국의 주법 등의 특정한 개념을 연상할 우려가 존재하므로 부정적 입장을 표하였다.72) 이로써 앞의 공동문서에서 영업비밀이란 용어대신 재산적 정보라는 개념으로 대체되게 되었다. 이후 1993년 GATT/TRIPs 협정의 최종합의서에서도 미국은 재차 영업비밀 사용을 주장하였으나 특정국가의 법제 상정이라는 비판이 제기됨에 따라 미공개정보(Undisclosed Information)가 사용되기에 이르렀다.73) 이는 3자 간 민간 회의의 공동문서에서 사용된 재산적 정보보다 영업비밀과 관련된 정보들을 폭 넓게 보호하고자 하는 의지로 판단된다.

영업비밀과 관련하여 앞에서 살펴본 바와 같이 그 용어는 다양하게 불리고 사용되고 있다. 정리하자면 노하우는 기술상의 노하우만을 사용하는 협의의 개념으로 사용되고 기업비밀은 영업비밀(기술상 정보와 경영상 정보) 등을 포함한 그 외의 정보까지 광범위하게 포함하고 있다. 재산적 정보는 TRIPs협상 과정에서 생성된 용어로서 영업비밀과 용어상 차이가 존재하나 실질적 내용과 범위는 영업비밀(Trade Secret)과 동일하다고 할 수 있다. 이는 경제선진국인 미국의

---

72) 재산적 정보의 용어 채택과정과 관련된 구체적 내용은 經濟團體聯合會, "知的所有權に關する日米歐三極會議の見解", 『經濟資料』第354號, 經濟團體聯合會, 1988. 7, 참조.
73) 千野直郎, 前揭書, 121面.

영향력으로 인하여 트레이드 시크리트를 번역하여 사용된 결과라고 할 수 있다.[74) 생각건대 영업비밀이 위처럼 다양하게 사용되는 원인은 법률에 근거하지 않은 채 사회적·경제적 필요에 따라 사용되었기 때문이다. 따라서 법률 및 일반적인 경우에는 영업비밀 보호를 강화하기 위해서라도 통일적 용어의 사용이 필요하다고 생각된다. 이에 영업비밀은 미국의 트레이드 시크리티를 번역사용하고 있고 개념적 요소들도 크게 다르지 않으므로 영업비밀로 통일하여 사용하기에는 적당하다고 생각한다.[75) 다만 계약에서 비밀 유지 의무를 결정하는 경우에는 '기업비밀'을, 지식재산권을 구성하는 기술·지식정보를 표현하는 경우에는 '노하우'를 선택 사용할 수 있을 것이다.[76)

3. 영업비밀의 재산적 가치

인간의 공동생활이 시작된 원시시대 이래로 물건에 대한 지배와 그 보장의 문제는 인간의 삶에 있어서 중요한 문제 중의 하나라고 할 수 있다. 인간은 처음에는 사물을 채집, 수렵, 저장하는 방식으로 물건을 지배하였으나 인간의 공동생활이 확대됨에 따라 자신이 지배

---

74) 通商産業省知的財産權政策室, 前揭書, 37面.

75) 트레이드 시크리트(Trade Secret)라고 하는 용어는 영미에서의 법리로서 정착한 개념으로 우리나라와 일본의 영업비밀은 대략 이 트레이드 시크리트와 동일한 개념이다. 트레이드 시크리트는 미국에서 확고히 정착되어 있어 우리법체계를 정립하는데 적절하지 않다고 보아 그 번역을 다음 아닌 영업비밀이라는 용어를 채택하였다[이상정, 전게논문, 22면]. 이에 따라 영업비밀 용어와 관련하여 우리나라 부정경쟁방지 및 영업비밀보호에 관한 법률에서도 '영업비밀'로 용어를 통일하여 사용하고 있다.

76) http://www.ek.tohmatsu.co.jp/word/c - word/51 - 60/51.shtml

하고 있는 물건을 타인과 교환하여 자신이 필요로 하는 것을 얻기 시작하였다. 그로 인해 인간이 소유하고 지배하게 되는 물건의 범위는 도구, 무기, 획득물, 가축 등의 동산뿐 아니라 토지, 건물 등과 같은 것들로 확대되었다. 그러한 물건은 무한히 존재하는 것이 아니었기에 경제적 가치가 부여되기 시작하였으며, 이로 인하여 자연스럽게 공동체 또는 개인이 소유하고 지배하는 경제적 가치 있는 물건이라는 '재산'이라는 관념이 생겨났다. 그러나 시대적 흐름에 따라 재산이라고 부를 수 있는 대상들도 점점 확대되어 인간의 정신적인 창작활동의 결과로서 생성된 무체물에 대한 권리도 재산의 범주에 포함되기에 이르렀다. 이에 따라 재산권은 경제적 이익을 내용으로 하는 권리[77]로서 소유권 기타 물권을 포함한 채권, 저작권, 특허권, 상표권 등의 지식재산권, 광업권, 어업권 등 까지 포함하기에 이르렀다.[78] 이러한 재산권 보호의 절대원칙은 근대초기부터 전국가적·천부적 인권이라 하여 신성불가침의 권리로 간주되었으며 근대시민사회를 지탱하는 법적 지주가 되었을 뿐만 아니라 근대자본주의의 발달을 촉진한 원동력이 되었다. 이에 따라 소유권절대의 원칙은 근대민법의 기본원리로 자리 매김하고 있다.

재산권은 기본적으로 두 가지 특징이 있어야 한다.[79] 하나는 권리자가 자신의 재산권을 행사할 수 있는 자유도, 아니할 수도 있는 자유도 있어야 한다. 법률이 권리자의 권리행사 내지 불행사를 강제할 수 없어야 한다. 둘째는 권리자의 권리행사를 제3자가 침해해서는 아니 된다. 개인에 의한 침해뿐 아니라 국가에 의한 침해도 있어서

---

77) 이균성·홍승인·김동훈, 『기업법강의』, 인텔에듀케이션, 2003, 7면.

78) 大澤秀介, 『憲法入門』, 成文堂, 2003, 173面.

79) 박세일, 『법경제학』, 박영사, 2000, 125면.

는 아니 된다. 따라서 여기서의 제3자란 개인뿐 아니라 원칙적으로 국가도 포함된다.[80] 이는 프랑스 인권선언과 각국의 헌법에 규정되어 있다. 먼저 프랑스 인권선언 제17조에서 "소유권은 불가침 및 신성한 권리이므로 누구도 명백한 공공의 필요 있는 것을 법률이 인정하고 또 사전 보상의 조건이 아니면 이를 박탈할 수 없다"고 규정하고 있고 미국 수정헌법 제5조 또한 "법의 저당한 절차에 의하지 아니하고는 생명·자유 또는 재산은 박탈되지 않는다. 사유재산은 정당한 보상 없이 공공의 이용에 제공하기 위하여 징수될 수 없다"고 규정하고 있다.

우리나라 헌법 제23조도 "① 모든 국민의 재산권은 보장된다. ② 재산권의 행사는 공공복리에 적합하도록 하여야 한다. ③ 공공필요에 의한 재산권의 수용·사용 또는 제한 및 그에 대한 보상은 법률로써 하되, 정당한 보상을 지급하여야 한다"고 규정하고 있다. 뿐만 아니라 헌법 제22조 제2항에 저작자·발명가·과학기술자 등의 지식재산권을 보호하는 별도의 규정을 두고 있다. 이에 따라 영업비밀 또한 지식재산으로서 인정되고 있으므로 보호됨은 당연하다 할 것이다.

---

80) 물론 헌법 제23조에서 규정하고 있는 재산권의 한계(법률적 한계와 공공복리 적합성에 의한 사회적 한계)와 재산권의 제한(공공필요가 있는 경우 보상을 전제로한 제한)의 원리를 부정하는 것은 아니다.

Ⅳ. 영업비밀보호의 목적

1. 건전한 경쟁질서를 통한 기업경쟁력 향상

전자적(電子的) 수단으로 저장된 지식재산은 상대적으로 복사되고 유출될 수 있다.[81] 이에 영업비밀의 개발과 축적에는 상당한 시간과 비용 그리고 노력이 소요된다. 그럼에도 불구하고 다른 지식재산과 마찬가지로 영업비밀을 보호해 주지 않는다면 기업들은 스스로의 연구 · 개발노력에 의하여 영업비밀을 개발 · 축적하기보다는 정당한 대가의 지불 없이 다른 기업의 영업비밀을 도용하거나 무단 사용하는 손쉬운 방법을 택하게 될 것이다. 이는 결국 다른 기업의 영업비밀을 도용하거나 무단 사용하는 기업이나 국가가 스스로의 연구 · 개발노력에 의하여 영업비밀을 개발 · 축적한 기업 및 국가를 축출함으로써 악화가 양화를 구축하는 결과를 가져오게 될 것이다.[82] 따라서 기업들의 흐름이 바람직하지 못한 방향으로 흐르게 되는 현상을 예방 · 방지하고 기업 간의 건전한 경쟁 질서를 통한 기업경쟁력 향상을 위해 적절한 보호가 필요한 것이다.

---

81) Andrew Beckerman – Rodau, "Trade Secrets – The New Risks to Trade Secrets Posed by Computerization", *Rutgers Computer & Technology Law Journal*, Vol.28, 2002, pp.265~266.

82) 황의창, "영업비밀 보호제도의 도입과 기업의 대응", 『생산기술』제2권 제8호, 한국생산기술연구원, 1991. 9, 65면.

2. 기업의 생존기반 강화

　영업비밀은 그 자체가 대외적으로 공개되지 않도록 보호하여야 하나 만약에 기업 또는 연구소의 과실로 공개되거나 침해로 인하여 공개되면 원칙적으로 독점 사용할 수 있는 영업비밀로서의 본질적인 가치가 상실되므로 유출이나 침해가 되지 않도록 사전보호가 최선의 방법이다. 따라서 기업이 장기간에 걸쳐 인력을 투입하고 많은 재정을 투자하여 개발한 기술정보가 실수로 공개되면 다른 기업은 아무런 기술개발의 대가없이 사용할 수 있게 되어 영업비밀의 본질인 독점사용을 할 수 없게 되므로 경제적 가치를 상실하게 된다. 그러므로 영업비밀은 유출과 침해가 되지 않도록 사전에 철저히 보호하여야 한다. 유출이나 침해 또는 과실로 영업비밀이 공개되면 연구개발비와 장래 기대이익의 막대한 손실은 물론 취득자는 아주 적은 투자로 제품을 생산할 수 있어 부정한 침해자가 가격면에서 경쟁력을 가지므로 개발자는 경쟁력을 상실하게 된다. 특히 재정적인 손실과 기업이미지 실추 및 개발자의 의욕상실, 주가의 폭락으로 기업의 가치에도 큰 손실을 입게 되며 때로는 기업의 생존에 치명적인 피해를 볼 수 있다. 따라서 기업비밀의 보호는 사전보호가 최선의 방법이다.[83]

---

83) 컴퓨터프로그램보호위원회, 『영업비밀과 기업의 정보보호』, 컴퓨터프로그램보호위원회, 2007, 55면.

3. 기업들의 기술개발활동 촉진

오늘날 기업의 성공요건은 지식재산에 달려 있다 해도 과언이 아니다.[84] 따라서 영업비밀을 보호해 줌으로써 영업비밀의 보유자에게는 새로운 기술상 또는 경영상 정보의 개발의욕을 고취시켜 연구ㆍ개발활동을 촉진시키고 이러한 정보를 보유하지 못한 경쟁자에게는 타인이 보유한 영업비밀을 부정한 수단으로 획득하려는 의도를 갖지 못하게 하여 독자적인 기술개발 노력을 하도록 한다. 뿐만 아니라 영업비밀의 보유자가 기술이전과정 등에서 발생할 수 있는 비밀누출의 가능성을 미리 예방하도록 하여 국내기업 간 또는 국가 간의 기술이전을 순조롭게 하여 기술이전시장의 형성 및 해당기술의 효율적 이용을 촉진시킨다.[85]

4. 기존 특허제도의 보완

특허에 의한 보호보다 영업비밀로서의 보호가 장점으로 평가받을 수 있는 것은 우선 영업비밀은 그것이 비밀로 유지되는 한 기한의 제한을 받지 않고 특허를 위해 필요한 신규성, 산업성, 진보성 등의 엄격한 요건이 구비되지 않더라도 영업비밀의 요건이 인정되면 보호

---

84) Randall W. Schwart, "Are Corporate Information Assets, in the Midst of Dynamic Technological and Infrastructural Advances Best Secured by Legal or Self−Help Remedies?", *Houston Journal of International Law*, Vol.26, 2003, p.165.

85) 특허청, 『영업비밀보호 가이드북』, 특허청 산업재산보호과, 2004. 5, 6∼7면.

가 가능하게 된다.[86] 이는 영업비밀을 통한 보호는 지식재산권으로 보호받기가 어려운 기술적 정보나 비밀로 간직하고 있는 관리비결 등 경영상 정보, 영업상의 아이디어 등도 법적으로 보호받을 수 있게 보완 기능을 수행함으로써 지식재산권의 목적에도 부합하는 것이다.[87]

5. 국가안전보장과 국가적 이익

영업비밀은 단순히 기업의 차원을 넘어 국가적 이익과 안전보장이라는 차원에서 다루어지고 있다. 특히 미국은 자유로운 시장 경쟁 하에서의 경쟁의 공정성을 확보하기 위하여 건전한 경쟁 질서를 확보한다는 필요성을 넘어 국가안전보장 및 국가적 이익에서 접근하고 있다. 미국은 1996년 경제스파이법(EEA) 제정을 통해 영업비밀 침해자에 대한 제재의 형태를 형사적 제재로까지 확장·강화해 가고 있다. 이는 생명공학이나 IT기술 분야에서 막대한 경제적 가치나 경쟁상의 이익을 가진 비밀정보가 증대하고 외국으로부터 미국의 권익을 지킨다는 목적에서 영업비밀 보호가 강구되고 있음을 의미한다. 이러한 의미에서 영업비밀은 특정 기업의 이익뿐 아니라 국가적 이익 및 국가안전보장의 문제까지 포함한 광범위한 목적을 수행하고 있으므로 그 필요성이 중요하다.

---

86) 송근장·김홍조·기민호·최병규, "영업비밀의 보호", 『전자통신동향분석』 제13권 제1호, 한국전자통신연구원, 1998. 2, 64면.

87) 특허청, 전게서, 7면.

V. 영업비밀의 구성이론

영업비밀보호제도는 영업비밀보유자에게 특정 형태의 권리를 부여하여 보호하는 것이 아니라 영업비밀보유자로 하여금 경영상 혹은 기술상 유용한 정보를 비밀로서 유지·관리토록 하여 재산적 가치를 보호하고자 하는 제도이다.

영업비밀을 보호하는 방식은 크게 두 가지 유형으로 나누어져 설명되고 있다. 첫 번째 유형은 미국을 비롯한 영미법계 국가처럼 영업비밀을 보통법(Common Law)에 의해 유체재산권과 같이 단일한 방식으로 보호하는 방식이다. 두 번째 유형은 성문법주의를 채택하고 있는 대륙법계 국가처럼 부정경쟁방지법, 불법행위법, 계약법, 형법 등의 복수의 개별법으로 보호하는 방식이다. 다만 영업비밀 보호 문제는 미국을 비롯한 선진국들에 의해 필요성이 많이 제기되어 법적 근거를 형성하는 데 많은 논의가 있었다. 이에 따라 우리나라도 부정경쟁방지 및 영업비밀보호에 관한 법률을 통해 영업비밀 보호 규정을 두고 있으나 법적 근거에 대해서는 영미법 국가에서 논의된 이론들을 참고로 하고 있다.

1. 계약이론

계약이론(Contract Theory)은 영업비밀보유자가 비밀을 지키기 위해 피용자 등과 비밀유지에 관한 명시적 계약이 존재하지 않는 한 영업비밀로서 보호받지 못한다는 이론이다. 이 이론은 영업비밀에 관한 소송은 일반적으로 명시적 계약에 기초하고 있다는 점에 그 근거를 두고 있다.[88] 즉 영업비밀계약은 고용계약, 위임, 도급 등의 전형계약과 제조물 공급계약, 기술 원조계약 등 여러 형태에서 발생할 수 있는데 이 경우 노하우 계약과 유사하다.

계약이론에 의한 방식은 계약법의 기초원칙을 적용하는 것으로 계약관계에 있는 자가 계약을 위반하여 영업비밀을 사용하거나 제3자에게 공개한 경우 영업비밀 보유자는 그 상대방에 대하여 계약위반 책임을 추궁하여 영업비밀을 보호받을 수 있는 것이다. 뿐만 아니라 계약관계가 없는 제3자가 타인이 비밀로 하는 영업비밀을 알면서 혹은 과실에 의해 이러한 사실을 모르고 타인의 영업비밀을 허락 없이 사용하거나 그 비밀을 누설한 경우 일종의 부정경쟁행위로 취급되어 보호될 수 있을 것이다.

그러나 이 이론은 계약이 존재하지 않으면 영업비밀을 보호할 수 없는 한계가 있다. 예를 들면 영업비밀보유자와 아무런 계약관계가 없는 피용자나 라이센스로부터 영업비밀을 알게 된 제3자에 대해서는 아무런 규제수단이 없게 되는 것이다.

따라서 영업비밀보호를 위하여 반드시 명시적 계약관계를 전제로 할 것이 아니라 그 비밀에 보호할 가치가 있는 한 반드시 명시적 계약관계를 전제할 필요는 없다고 생각된다. 즉 기업에서 영업비밀이 비밀로서 유지·관리되었다면 굳이 영업비밀에 관하여 사용자와 피용자 간에 특별한 약정이 없었다 하더라도 보호되어야 할 것이다.

---

88) Jager, Melvin F, *Trade Secrets Law*, Clark Boardman Company, 1997, p.4.

2. 불법행위이론

  불법행위이론(Tort Theory)은 영업비밀 침해가 문제된 구체적인 사건에서 법원이 불법행위라는 전통적인 법 형식에 의하여 비밀보유자에게 보호를 인정해 주는 과정에서 형성되었다. 불법행위분야에 있어서 미국의 영업비밀은 판례상 재산이론이나 신뢰관계이론 등의 이론에 의해서 보호되어 왔다고 본다. 이 두 이론은 기본적으로 영업비밀의 보호를 위해 크게 영업비밀의 존재와 영업비밀의 부당 사용이라는 두 가지 공통요건을 필요로 한다. 이 불법행위이론은 미국의 제1차 불법행위법과 통일 영업비밀법에서 이를 기초 구성이론으로 수용하여 법리의 중심적 근거로 삼았다. 불법행위를 인정한 대표적인 사례로 미국 연방대법원의 E.I.Dupont de Nemours & Co. v. Rolfe Christopher 사건이 있다.[89]

  우리나라와 일본의 경우에도 영업비밀 침해의 문제를 불법행위이론으로 구성하여 왔다. 따라서 이를 위해서는 위법행위가 존재하여야 한다. 그러나 불법행위이론은 부정경쟁방지 및 영업비밀보호법에서 사전적 · 예방적 청구권으로서 금지청구권을 인정하는 충분한 근거로 되지 못하고 있어 한계로 지적되고 있다.[90]

---

89) 연방대법원은 이 사건에서 항공사진에 의해 건설 중인 공장의 비밀을 입수한 행위에 대해 불법행위 리스테이트먼트 제757조의 (a) "부정한 수단으로 그 비밀을 발견했을 때"에 해당한다고 판시한 사건이다.

90) 정진옥, 전게논문, 331면.

3. 재산권이론

재산권이론(Property Theory)은 영업비밀을 일종의 재산권으로 보고 이를 보호의 기초로 주장하는 견해로서[91] 불법행위이나 부정경쟁방지법 혹은 부당이득법에 의해서는 간접적으로 보호받을 뿐이라고 본다. 아직까지도 영업비밀의 재산권을 부정하는 견해가 있음에도 불구하고 미국의 법원은 일반적으로 인정하고 있다. 재산권이론을 공식적으로 인정한 사례는 1984년 Rukelshaus사건이다. 담당법원은 살충제의 등록을 받기 위해 연방환경청에 그에 대한 영업비밀을 고지하였고 연방환경청이 이를 경쟁기업에 공개해 버린 사건으로서 연방대법원은 이에 대해 정당한 보상을 하지 않고 재산권을 수용한 것으로 볼 수 있다고 판시하여 영업비밀을 재산권으로 인정하였다. 이는 영업비밀을 구성하고 있는 정보는 일단 타인에게 알려지거나 타인이 사용하면 영업비밀보유자는 그 정보에 대한 재산적 이익을 상실하기 때문이다. 그러나 현행법제하에서 영업비밀의 재산권성을 인정한다고 할지라도 물권적 배타적 재산권성을 인정할 수는 없다고 생각한다.[92] 왜냐하면 영업비밀은 특허권에서와 같이 공시제도가 없을 뿐 아니라 특허권에서 조차 특허권자는 독점적인 발명자 또는 선의의 선사용자에게 사용금지청구를 할 수 없기 때문이다.

---

91) 정진옥, 전게논문, 334면.
92) 대법원 1997. 6. 13, 97다8229.

4. 부당이득이론

부당이득이론(Unjust Enrichment Theory)은 영업비밀보호법상의
원리로서 영업비밀의 침해를 자유시장경제의 공정한 경쟁 질서를 파
괴하는 행위로서 부당한 이익으로 파악하는 이론[93]으로서 불공정경쟁
의 배제에 그 기초를 두고 있다. 이와 관련해서는 원고인 Atakantic
Wool Comibing Co.와 피고인 Norfork Mills. Inc. 간의 사건이 있다.
미국 법원은 피고회사는 원고회사보다는 아주 능률적인 공정을 고안
해 기계제작자에게 제작을 의뢰하면서 다른 누구를 위해서도 부품을
만들지 않겠다는 것에 동의하게 하였다. 그러나 원고회사에서 전직
한 사원으로부터 이 사실을 듣고 피고회사가 그 기계제작자에게 기
계의 제작을 의뢰하여 구입한 사건에서 법원은 피고회사의 부당이득
을 인정한 사건이다.

5. 신뢰관계이론

신뢰관계이론(Confidential Relationship Theory)은 영업비밀보호
가 영업비밀보유자와 침해자 간의 신뢰관계에서 나온다는 이론이
다.[94] 즉 신뢰관계는 주로 고용자와 피고용자 사이에서 발생할 수
있는데, 고용계약에 명시적인 약정이 없다고 하여도 경업에 있어서
신의성실의 법리에 의하여 일반적으로 도출된다는 것이다. 타인을

---

93) 정호열, 『부정경쟁방지법론』, 삼지원, 1993, 231~232면.
94) 한상훈, 전게논문, 116면.

신뢰하여 영업비밀을 알려준 당사자는 신뢰에 반하여 영업비밀이 누설되었을 때, 누설자가 자신에게 부여된 권한의 범위를 초과하여 행위하였을 때에는 신뢰에 기하여 구제를 요청할 수 있다는 이론95)이다.

신뢰관계이론은 영업비밀 자체를 보호하려는 것이 아니라 위탁자와 수탁자 간의 신뢰관계를 보호하는 것이다. 즉 일정한 정보를 비밀로 유지할 수 있는 권리를 부여하는 것은 아니다. 따라서 신뢰에 반하여 영업비밀을 취득한 제3자는 신뢰관계의 위반을 인식하였거나 사후에 인식한 경우에만 수탁자와 동일한 지위로 평가될 수 있다. 비밀을 유지할 신뢰의 의무를 지지 않는 경우나 제3자가 부정하게 영업비밀을 취득한 경우에는 신뢰관계이론에 의할 때 영업비밀의 침해에 대한 구제를 받을 수 없다.96)

VI. 영업비밀의 특성과 기본권문제

1. 영업비밀의 특성

영업비밀의 개념을 보다 정확하게 이해하기 위해서는 먼저 유사한 성질의 지식재산권과 그 특성에 대해 살펴보는 것이 선행되어야 한

---

95) Jackson, "Keeping Secrets : International Developments to protect Undisclosed Business Information and Trade Secrets", *Information Communication and Society*, Vol.1, No.4, Routledge, 1998, p.470.

96) 한상훈, 전게논문, 117면.

다. 따라서 이하에서는 지식재산권 중 가장 보편화되어 있는 특허권과 저작권을 중심으로 영업비밀과의 관계를 알아봄으로써 영업비밀의 특성에 대해 보다 깊은 이해를 하고자 한다.

(1) 특허권과의 관계

영업비밀 보호의 필요성이 증대되는 가운데 영업비밀의 보호방법이 특허법체계 내에서의 보호방법이 아닌 새로운 입법에 의해 모색된 것은 지식재산권의 범위의 확장에 따른 새로운 보호 대상의 등장일 것이다. 즉 영업비밀은 영업활동에 유용한 기술상의 정보에 국한되지 않고 영업상 혹은 경영상의 정보까지 폭 넓게 보호함으로써 보호 발생형태, 보호의 대상 등 여러 가지에서 구별된다.

첫째, 보호의 형태에 있어서 특허와 영업비밀이 차이가 있다. 특허제도는 새로운 창작적 기술·제품 등 일정분야의 산업에 대하여 권리자에게 독점권을 부여해 주는 것으로서[97] 발명의 내용을 공개시키는 의무를 부여함으로써 기술의 보급을 재촉함과 동시에 개발된 기술이나 정보 등을 공개함으로써 보호를 받게 된다.[98] 이에 반해 영업비밀보호제도는 비밀로 유지, 관리되고 있는 사실 그 자체를 보호하는 제도이므로 특허와는 다르게 비밀성이 중요하다고 할 수 있다. 따라서 영업비밀에서 비밀은 생명이므로 그 비밀을 개인이 개시하거나 또는 영업비밀 보호자가 과오로 인해 개시하게 되면 그 영업비밀은 소멸하게 된다.[99]

---

97) 青山繼一, 『特許法』, 法學書院, 2005, 3面.

98) 岡田 羊祐, "特許制度の法と經濟學", 『フィチンツャル・レビコー』, 大藏省 財政金融研究所, 1998. 4, 2面.

둘째, 보호대상에 있어서도 특허는 발명을 그 대상으로 한다. 즉 특허법 제2조 제1항(자연법칙을 이용한 기술적 사상의 창작), 제42조 제4항 및 제97조(구체적으로 특허 청구범위에 기재된 발명)를 의미한다. 이와 더불어 특허는 특허법에 의하여 등록하여야 특허권으로서 배타적인 권리를 행사할 수 있게 된다(특허법 제87조 제1항). 이에 반해 영업비밀은 자연법칙이나 원리, 기술에 관한 것이 아니라도 가능하나 공공연하게 알려진 것, 사업활동에 유용하지 않은 것, 비밀로 관리하지 않은 것은 보호대상에서 제외된다.[100] 따라서 영업비밀의 보호대상은 제조방법, 제조공정, 배합방법, 설계도면 등 기술상의 정보뿐 아니라 특허로서 보호받기 어려운 고객명부, 판매계획 등 경영상 유용한 정보까지도 그 보호대상이 되는 것이다.[101] 이와 더불어 등록을 요하는 특허와는 달리 별도의 요식행위 없이 일정한 요건을 갖춘 경우 영업비밀로서 보호를 받을 수 있다.

셋째, 보호기간에 있어서 특허는 특허법 제88조의 규정에 따라 특허권의 설정등록이 있는 날로부터 특허출원일 후 20년이 되는 날까지 보호되는 데 반해 영업비밀은 경영상 혹은 기술상 중용한 정보는 그것이 비밀로 유지·관리되고 있는 한 보호기간에는 제한이 없다.

넷째, 보호의 침해에 대해서는 영업비밀의 침해와 특허권의 침해는 동일대상에 대해서는 일어나지 않는다. 영업비밀은 비밀을 요소로 하며, 특허는 공개를 요구로 하기 때문이다. 그러나 특허권이 진보성, 고도성을 요구함에 반해 영업비밀의 보호에 있어서는 보호가

---

99) 윤선희, 『영업비밀개설』, 법경출판사, 1991, 41면.

100) 윤선희, 상게 영업비밀개설, 40면.

101) 한상훈, "산업스파이에 대한 형사법적 대응방안", 『연구보고서』 2000-19, 한국형사정책연구원, 2000, 106면.

치의 문제에 지나지 않는다는 점에서 구별된다.

끝으로 보호의 효력에 있어서는 특허제도는 발명자에게 독점적이고 배타적인 특허권을 통하여 보호하므로(특허법 제94조), 타인이 자기의 특허발명과 동일한 발명을 실시하면 비록 독자적으로 연구 · 개발한 것이라고 하여도 특허권침해가 된다. 이에 반해 영업비밀은 경영상 유용한 정보에 대해 독점적이고 배타적인 실시권을 부여하는 것이 아니다. 따라서 타인이 동일한 내용의 영업비밀을 독자적으로 개발한 경우는 그 타인도 자유롭게 실시할 수 있고 만일 타인이 자기가 개발한 내용에 대해 특허를 출원하는 것을 저지할 수도 없다.[102] 다만 기본의 영업비밀보유자는 특허권자에 대하여 '선사용에 의한 통상 실시권'을 갖는 경우가 있을 뿐이다(특허법 제103조).

영업비밀과 특허는 차이점이 많이 존재하지만 기술발전의 성과를 보호한다고 하는 측면에 있어서는 동일한 점이 있다. 따라서 영업비밀과 특허제도는 상호보완적인 기능을 갖고 공존하는 것으로서 양자를 적절히 조화 있게 선택하는 것이 필요하다.

(2) 저작권과의 관계

저작권법의 분야에서 영업비밀을 논하는 경우는 매우 적다. 외국의 경우에도 영업비밀에 관한 문제는 대부분 특허와의 관계에서 논의되고 있기 때문이다. 영업비밀과 저작권과의 관계는 특허권과는 달리 동시에 경합하는 문제가 발생한다. 저작권과 영업비밀의 보호

---

102) 박광민 · 윤해성, "부정경쟁방지법상 영업비밀 개념의 검토", 『성균관법학』제
    18권 제1호, 성균관대학교 비교법연구소, 2006. 11, 50면; 한상훈, 전게논문,
    107면.

는 독점적이고 배타적인 권리가 발생하지 않는 것이다. 다만 저작권
은 저작자의 두뇌로부터 외부로의 표현을 필요로 하지만 공중에의
공개는 절대적인 성립요건이 아니기 때문이다. 공개여부의 문제는
저작인격권103)의 내용의 하나이므로 미공표 저작물에 관해서는 영업
비밀의 침해와 저작권의 침해가 동시에 성립되는 경우가 발생하는
것이다.104) 이러한 관점에서 보면 영업비밀보호제도와 저작권과의
사이에는 특허와의 관계보다도 커다란 유사성이 존재한다고 볼 수
있다.

보호범위와 내용에 있어서 영업비밀은 특허법이나 저작권법보다
광범위하게 보호하고 있다. 즉 저작권은 아이디어나 사실을 전혀 보
호하지 않고 저작자의 작품에 표현되어 있는 아이디어나 사실이 표
현된 특정한 형식만을 보호한다.

저작권은 특허권과 동일하게 창작자에게 독점적으로 사용권을 부
여한다. 따라서 경영과 관련된 유용한 정보라 할지라도 형식이 중요
시되는 것은 영업비밀보다는 저작권에 의한 보호가 유용한 정보를
보호하는데 타당하리라고 판단된다. 즉 아이디어나 사실 그 자체를
보호하지 못하고 다만 표현만을 보호하는 저작권과는 달리 영업비밀
은 비밀상태에 있는 아이디어나 사실 그 자체를 보호하는 점에서 차
이가 존재한다.

---

103) 저작인격권이란 저작자가 자기의 저작물에 대해서 갖는 인격적 이익의 보호를
   목적으로 하는 권리를 의미한다[송영식 · 이상정 · 황종환 공저, 『지적소유권법
   (하)』, 육법사, 2001, 516면].
104) 小野昌延, 『不正競爭防止法』, 靑林書院, 1990, 407~410面.

2. 영업비밀과 기본권

(1) 영업비밀과 직업선택의 자유

직업선택의 자유(Freedom to Choose His Occupation)는 봉건적 직업제한을 철폐하기 위해 요구되었다.[105] 즉 봉건시대에는 계급제도로 인한 세습적 직업제도에 의하여 제약을 받아왔기 때문이다. 근대 이후 자본주의적 경제 질서가 개인의 경제활동의 자유를 최대한 보장할 것을 요구함에 따라 직업의 자유 내지 영업의 자유를 널리 보장하게 되었고, 이를 최초로 헌법상 규정한 것은 독일의 바이마르 헌법 제151조이다.[106] 이후 많은 국가에서 이를 헌법에 규정하고 있으며, 우리나라도 헌법 제15조를 통해 "모든 국민은 직업선택의 자유를 가진다"고 규정하고 있다.[107] 여기서 직업선택의 자유는 자신이 원하는 직업을 자유로이 선택하고 이에 종사하는 등 직업에 관한 종합적이고 포괄적인 자유를 말한다.[108] 다만 직업선택의 자유도 헌법 제37조 제2항에 따라 공공복리 등을 위하여 필요한 경우 법률로

---

105) 김철수, 『헌법학개론』, 박영사, 1999, 503면.

106) 남기환, "직업선택의 자유", 『월간고시』제145호, 법학사, 1986. 2, 80면.

107) 한국의 경우와 같이 직업선택의 자유에 대하여 명문화된 규정을 가지고 있는 국가들(스위스, 브라질, 칠레, 덴마크, 인도, 이란, 멕시코, 파키스탄 등)과 명문규정은 없지만, 학설이나 판례 등에 의하여 사실상 인정되고 있는 국가(미국, 이탈리아, 캐나다, 필리핀, 그리스 등)들이 있다[이희성, "각국의 직업선택의 자유와 실질적 보장에 관한 노동법상 고찰", 『비교사법』제11권 제4호, 한국비교사법학회, 2004. 12, 402면].

108) 권영성, 『헌법학원론』, 법문사, 2000, 525면; 김철수, 전게서, 503면; 허영, 『헌법이론과 헌법』, 박영사, 2002, 583면; 윤명선 · 김병묵, 『헌법체계론』, 법률계, 1996, 521면.

제한할 수는 있다. 그러나 공공복리에 의한 경우라 하더라도 그 제한은 사회정의와 균형 있는 국민경제의 발전을 위해 필요한 최소한도에 그쳐야 하고, 개인의 경제상의 자유와 국가권력에 의한 제한은 헌법이념에 부합되는 공공복리개념의 전제와 이의 실현을 위한 공정한 방법과 원칙에 입각하여야 하고, 본질적 내용을 침해할 수는 없다.[109]

이에 영업비밀은 인간의 정신적 활동으로 창조되는 무형의 산물로서 우리 헌법 제22조 제2항과 제23조를 통해 보호될 수 있다. 결국 이 문제는 국가의 국민에 대한 기본권 실현의무와 관련하여 복수의 기본권 주체가 서로 충돌하는 이익을 실현하기 위하여 국가에 대하여 각기 대립되는 기본권의 적용을 주장하는 주체들 상호 간의 기본권 충돌문제라고 할 수 있다. 즉 국가는 기업의 영업비밀이라는 재산권을 우선할 것인가 아니면 근로자의 직업선택의 자유를 우선할 것인가 하는 기본권 충돌의 문제가 발생하는 것이다.

영업비밀과 직업선택의 자유와의 관계를 정립함에 있어 영업비밀을 침해하는 일체의 행위를 직업선택의 자유의 범위 밖으로 보아 직업선택의 자유와는 무관한 것으로 판단할 것인가 아니면 과도한 영업비밀의 보호는 직업선택의 자유의 침해로 판단할 것인가 하는 문제가 생긴다. 이는 영업비밀의 정의와도 관련된 것이라고 할 수 있다. 기업에 관한 모든 경제적 가치가 있는 영업정보 등을 영업비밀로 판단하여 이를 해당 기업의 독점적으로 사용을 허락한다면 헌법상의 직업선택의 자유는 보호의 실익이 영업비밀보다 뒤로 밀리는 효과가 발생하게 된다. 그러나 영업비밀을 특허나 실용신안 등과 같은 산업재산권으로 등록된 것으로만 한정한다면 형식적 보호절차를

---

109) 신기하, "헌법상 공공복리에 관한 연구", 한양대학교 박사학위논문, 1993, 16
0〜161면.

거치지 않은 영업비밀은 보호되기 어려워 영업비밀을 소유한 개인이
나 기업의 보호가 어렵게 되는 효과가 발생하게 된다. 근로자의 이
직·취업과 관련해서 고용주는 영업비밀을 보호하기 위하여 경업금
지약정 등을 통하여 종업원으로 하여금 경쟁업체를 창업하거나 경쟁
업체로의 전직을 금지하려 할 것이다.110)111) 반면 종업원은 보다 경
제적 수입, 근무 환경 등 여러 가지 이유로 고용주와 경쟁하려 할
것은 당연하다. 따라서 고용주와 종업원의 상호 이익을 어떻게 조화
할 것인가도 문제이다.112) 이 경우 영업비밀보호를 위한 고용주와
종업원 간의 경업금지약정이 경업금지의무113)의 기간, 지역, 금지의
대상과 그 직종의 범위, 보상유무 등에 있어서 고용주의 이익(영업비
밀의 보호)과 종업원의 이익(이직, 재취업 및 창업) 및 사회적 이해
(독점집중과 그에 따른 소비자의 이해) 등을 비교·형량하여 경업금
지 약정이 부당하게 침해되었다면 이는 우리 헌법에서 보장된 직업
선택의 자유와 근로의 권리를 침해하였다고 볼 수 있다.114)

---

110) 경업이라 함은 근로자가 근로관계 존속 중 또는 그 종료 이후에 경쟁적 성격
을 갖는 유사하거나 동일한 업종의 다른 회사로 이직하거나 또는 스스로 회사
를 설립하는 등의 방법으로 종전 회사에서 재직 중 획득한 지식과 기술 등을
이용하여 경쟁적 성격을 갖는 직업 활동에 종사하는 것을 말한다[김유성, 『노
동법 Ⅰ』, 법문사, 2005, 343면].

111) 경업금지의무와 관련하여 우리 상법 제17조 제1항에서는 "상업사용인은 영업
주의 허락 없이 자기 또는 제3자의 계산으로 영업주의 영업부류에 속한 거래
를 하지 못한다"고 규정하고 있고, 이외에도 상법 제41조(영업양도인의 경업
금지), 상법 제89조(경업금지), 상법 제198조(사원의 경업의 금지), 상법 제397
조(이사의 경업금지)에서 경업금지 의무에 관한 규정을 두고 있다. 영업비밀
보호와 경업금지의무에 관한 보다 자세한 사항은 各越秀夫, "營業秘密の保
護と競業避止義務", 『不正競爭防止法研究』, Lexis Nexis, 2007, 311면.
이하 참조.

112) 박광민·윤해성, 전게논문, 421면.

113) 경업금지의무는 경업피지의무라고 불리기도 한다[김형배, 『노동법』, 박영사,
2005, 283면; 임종률, 『노동법』, 박영사, 2007, 335면].

(2) 영업비밀과 알권리

알권리(The Right to Know)란 정보에 접근·이용권의 소극적 의의와 국민이 정부의 정보 등을 공개할 것을 국가에 청구할 수 있는 청구권적 기본권으로서 적극적 의의를 모두 포함한다.[115] 국민의 알권리는 처음에는 소극적이고 수동적 권리로서 국민이 알권리를 행사하는데 방해가 되는 정부의 작용 배제를 요구하는 자유권적 개념으로 시작하였다. 그러나 최근에는 정보기술의 발달과 민주사회의 발전으로 인하여 적극적이고 능동적인 권리로서 정부기관에 대하여 정보공개를 의무화시키는 사회권적 개념으로 정립되고 있다.[116] 우리나라 헌법에는 알권리를 직접 규정하는 법조문은 존재하지 않으나 헌법적 가치를 갖는 기본권으로 이해하는 데는 별다른 이론이 없는 것으로 보인다.[117] 다만 헌법재판소는 세계 인권선언 제19조[118]와 우리나라 헌법 제1조(국민주권의 원리), 제10조(인간의 존엄과 행복추구권), 제27조(재판청구권), 제34조 제1항(인간다운 생활을 할 권

---

114) 미국의 경우에도 경업금지약정이 합리적인 경우라면 강제될 수 있다는 것이 일반적이나 경쟁으로부터 보호받을 수 있는 사용자의 합법적인 보호이익을 영업비밀 등으로 해석한다. 사용자의 비밀고객리스트, 영업비밀 등을 퇴직 근로자가 유용하는 것에 대한 보호 등으로 사용자의 합법적인 보호이익은 제한하고 있다[James S. Frank & Kathryn H. Branch, "Litigating Non-Competition Clauses in Labour Contracts and Related Fields of Law United State", *International Business Lawyer,* Vol.29, No.4, IBA, 2001, pp.173~174].

115) 강경근, 『헌법』, 법문사, 2004, 658면.

116) 서정우, "국민의 알 권리에 대한 연구", 『사회과학논집』 제23집, 연세대학교 사회과학연구소, 1992, 127면.

117) 성낙인, 『헌법학』, 법문사, 2005, 388면.

118) 세계인권선언 제19조는 "모든 사람은 모든 수단에 의하여 국경을 초월하여 정보와 사상을 탐구하거나 입수 또는 전달할 자유를 갖는다"라고 규정하고 있다.

리) 등을 근거로 삼고 있다.[119] 이에 영업비밀도 헌법에서 재산권의
한 유형으로서 해석할 수 있으므로 보호의 대상으로 해석할 수 있다.
따라서 알권리와 영업비밀은 정보의 공개와 비밀이라는 대립 속에
충돌하게 되는 것이다. 이는 알권리의 보장을 강화하면 영업비밀이
침해될 가능성이 높고 영업비밀 보호를 강화하면 알권리가 침해될
가능성이 높음을 의미한다. 뿐만 아니라 재산권의 일종으로서 충돌
하는 경우 어떻게 판단해야 하는지가 문제이다.

우리나라는 1995년 8월 정보화를 촉진하고 정보통신산업의 기반
을 조성하고 정보통신기반의 고도화를 실현함으로써 국민생활의 질
을 향상시키고 국민경제의 발전에 이바지하도록 '정보화촉진기본법'
을 제정·공포한 바 있다. 뿐만 아니라 국민의 알권리를 보장하고
국정운영의 투명성을 확보하기 위해 1996년 12월 '공공기관의 정보
공개에 관한 법률'을 제정·시행하고 있다. 이 법에서 영업비밀과
관련된 정보를 공개하지 않을 수도 있다고 규정하고 있다. 하지만 정
보를 상호 공유하거나 조합을 통해 취득할 수 있는 사회적 이익이 사
람의 생명, 신체 또는 건강을 보호하기 위하여 공개할 필요가 있는
정보와 위법 부당한 사업 활동으로부터 국민의 재산 또는 생활을 보
호하기 위하여 공개할 필요가 있는 정보에 대하여 공개의무를 규정하
고 있다. 이러한 규정은 추상적이어서 그에 대한 판단이 곤란하다.[120]

미국은 1966년 정보자유법(The Freedom of Information Act)을
제정하여 모든 정보기관의 정보는 국민에게 공급되어야 하고 국민이
자유로이 정보를 입수할 수 있도록 할 의무를 정부에 부과하고 있다.

---

119) 헌법재판소 1989. 9. 4, 88헌마22.

120) 日本工業所有權法學會, "營業秘密の保護", 『日本工業所有權法學會年報』
    第28號, 日本工業所有權法學會, 2004, 96面.

다만 예외규정을 통해 공개의무로부터 면제될 수 있는 것으로 규정하고 있다. 그러나 영업비밀에 대한 정의를 내리고 있지 않아 그 적용에 있어서 문제점으로 지적되고 있다. 뿐만 아니라 위 규정이 오로지 사익의 보호를 위한 공개원칙의 예외이고 기업비밀이나 경영상 정보 등은 적극적으로 보호되어야 한다는 것이다. 그러나 이는 사적인 것이라고 하더라도 개인이나 기업의 경제활동 자체가 국가와 사회에 영향을 미칠 수 있으므로 경우에 따라서 정보 내용이 공익과 밀접한 관련성을 지닐 수도 있다.

따라서 영업비밀의 공개기준은 공개 시의 공익과 비공개 시의 사익을 비교·형량하여 결정해야 하겠으나 공익을 판단하는 기준은 공공의 안전이나 건강 등의 일반적 기준이 주가 된다. 그러므로 공개의무대상이 영업비밀 관련 정보를 대상으로 하는 종업원의 비밀유지의무를 국민의 알권리 등 공익의 요청과 관련하여 사회공익이 큰 경우에는 영업비밀 유지의무는 제한된다 할 것이다. 다시 말하면 종업원이 고용주의 기망적인 작업이나 부정한 사업에 대한 정보를 언론의 취재 인터뷰에 응하거나 관계기관에 고발하는 방법을 통하여 공개되더라도 영업비밀 유지의무를 위반하였다고 볼 수 없는 것이다. 또한 '정당한 이익'의 보호를 위한 것이므로 환경오염, 정경유착 및 국민의 건강을 해한다거나 세금을 탈세하거나 하는 등의 일반 공익에 반하는 기업의 부당한 이익의 보호를 위하여 공개대상에서 제외될 수 없다. 그리고 법인 등을 현저히 해할 우려가 있어야 비공개정보 대상으로 인정되는 것이지, 단순한 영업상 비밀을 해할 막연한 염려 정도로는 불충분하다는 것이다.[121] 이에 우리나라의 경우도 영

---

121) 박광민·윤해성, 전게논문, 424면.

업비밀의 새로운 개념 정립은 물론 범위 확정에 대한 보다 구체적인 논의가 있어야 할 것이다. 이와 더불어 TRIPs 협정 규정에서도 의약품 등과 관련하여 공개에 대한 보호 조항을 두고 있으나 우리나라의 경우 약사법, 비료관리법 등의 경우 영업비밀 정보 공개와 예외 규정 등에 관한 규정이 미비한 실정이다. 이는 자칫 국민의 건강권을 해함은 물론 국외로 영업비밀의 유출의 우려가 제기되어 보다 구체적이고 세밀한 개선책이 요구된다.

제2장 영업비밀의 종류와 요건

Ⅰ. 영업비밀의 종류

1. 기술정보·경영정보

영업비밀의 유형은 생산방법, 판매방법 등을 제외하고 기술상 혹은 경영상 유용한 정보로 나눌 수 있다. 이 분류방법은 일본과 한국[122]을 비롯한 많은 국가에서 사용하고 있다.

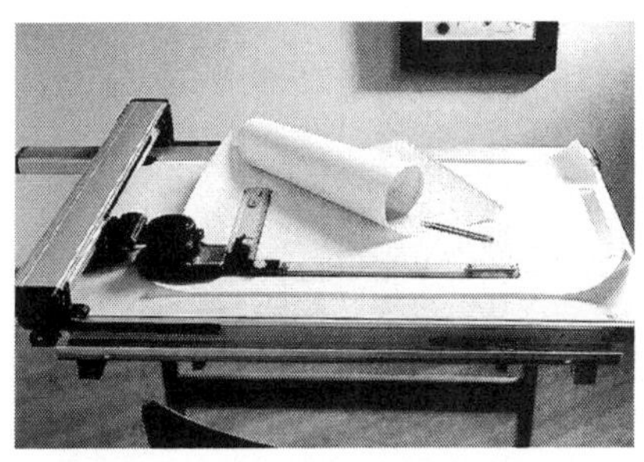

[그림-4] 기술정보인 기계의 설계도면

이 중 기술정보는 제품을 제조함에 있어 특유한 산업기술상의 정보로써 기계의 설계방법, 합성수지의 배합비율, 화학방법, 강도계산의 운용방법, 컴퓨터의 소프트웨어, 햄버거의 조리방법, 코카콜라의 제조법 등을 들 수 있다.[123] 그것은 일반에 널리 알려지지 않은 것으로서, 비밀로 유지되고 있는 것이라면 영업비밀로서 보호대상이 된다. 다만 일반적으로 종업원 자신이 개발한 기술은 특별한 특약이 없는 한 경업회사에 누설하여도 영업비밀 침해행위가 되지는 않는다고 할 것이다.[124][125] 그렇지만 종업

---

122) 부정경쟁방지 및 영업비밀보호에 관한 법률 제2조 제2호에서는 영업비밀의 종류를 생산방법, 판매방법, 그 밖의 영업활동에 유용한 기술상 또는 경영상의 정보로 분류하고 있다.

123) 한상훈, 전게논문, 102면.

원과의 사이에 재직기간 중 개발한 기술이라도 그것을 회사에 공개
하여야 하고 퇴직 후에 경업자에게 누설하여서는 안 된다는 특약이
존재하면 영업비밀로 보호됨은 당연하다. 최근 기업에서는 생산·판
매전략 등을 중요한 영업정보로 취급하여 대외적 비밀로 취급하고
있는 경향이 두드러진다.

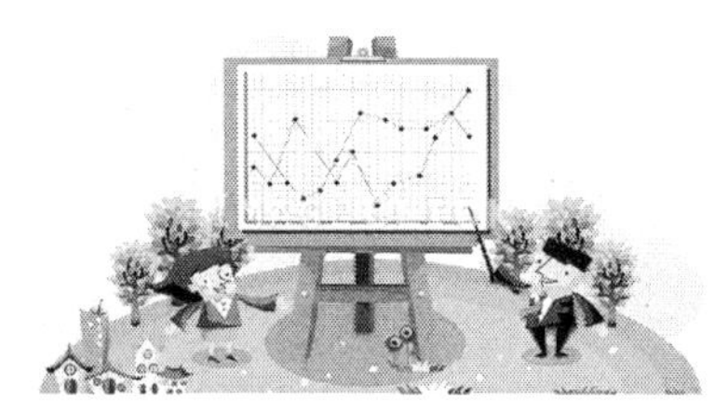

[그림-5] 경영정보로서 유용한 판매전략

특히, 경쟁업체에 대한 우위
성을 확보하는 차원에서 생산·
판매전략 정보는 대단히 중요한
의미를 가진다. 이러한 정보가
비밀성을 갖추고 대외적으로 비
밀로 관리되고 있는 것이라면

당연히 영업비밀로서 보호되어야 할 것이다. 다만 이러한 정보를 수
록한 매뉴얼이 문서화되어 있고 저작권으로 보호되어야 할 것이라면
영업비밀보호의 문제에 우선하여 저작권법에 의한 보호가 이루어질
수도 있을 것이다. 또한 기술 및 경영에 관한 비밀정보 그 자체가

---

124) Jager, Melvin F., op. cit, p.23.

125) Wexler v. Greenberg 399 pa. 569, 160 A. 2d 430, 125 U.S.P.Q 471,
(1960) 사건에서 펜실베니아주 대법원에서는 '종업원 자신이 개발한 기술은
특별한 특약이 없는 한 경업회사에 누설하여도 영업비밀의 침해로 되지 않는
다'고 판시하고 있다; Greenberg 씨는 공중위생용 화학제품을 제조하는
Buckingham Wax사의 주임기사로서, 주로 경쟁회사의 제품을 분석하고 새로
운 제안을 개발하는 업무에 종사하고 있었으나, 동사를 퇴직하고 난 이후
Brite Produces사에 납품하고 있던 화학 약품을 스스로 제조하기 시작하였는
바, Buckingham Wax사는 Greenberg 씨를 상대로 영업비밀침해를 이유로 제
소하였으나, 동 법원에서는 동 화학약품의 제조기술은 Greenberg 씨 자신이
개발한 것으로서 Buckingham Wax사와의 사이에 위 기술의 사용에 대하여는
아무런 서면이나 구두계약도 존재하지 않았다는 이유로 Buckingham Wax사
의 청구를 기각하였다.

아니라 비밀정보가 처리되는 과정도 비밀로 유지되고 있고 경제적 가치가 있는 것이라면 영업비밀로 보호될 수 있을 것이다.[126]

2. 제품

일반적으로 기업에서 생산되어 널리 시판되고 있는 제품으로서 누구나 이를 구입하여 그 제품을 통해 쉽게 그 상품의 영업비밀을 알아낼 수 있는 경우에는 영업비밀에 해당하지 않는다. 즉 영업비밀은 특허권, 저작권 등과 같은 배타적인 권리가 아니므로 그 제품을 구입하여 이를 연구·분석하여 유사제품을 만들어 내는 경우는 영업비밀의 침해가 아니라는 것이다.

[그림-6] 휴대폰

다만, 일반에 판매되는 제품이라고 하더라도 일반적인 복제방법으로는 그 기술상의 비밀을 지득하기가 지극히 어렵고 제조상의 비법 등을 알아야만 하는 경우라면 그것은 영업비밀로 보호되어야 할 것이다. 그러므로 제조비법 등을 부성한 방법으로 입수하였다면 이는 영업비밀로 침해 될 것이다.[127]

---

126) 황의창, 전게서, 48면.

127) 미국의 Anaconda Co. v. Metric Tool and Die Co. 사건에서 볼 수 있듯 Anaconda라는 회사가 전화코드 외장의 제조기계에 관한 영업비밀을 개발하여 보유하면서, 직무수행을 위하여 이 영업비밀을 특정 종업원에게 공개한 바 있는데, Metric사가 그 종업원을 매수하여 그가 알고 있는 Anaconda사이 영업

3. 제조법

제조법(製造法)은 특허의 대상이 되므로 특허를 받을 만한 제조법이라면 그 제조법의 개발·보유자는 특허를 받아 독점적, 배타적인 권리를 취득할 수도 있다. 그러나 특허권을 설정할 경우 그 내용 전부가 일반에 공개되고 그 권리의 보호기간도 20년으로 한정되므로 타인이 쉽게 알 수 없는 제조법이라면 특허권으로 설정하기 보다는 영업비밀로 남김으로써 특허권보다 장기간 보호를 받을 수 있다.128) 또한 특허를 받기 어려울 정도의 신규성만을 가지는 것이라면 그것은 영업비밀로 보호하는 것이 적합하다고 생각된다.

다만 제조법이라고 해서 모두 영업비밀이 되는 것은 아니다. 앞서 살펴보았듯이 영업비밀로서 보호받기 위한 성립요건을 충족해야 함은 물론이다. 기술상의 영업비밀은 대부분이 여기에 해당하는바 산업적인 제조공정 개량, 고안 외에 요리의 조리법 등도 제조법으로서의 영업비밀로 보호될 수 있을 것이다.

미국법원에서는 마스크의 제조법, 정밀다이얼의 제조법, 사진의 감광체의 제조법, 독특한 치즈의 제조법 등을 영업비밀로 인정한 바 있다. 다만 그 제조법은 영업비밀보유자라고 주장하는 자가 독자적으로 개발한 것으로서 독특한 기술이어야 한다. 미국은 G.T.I Corp. v. Calhoon. 사건에서 용접기 메이커인 G.T.I사에서는 실베니아엘렉

비밀을 사용하여 유사품을 제조, 판매하여 영업비밀 침해행위로 인정하였다 [법무부, 전게서, 631면에서 인용].

128) 다만, 이 경우에는 독점적, 배타적인 권리를 취득하지는 못하므로 역설계 등에 의하여 타인이 그 정보를 취득될 수 있는 위험성이 있다.

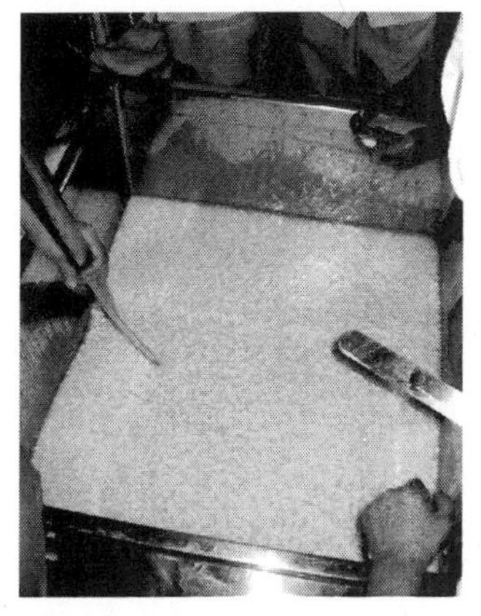

[그림-7] 독특한 치즈 제조법

트릭에 근무하면서 용접 및 연판을 제조하는 기술을 배운 Calhoon 등을 고용하면서 고용기간 중 행한 모든 아이디어, 개량, 발명이나 발견을 회사에 공개하도록 하는 계약을 체결한 바 있다. 이에 Calhoon 등은 위 회사에 근무하면서 실베니아사의 것에 필적하는 용접기를 개발함과 동시에 미세 연판 용접기에 관한 지식을 습득하였다. 이후 Calhoon 등은 위 회사를 퇴사하여 Metper Manufacturing사를 설립하여 G.T.I사나 실베니아사의 것과 유사한 용접 미세 연판을 제조, 판매하기 시작하였다. 이에 G.T.I사가 Calhoon 등이 자사의 영업비밀을 침해하였다는 이유로 금지청구 및 개발품 양도청구 소송을 제기하였으나 법원에서는 Calhoon 등이 사용한 기술은 실베니아사와 G.T.I사에 재직하면서 축적한 자신들의 지식, 경험에 지나지 않는 것이라고 하여 G.T.I사의 청구를 기각한 바 있다.129)

4. 혼합물·화합물

의약품, 화장품, 음료수, 양념, 식품 등의 성분, 조성물의 구성비율, 내용 등은 반드시 영업비밀이 된다고는 할 수 없다. 다만 그 성분

---

129) Kintner & Lajr, *An Intellectual Property Law*, Clark Boardman Co. Ltd, 1982, p.166.

[그림-8] 독특한 양념의
배합비율

등을 합리적이고 손쉬운 방법으로는 알아내기 어려운 것이라면 그것은 영업비밀로 보호를 받을 수 있다.[130)]

즉, 식품의 경우 원료의 배합비율, 열의 강도, 수분의 조절 등에 관한 비법에 의하여 그 내용이 달라지므로 그 비법을 정확히 알아낼 수 없을 정도의 것을 요구하는 것이다.[131)]

5. 제조시설의 배치

외부에 비밀로 유지되고 있고, 경업 회사와의 관계에 있어서 비공개로 함이 경제적 가치가 있을 경우에는 공장 내부의 기계설비 방법, 플랜트의 배치, 어떠한 기계장치가 사용되었는지 여부도 영업비밀로서의 보호대상이 된다고 할 것이다.

다만, 이 경우에도 모든 공장시설의 배치가 영업비밀로 되는 것이 아니라 비밀로 유지되고 있고 그 때문에 상업적 가치를 지니는 것이어야 하는 등 영업비밀로서의 통상적인 요건을 갖추어야 한다.[132)]

---

130) 법무부, 전게서, 633면.

131) 대표적인 것으로 코카콜라 원액의 성분과 캔터키 프라이드 치킨의 양념성분이 이에 해당한다. 이 식품들은 외부용기에 구성성분을 표기하고 있지만 천연향료가 무엇으로 구성되어 있는지 등을 밝히고 있지 않다. 따라서 코카콜라와 동일한 맛과 향을 만들어 낼 수 없어 영업비밀로서의 그 가치가 있는 것이다.

132) 황의창, 전게서, 43면.

[**그림-9**] 비밀로 유지된 제조시설

6. 고객명부

고객 명부를 비롯한 고객관리 자료는 오래 전부터 중요한 영업정보로 활용되어 왔고 최근 들어서는 컴퓨터의 데이터 베이스 파일로 보관되어 비밀자료로서 관리되고 있다. 이처럼 고객명부 등은 경영상의 유용한 정보이지만 모든 고객명부가 영업비밀에 해당하는 것은 아니다. 즉 고객관리 자료가 기업에 의해 비밀로 관리되고 있다는 사실, 그것이 외부에 공개되지 않았다는 사실만으로는 그것이 영업비밀로서 보호되어야 한다고는 단정할 수 없는 것이다.[133]

---

133) 법무부, 전게서, 654면.

[**그림**-10] 고객명부

따라서, 고객명부 등 고객관리 자료가 영업비밀로서 보호받기 위해서는 특정 고객명부가 일반적으로 알려진 것인지 아니면 특정 산업에만 알려진 것인지 아니면 비밀성을 유지하기 위하여 어떠한 방법을 동원하였는지를 가지고 판단하기도 한다. 즉 ⅰ) 어느 정도의 정보가 외부에 알려져 있는지, ⅱ) 영업에 관련된 피고용인들에게 얼마나 알려져 있는지, ⅲ) 경영주가 얼마나 보호 장치를 했는지 ⅳ) 소유자와 경쟁자에 대한 정보의 가치는 어느 정도인지, ⅴ) 정보를 취득하기 위하여 투입한 비용은 얼마인지, ⅵ) 그 정보를 취득하기 위한 곤란성의 정도는 어느 정도인지 여부, ⅶ) 본인과 대리인 관계에 대한 계약관계의 존부 여부, ⅷ) 피고용이나 대리인이 영업비밀을 취득하기 위한 방법, ⅸ) 피고용인과 고객 간의 개인적인 친밀도, ⅹ) 시장의 경쟁성 등이다.[134]

종전의 피고용인이 영업비밀을 이용하는 경우 어느 정도의 부정경쟁이 발생하였는지 문제된다. 고객명부가 영업비밀이 될 수 있는지 여부는 전에 피고용인이었던 자가 고용주와 경쟁하는 경우에 있어서 곤란한 문제가 된다. 그러나 영업비밀은 종전 피고용인에 의하여 만들어진 고객명부에도 존재할 뿐만 아니라 영업비밀은 고객의 이름과 주소 및 고객과 관련된 다른 정보가 독립된 경제적 이익이 존재하는

---

134) 나종갑, "부정경쟁방지 및 영업비밀보호에 관한 법률상의 기술상 또는 경영상의 정보의 의미", 『무역구제』 통권 제15호, 산업자원부 무역위원회, 2004. 7, 36면.

한 영업비밀은 확장된다.135)

피고용인은 일반적으로 전의 고용주와 경쟁관계에 있을 수 있고 전 고용주의 고객을 유치할 수도 있다. 그러나 전의 피고용인의 행동은 경업피지 계약에 의한 경업피지 의무와 전(前) 고용주의 영업비밀에 의하여 제한될 수 있다. 또한 피고용인과 전의 고용주 간에 고용주의 고객을 유치하지 않겠다는 계약이 없다고 하더라도 전(前) 고용주는 피고용인으로 하여금 자신의 고객을 유치하지 못하도록 할 수 있다.

시장의 경쟁성은 영업비밀을 판단하기 위한 하나의 자료가 된다. 예를 들면 고객정보를 획득하기 위하여 얼마만큼의 시간과 노력 그리고 비용을 들였는가는 중요한 기준이 된다. 고객정보를 획득하는 것이 어렵지도 않고 비용이나 시간이 들어가는 것이 아니하면 영업비밀성을 유지할 수 없는 경우도 있다.136) 또한 매우 경쟁적인 시장에서 획득하기 어려운 것이 아니라면 영업비밀성을 취득하기 어렵다.

이와 더불어 고객정보가 다른 가치 있는 정보와 혼합되어 있는 경우에도 영업비밀이 될 수 있다. 즉 공지의 정보가 혼재되어 있는 가치 있는 정보137)가 전제로서 영업비밀이 될 수 있다고 한다. 보호되는 정보의 범위는 고객의 위치와 접촉할 사람, 과거의 구입목록, 수량, 사이즈, 가격, 횟수 등이 보호될 수 있고 각 고객의 구입활동, 신용정보, 전화 판매 시 구입성향 및 다른 관련된 정보도 보호될 수 있다.138)

---

135) 일반적으로 피고용인이 고용관계를 통하여 얻은 지식이나 정보, 경험, 기술 등은 영업비밀에 해당하지 않는다.

136) 윤해성, 전게학위논문, 40면.

137) 품질평가정보, 가격판매, 구매정보가 혼합된 특정물에 대한 정보가 이에 해당한다.

7. 연구개발 · 실험자료

연구개발 · 실험자료는 완성된 것은 물론 미완성의 상태에 있는 연구개발 관계 자료, 실패로 끝난 연구개발 자료도 영업비밀이 된다.

[그림-11] 실험자료

특히, 새로운 농약 및 의약품을 개발할 경우에는 개발의 성패와 관계없이 임상실험에 상당한 비용이 소요되기 때문이다. 뿐만 아니라 그 실험결과, 개발실패로 결론이 나더라도 그 실험자료는 추후 새로운 약품의 개발에 상당히 중요한 참고자료가 되는 것이므로 이러한 개발관련 실험 데이터는 중요한 영업비밀이 된다고 할 것이다.

이에 새로운 농약 및 의약품 개발에 있어서는 공중안전의 확보라는 차원에서 정부가 개발자에게 임상실험자료 제출을 요구하는 경우가 많아서 그 보안과 비밀을 유지함에 있어 상당히 문제가 된다. 즉 자료의 일부가 정부에 제출되고 어떤 경우는 국민들에게 공개하도록 요구하는 경우까지 있어 개발자의 독자적인 비밀보유가 불가능하게 되므로 이에 대하여는 특별히 보호를 하여야 한다는 논의가 있어 왔다. 특히 TRIPs 협정 논의과정에서 선진 제약업계 등에서 강력하게 요청하여 반영된 것이다.139) TRIPs 협정의 논의에 따라 제39조 제3

---

138) 나종갑, 전게논문, 37~38면.

항에서는 "신규 화학물질을 이용한 의약품 또는 농약품의 판매를 허가하는 조건으로 작성에 상당한 노력이 소요된 미공개 실험결과 또는 기타 자료의 제출을 요구하는 때에는 그와 같은 자료는 부정한 영업적 사용으로부터 보호해야 한다"140)고 규정하고 있다. 이에 우리나라에서는 특허법상 의약품관련 특허의 기간을 5년을 한도로 연장할 수 있도록 하고 있을 뿐 영업비밀보호규정에는 아무런 보호 규정을 마련하고 있지 않다.

생각건대 이러한 자료에 대하여 우리나라는 통상의 영업비밀과 같은 수준의 보호는 이루어질 수 있다고 생각한다. 즉 우리나라 약사법에서도 임상실험자료 등 안정성을 담보할 수 있는 자료를 제출할 것을 요구하고 있다(약사법 제34조). 이 자료가 정부기관이 아닌 경업자 등 제3자에게 누출되지 않는 한 영업비밀로서 보호가 가능할 것이다. 현행 약사법의 규정에 의하더라도 정부에 공개는 되었지만 이러한 자료를 경업자 또는 제3자가 열람할 수 있는 방법은 없어 여전히 영업비밀로서 보호 가능한 범위 내에 있다고 할 것이다. 그러나 의약품을 비롯한 농약품 개발에 있어서 선진국과의 격차가 크기 때문에 악용될 우려가 상존한다. 즉 특정 신약이나 농약을 개발할 수 있거나 임상실험을 할 수 있는 능력이 있는 국가는 극소수에 불과할 수 있기 때문에 TRIPs 협정 규정을 엄격히 적용한다면 개도국 등의 제조업자들은 독자적인 임상실험 자료를 제출할 수 없게 되는

---

139) 특허청 국제협력담당관실, 전게서, 230면.

140) TRIPs 제39조 제3항은 다음과 같이 규정하고 있다. "Member, when requiring, as a condition of approving the marketing of pharmaceutical or of agricultural chemical products which utilize new chemical entities, the submission of undisclosed test or other data, the origination of which involves a considerable effort, shall protect such data against unfair commercial use."

문제점이 발생하게 된다. 이로 인하여 일반의약품이나 카피(Copy)농약 등을 생산할 수 없게 되어, 결국 선진국 제약업계 및 농약업계의 독점을 초래할 우려가 있는 것이다. 다시 말하면 신약의 실험자료보호는 부정경쟁행위의 제한이라는 측면 이외에 공중안전의 보장이라는 공익적 관점에서 그 한계가 설정되어야 할 것이다.141)

8. 디자인(Design)

디자인142)은 일반적으로 디자인 등으로 보호할 수도 있으나, 패션디자인의 경우 유행 기간이 짧고, 제품의 수명(Life - Cycle)이 짧아디자인으로 등록하지 않은 경우가 많다. 그리고 패션디자인이 상품에 화체되어 일반에 판매되기 시작한 이후에는 그 디자인은 일반에 공개된 것으로서 비밀성을 가지기가 지극히 어려운 것이므로 영업비밀로도 보호받기가 어렵다고 할 것이다.

다만, 일반에 판매하기 전 새로운 디자인의 개발과정 또는 개발 후 판매전으로서 개발자에 의해 비밀로 유지되는 것이라면 당연히 영업비밀로 보호될 수 있을 것이다.143)

---

141) 실제로 HIV/AIDS는 아프리카를 비롯한 후진국에 널리 발생하고 있어, 하루에도 8천여 명 이상이 사망하고 있다. 이들의 경우, 기술력 한계에 따른 개발의 어려움과 기존의 의약품의 독점현상으로 인하여 치료를 받지 못하고 사망하는 경우가 많아 '특허에 의한 살인'이라고 까지 불리고 있는 현실이다.

142) 2004년에는 의장이 다자인으로 그리고 의장법이 디자인보호법으로 용어가 변경되어 의장을 디자인으로 표현하기로 한다.

143) 법무부, 전게서, 639면.

Ⅱ. 영업비밀의 요건

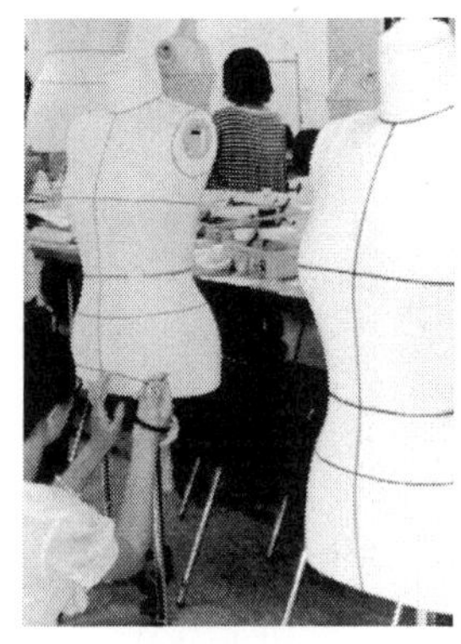

[**그림**－12] 의상개발

영업비밀이란 공연히 알려져 있지 아니하고 독립된 경제적 가치를 가지는 것으로서 상당한 노력에 의하여 비밀로 유지된 생산방법·판매방법 기타 영업활동에 유용한 기술상 또는 경영상의 정보를 말한다(부정경쟁방지 및 영업비밀보호에 관한 법률 제2조 제2호). 위와 같은 법령상 정의 규정을 토대로 영업비밀의 성립요건을 살펴보면 그 정보가 공연히 알려져 있지 아니하여야 하는 비공지성, 유용한 정보로서 독립된 경제적 가치를 가지는 경제적 유용성, 상당한 노력에 의하여 비밀로 유지되어야 하는 비밀관리성으로 구분할 수 있다. 다시 말하면 영업비밀이란 그 영업비밀을 이용함으로써 이용하지 아니한 경쟁자보다 영업상 유리한 지위를 확보할 수 있는 사상의 창작 또는 이를 실시하는 데에 필요한 구체적인 지식, 자료, 경험 등의 정보로서 공연히 알려져 있지 않고 비밀로 유지되고 있는 정보를 말한나.144) 이들 요건은 상호 밀접 불가분의 관계에 있는 것으로서 개개로 분리될 수 있는 것은 아니다.145) 또한 이러한 요건은 침해행위의 대상이 되는 것으로 침해행위의 성립 여부와 그에 따른 법적 효과발생 여부에 중대한 영향을 미치므로 무엇보다 그 해석에 있어 신중해야 한다.146)

---

144) 황의창·황광연, 전게서, 158면.

145) 송영식·이상정·김병일 공저, 『지적재산법』, 세창출판사, 2008, 312면.

1. 비공지성

(1) 의의

영업비밀은 공연히 알려져 있지 아니한 것이어야 한다. '공연히 알려져 있지 아니한 것'이라 함은 불특정 다수인이 그 정보를 알고 있거나 알 수 있는 상태에 있지 아니한 것을 의미한다.147) 그러므로 불특정 다수인이 정보를 공유하고 있다면 보호받을 가치가 없게 된다. 이것은 영업비밀의 기본적 속성으로 문제의 정보가 당해 산업 내에서 일반적으로 알려져 있지 않은 것을 의미한다. 즉 영업비밀 정보가 간행물 등 전파매체 등에 의해 공개되어 있지 않거나 일반공중이 언제 어디서나 쉽게 구입, 복사, 대출, 열람 등을 통해 영업비밀의 내용을 파악할 수 있도록 공개되어 있지 않기 때문에 일반인이 영업비밀 보유자의 비밀정보 관리체제나 그 방법 등을 이용하지 않고서는 그 정보를 취득할 수 없는 상태의 것을 말한다.148) 또한 정보의 형성에 오랜 기간 동안의 상당한 비용과 인력이 투입되었다는 것 자체만으로 영업비밀성이 인정되는 것은 아니다.149) 그리고 사업자가 특정한 정보를 비밀로 유지 관리한다고 하더라도 그것이 이미 당해 사업내에서 공연히 알려져 있거나 제한 없이 입수할 수 있다면 그 정보는 영업비

---

146) 고영수, "영업비밀의 소송법적 고찰", 『비교사법』 제8권 제1호, 한국비교사법학회, 2001 .6, 937면.

147) 이우영, "영업비밀의 보호와 관리전략", 『전기산업』 제14권 제4호, 한국전기산업진흥회, 2003. 4, 44면.

148) 김효신, "부정경쟁방지법상 영업비밀의 개념", 『IT와 법연구』 제2집, 경북대학교 IT와 법센터, 2007, 118면.

149) 서울고등법원 99다35121.

밀로서의 적격을 상실한 것이다. 우리 대법원도 "공연히 알려져 있지 아니하다 라고 함은 그 정보가 간행물 등의 매체에 실리는 등 불특정 다수인에게 알려져 있지 않기 때문에 보유자를 통하지 아니하고는 그 정보를 통상 입수할 수 없는 것을 말하고, 보유자가 비밀로서 관리하고 있다고 하더라도 당해 정보의 내용이 이미 일반적으로 알려져 있을 때에는 영업비밀이라고 할 수 없다"고 하였다.150)

(2) 비밀성의 판단

영업비밀에 대한 보호는 사실상태에 대한 보호이므로 비밀이 유지되고 있는 동안에만 존재한다. 따라서 당해 정보가 공개되면 그 공개행위의 주체, 공개자의 선의 또는 악의를 불문하고 비밀성을 상실하는 것이다. 기술적 영업비밀의 경우 제3자가 독립적으로 개발하여 공개해 버린 때에는 공개자 이외의 자가 동일한 영업비밀을 가지고 있었다 하더라도 공개 시점부터 비밀성을 상실한다. 뿐만 아니라 영업비밀인 당해 정보에 직접적인 관계를 가지지 않은 자가 우연히 그 정보를 지득하게 된 경우에는 지득자가 비밀을 공개하지 않을 가능성이 있으므로 그 정보가 바로 비밀성을 상실하는 것은 아니다. 또한 영업비밀보호법에서 요구하는 비밀성은 절대적 비밀성을 요구하는 것은 아니다. 따라서 보유자 이외의 특정인이 영업비밀을 알고 있어도 그 자가 보유자에 대하여 비밀유지의무를 부담하고 있는 경우에는 비밀 관리성을 만족하는 것으로 해석한다.151) 상호 간에 비밀유지의무를 부담하고 있지 않은 복수의 자가 독자적으로 동일한

---

150) 대법원 2002다60610.

151) 정상조 편, 『지적재산권법강의』, 홍문사, 1997, 585면.

정보를 보유하고 있는 경우에는 비밀성을 인정할 수 있을 것인가의 문제는 최고로 중요하며 곤란한 문제가 된다.152) 법률상 비밀은 상대적 비밀을 의미하므로 비밀보유자에 의해 일정한 인적 범위가 형성되고 비밀정보가 공개되지 않는 한 그 인적 범위가 확대되어도 비밀성은 지속된다고 볼 수 있다. 즉 소수의 제3자가 알고 있다고 하더라도 당해 제3자가 그 정보를 비밀로 관리하고 있는 경우에는 그 정보가 아직 일반적으로 알려져 있지 않으므로 비밀성의 요건을 충족한다고 할 것이다.

(3) 비밀성의 한계

1) 공지된 정보의 변용

공지되어 있는 부분적인 정보를 취합하여 새로운 정보를 개발한 경우 또는 공지된 종합적인 정보로부터 부분적인 정보들을 통해 새로운 형태의 정보를 얻은 경우, 즉 공지된 정보를 통해 변용되어 형성된 새로운 정보에 대해 비밀성을 인정할 것인지가 문제된다. 공지의 정보를 이용하여 새로운 정보를 형성하는 방법에 독창성을 인정할 수 있는 경우에는 새로이 형성된 정보는 이전의 공지정보와는 별개의 정보라 볼 수 있을 것이므로 비밀성을 인정하여 보호할 필요가 있을 것이다. 하지만 새로이 형성된 정보에 독창성이 없어 이전의 공지정보에 접근 가능한 자라면 용이하게 이를 이용하여 새로운 정보를 얻을 수

---

152) 石田正泰, "知的財産としての營業秘密", 『特許研究』 No.42, 工業所有權
　　情報研究館, 2006. 9, 2面
　　(http://www.inpit.go.jp/jinzai/study/pdf/42_kanto.pdf).

있는 경우에는 비밀성을 인정할 필요가 없을 것이다.[153]

2) 역설계와 비밀성의 관계

역설계(Reserve Engineering)[154]는 제품을 해석·평가함으로써 그 구조·재질·성분 등 그 제품에 화체되어 있는 정보를 추출하거나 추출한 정보를 사용하는 행위를 말한다.[155] 일반적으로 기업이 경쟁사의 제품을 분해하여 해석·평가하는 일은 극히 당연한 것으로서 행해지고 있다. 이렇듯 당해 정보를 이용해서 제조된 제품으로부터 그 제조방법을 분석하여 정보를 입수하는 것에 의해서 당해 정보를 탐지할 수 있는 경우에 비밀성의 인정 여부가 문제된다.[156] 이는 역설계에 의한 정보를 취득하는 것이 용이한가 아닌가에 달려있다. 즉 일반인이 용이하게 역설계에 의해 취득할 수 있는 정보는 별도의 보

---

153) 황의창, 전게서, 164~165면.

154) 리버스 엔지니어링(역설계)라 함은 "소프트웨어 공학의 한 분야로 이미 만들어진 시스템을 역으로 추적하여 애초의 문서나 설계기법 등의 자료를 얻어 내는 일"을 말한다(http://www.encyber.com/search_bsearch.php).

155) 역설계는 역분석과 구별된다. 역분석이란 기존 프로그램을 역으로 분석하는 과정을 통해 기존 프로그램의 원리나 아이디어 또는 기능을 조사하는 것을 의미한다. 역분석은 지속적으로 또는 기계를 통해 프로그램의 구조나 기능을 분석하는 순수한 의미의 역설계와 옵젝트코드를 소스코드로 변환하여 그 프로그램이 갖고 있는 원리나 기능 등을 조사하는 역변환을 포함하는 개념으로 현행 컴퓨터프로그램보호법과 미국, 일본에서 사용하고 있으나, EU지침 제5조 제3호와 제6조와 개정 컴퓨터프로그램보호법에서는 역설계와 역분석을 분리하여 입법하고 있다[백형기, "정보화시대의 컴퓨터프로그램보호", 『컴퓨터법 연구(1)』, 컴퓨터법 연구회, 2000.12, 78면].

156) 역설계 문제와 관련하여 i) 해석이나 평가를 위한 전제로서 분해하는 행위자체가 침해행위로 되는지 여부, ii) 해석이나 평가행위가 위법으로 되는지 여부, iii) 더 나아가 그 결과로 얻어진 정보를 기초로 하여 자사제품을 개발하는 행위가 허용되는가 하는 세 가지 문제가 있을 수 있다[김원학, "S/W Reserve Engineering 규정에 대한 연구", 『법조』 제570호, 법조협회, 2004.3, 201면].

호필요성이 없다고 생각되므로 비밀성을 인정할 수 없을 것이다. 반면 고도의 전문적 지식과 막대한 비용을 들여 장기간에 걸쳐 역설계 작업을 해야 비로소 제품에 포함된 정보를 지득할 수 있는 경우에는 비밀성을 인정할 수 있을 것이다.[157]

그러나 현실적으로 역설계를 수행하여 제품으로부터 지득한 정보를 공개해버리면 정보가 일반적으로 알려질 때부터 공지의 정보가 되어 그 정보는 당연히 비밀성을 상실한다.

(4) 입증책임

비밀성의 입증책임과 관련하여 정보의 비밀이라는 소극적 사실을 입증하기란 쉽지 않다.[158] 이것은 본인 이외의 제3자가 그 정보를 전혀 알지 못하고 아직까지 전혀 공개된 사실이 없다는 점을 입증해야 하는데 이는 사실상 불가능하기 때문이다.

따라서 정보의 보유자가 이를 비밀로 관리할 의사를 가지고 이에 필요한 제반조치를 취하는 데 노력을 기울였음을 입증함으로써, 그 정보의 비밀성을 추정 받을 수 있을 것이다. 왜냐하면 영업비밀의 취득, 사용, 공개를 입증함에 있어서는 영업비밀의 무형성이라고 하는 특징으로 인하여 대부분의 경우에 직접증거를 제시하는 것은 불가능하고 주변의 정황사실을 뒷받침하는 간접증거가 유일한 증거가 될 수 있기 때문이다. 영업비밀의 침해에 관한 직접증거의 대부분은

---

157) 엔지니어와 과학자 등 역설계와 영업비밀 보호와의 관련하여 보다 자세한 논의는 Howard B. Rockman, *Intellectual Property Law for Engineers and Scientists*, IEEE Press, 2004, pp.432~445 참조.

158) 입증책임에 관한 보다 많은 논의는 오성락, 『입증책임론 서설』, 청림출판, 1992, 7면 이하 참조.

침해자의 수중에 있고 영업비밀이라고 하는 무형재산을 부정취득하
거나 사용 또는 공개했다고 자백하는 경우도 드물기 때문에 영업비
밀의 침해를 인정한 상당수의 판례가 이러한 간접증거에 의했다는
것을 알 수 있다.[159]

2. 상업적 가치성

(1) 의의

영업비밀로서 보호받기 위해서는 어떤 정보가 상업상·경영상 경
제적 가치를 가지고 있어야 함을 전제로 한다.[160] 이는 영업비밀보
유자가 시장에서 특정한 정보의 사용을 통해 경쟁자에 대한 경제상
의 이익을 얻을 수 있거나 정보의 취득 또는 개발을 위해 상당한 비
용이나 노력이 필요한 경우 등을 의미하며 현실적으로 사용되고 있
지 않다 하더라도 장래에 있어서 경제적 가치를 발휘할 가능성이 있
는 정보와 과거에 실패한 연구데이터와 같은 정보도 경제적 가치를
가지고 있다고 할 수 있다.[161] 이러한 경제적 가치는 당해 정보를
가지지 못한 경쟁자에 비하여 경제적으로 현실적·잠재적 우위만 있
으면 되기 때문에 경제직으로 큰 우위는 필요하지 않는다. 즉 정보

---

159) 박광민·윤해성, 전게논문, 416면.

160) J. H. Reichman, "Universal minimum standards of intellectual property
protection under the TRIPS component of the WTO Agreement", *The
International Lawyer,* Vol. 29, No. 2, 1995, p.378.

161) 황의창·황광연, 전게서, 193면; 김효신, 전게논문, 125면; 특허청, 전게서, 16면.

그 자체가 경제거래의 대상이 되는 독자적 · 금전적 값어치를 가져야
한다는 의미는 아니라고 하였다.[162]

(2) 상업적 가치성의 판단

상업적 가치성[163]을 판단함에 있어서는 건전한 거래질서 유지를
위한 법의 목적에 맞추어 사회 일반의 입장에서 객관적으로 판단되
어야 한다. 즉 상업적 가치성을 판단함에 있어 어느 정보의 현재적
또는 잠재적인 독립한 상업적 가치를 의미하므로 영업비밀의 보유자
가 그 정보를 사용함으로써 생산비를 절감하거나 판매를 보다 효율
적으로 수행하는 등의 경제적인 이익을 얻는 효과가 있어야 한다.
각종 정보의 경제적 가치의 유무를 판단함에 있어서 당해 정보의 종
류, 내용, 성질만이 아니라 그 정보가 어떠한 방식으로 형성 또는 모
집되었으며 어떻게 사용되고 있고 사용될 수 있는가 등을 종합적으
로 고려하여 사안에 따라 개별적으로 판단하여야 한다. 따라서 그
정보의 현실적 · 잠재적 유용성, 실현가능성, 구체성 등이 검토되어야
한다. 이러한 점을 고려해 볼 때 유용한 정보의 판단기준은 현실적
으로 사업 활동에 기여해야 하고 그 기능성이 객관적으로 인식되어
야만 한다.

---

162) 박광민 · 윤해성, 전게논문, 417면; 정호열, 전게서, 252면; 김효신, 상게논문,
124면.
163) 상업적 가치성이라는 표현과 경제적 유용성이라는 표현은 의미상 큰 차이가
없으므로 동일한 개념으로 사용하여도 무방하다고 할 것이다.

1) 잠재적으로 유용한 정보 등의 취급

현실적으로 사용되고 있지 아니한 정보라고 하더라도 장래 상업적 (경제적) 가치를 발휘할 가능성이 있다면 유용하게 활용할 수 있는 가치성이 있다고 할 것이므로 가치성은 잠재적인 것으로 족하다. 예들 들면 어느 제조업자가 그의 제품과 직접 관계가 없는 고객 명부를 보유하고 있는 경우에 현시점에서는 사용하고 있지 아니하더라도 관계가 있는 판매회사에 매각하거나 장래 그 고객 명부에 관련된 제품 분야에 사업을 확대하여 사용하는 등의 이용가능성이 있으므로 가치성이 있다고 할 수 있다.

그러나 실현 가능성이 없는 정보는 일반적으로 가치성이 없다고 생각된다.164) 이는 장래 실현 가능성이 있다면 잠재적으로 가치 있는 정보라고 할 수 있을 것이다.

이와 더불어 아직 그 내용이 구체적으로 완성되지 아니한 추상적인 정보(구체성이 결여된 정보)는 적어도 잠재적으로 이용 가능할 정도로 구체성을 가지고 있지 아니하면 상업적 가치를 가졌다고 할 수 없다.

2) 반사회적 정보

어느 기업이 탈세를 하고 있다든지, 공해의 원인이 되는 물질을 배출하고 있다든지 하는 반사회적 정보는 법적으로 보호받을 수 있는 정당한 이익이라고 할 수 없으므로 기본적으로 상업적 가치를 가진 유용한 정보라고 할 수 없을 것이다.165) 여기서 반사회적인 정보

---

164) 김영철, 전게논문, 86면.
165) 윤선희, 전게 영업비밀개설, 22면.

와 사업 활동에 유용한 정보의 양면을 포함하고 있는 정보가 영업비밀이 될 수 있을 것인가 하는 것이 문제가 된다. 예를 들면 어떤 약의 부작용에 관한 정보에 관하여 당해 약품에 부작용이 있고 인체에 영향이 있다는 사실을 비밀로 하고 있다는 점에서는 반사회성이 있지만 그 부작용에 관한 정보가 타제품의 부작용 방지 등에도 응용될 수 있는 점에서 가치가 존재할 수 있다는 것이다. 본래 반사회적 정보는 법적 보호를 받을 가치가 없기 때문에 가치성이 없고 설사 경제적 가치를 겸하여 가지고 있다고 하더라도 법적으로 보호할 가치가 없는 경쟁상의 이익이라고 할 수 있고 기본적으로는 가치성이 없다고 하여야 하는 것이다.

다만, 당해 정보의 반사회성 및 상업적 가치의 정보에 따라서는 판단에 차이가 있을 수 있다고 생각되고 경미한 반사회성 때문에 사업적 가치가 극히 높은 정보가 보호될 수 없다고 하는 것은 지나치다고 생각된다.

3) 부정적 정보(Negative Information)

부정적 정보는 신약개발과정에서 실패한 실험 결과 등과 같은 정보를 말한다.[166] 즉 부정적 정보는 실패한 내용을 되풀이하지 않고 그 실험을 생략하여 연구개발비를 절약하는 것 등에 의해서 사업 활동의 효율을 높일 수 있는 정보를 의미하는 것이다. 이와 같이 불필요한 투자를 피하고 경비·노력 등을 절감할 수 있다는 점에서 경제적 가치가 있을 뿐만 아니라 무임승차 행위의 방지 측면에서 보호할

---

166) 千野直郎, 前揭書, 155面.

필요가 있다.167)

그러나 당해 정보의 '사용 그 자체'의 금지에 관해서는 문제가 있다.168) 다시 말하면 당해 정보에 있는 경쟁상의 이익은 취득자가 실패를 되풀이하지 아니함으로써 경비·노력을 절약할 수 있어 상대적으로 경쟁력이 올라가는 점에 있다. 따라서 보유자 자신은 적극적인 손해가 없으므로 당해 정보에 대한 보호를 인정한 경우에도 보다 구체적인 범위의 설정이 필요하다고 생각된다. 우리나라 부정경쟁방지 및 영업비밀보호에 관한 법률에서도 '영업상의 이익을 해할 염려'라고만 규정하고 있는 모호성으로 인해 그 보완이 필요하다고 생각한다.

4) 간접적으로 유용한 정보의 취급

경쟁회사의 제품계획, 제품 개발스케줄 등과 같이 그 자체는 직접적으로 생산 판매 활동 등의 사업 활동에 이용되지는 않지만, 알고 있다면 경쟁상 극히 유리한 정보는 그 자체는 금전적 평가가 곤란한 경우가 많지만, 취득자가 이것에 의하여 경쟁상의 이익을 얻는 점에서 상업적 가치성을 인정할 수 있다고 생각된다. 다만 가치성 유무를 판단함에 있어서는 보유자와 사용자의 경쟁상의 관계, 사업 활동 내용, 취득자가 당해 정보를 사용함으로써 취득자의 생산·판매활동 등에 직접 어떠한 이익이 생기는 것인가를 개별적으로 판단하여야 한다.

---

167) 황의창, 전게서, 174면.
168) 김영철, 전게논문, 87면.

3. 비밀관리성

(1) 의의

영업비밀은 상당한 노력에 의해 비밀로 관리하고 있는 정보이어야
한다.[169] 즉 영업비밀의 공개 또는 사용에 의하여 경제적 가치를 얻
을 수 있는 자에게 정상적이고 통상적인 방법에 의해서는 용이하게
입수할 수 없을 정도로 비밀유지를 위한 상당한 노력을 하여야 한다
는 요소이다. 또한 당해 정보가 비밀로 유지되고 있을 뿐만 아니라
제3자가 영업비밀이라고 객관적으로 인식될 수 있는 상태로 유지되
고 있는 것이 필요하다. 그러므로 해당 정보의 보유자가 비밀유지를
위한 합리적인 노력을 기울여야 하고 영업비밀의 공개 또는 사용에
의하여 경제적 가치를 얻을 수 있는 자는 부정한 수단에 의하지 않
고는 용이하게 입수할 수 없을 정도로 비밀로써 관리하여야 한다.
즉 관리의사와 관리노력을 필요로 한다.[170]

비공지성인 특정정보가 영업비밀로서 보호받기 위해서는 단순히
당해 정보가 공연히 알려져 있지 않다는 것 이외에 보유자가 당해
정보를 비밀로 관리하고 있음을 요구하는 형식을 취하고 있다. 비밀
관리라는 요건은 영업비밀의 본질적 요건인 비밀성에 포함되어 있고
이를 법문으로 명시적으로 표현하지 아니하여도 해석을 통해서 도출
되는 것으로 볼 수 있다는 주장이 있다. 또한 비밀관리 여부는 개별
적인 사례에 있어서 법원이 판단할 사항에 해당되어 이를 법문으로

---

169) 이우영, 전게논문, 44면.
170) 박광민 · 윤해성, 전게논문, 118면.

명시할 실익이 낮고 법문처럼 비밀관리가 실무상 엄격하게 적용되고 있다고 볼 수 있는지 의문이 있으며, 비밀관리라는 요건을 법문상에서 삭제하여도 비밀성의 해석을 통하여 해소될 수 있다고 한다.[171] 비밀성이라는 요건 가운데에 비공지성과 비밀관리성이라는 요소를 포함한다고 보는 견해도 있다.[172] 그러나 이러한 견해에 대해 반대의견이 있다. 즉 이렇게 정의할 경우 비밀성이 너무 막연하여 입증의 어려움을 초래할 수 있고 실무적용에도 여러 가지 문제점을 야기할 수 있다는 것이다. 상대적 비밀성개념을 명시하지만 이를 입증하는 것은 구체적인 보호조치나 객관적으로 인식할만한 사실이 있어야할 것이 요구되고 있기 때문이다.[173] 또한 비밀관리를 요구하지 않는다면 예컨대 비밀로 관리되고 있지 않은 정보를 지득하고 있는 종업원이 전직한 경우 당해 종업원 및 전직한 기업에 의해서는 이용이 법으로 금지되는 정보를 식별하는 것이 곤란하며 무엇이 부정이용행위에 해당하는가를 판단할 때에는 비밀관리요건이 중요한 역할을 한다고 할 수 있다.[174]

---

171) 현대호, 전게논문, 190면.

172) 정호열, 전게논문, 203면.

173) 박광민 · 윤해성, 전게논문, 122면.

174) 윤선희, "영업비밀에 있어서의 경영상 정보", 『창작과 권리』 제39호, 세창, 2005, 91면.

(2) 비밀관리성의 판단[175]

1) 비밀유지 의사

비밀유지의 의사는 우선 주관적인 관점에서 판단해 볼 때 의사가 명시되어 있을 필요는 없지만 관리상황 등으로부터 보유자가 당해 정보를 비밀로 하고 있다고 하는 인상을 평균적 종업원이 느끼는 정도면 족하다.[176] 다만, 반드시 보유자가 어떠한 조치를 강구하고 있을 필요는 없다. 예를 들면 극히 중요한 비밀인 경우에는 그 만큼 비밀유지의 의사가 추정될 수 있다. 이에 객관적인 관점에서는 종업원에게 비밀유지의무를 인식시킬 뿐만 아니라 객관적 상황으로서도 영업비밀에 접근하는 자를 필요한 범위 내로 한정하는 등 비밀유지 의사의 실현이라고 할 수 있는 일정한 관리 수준이 요구된다.[177]

2) 접근의 제한

영업비밀은 많은 사람에게 공표되면 그 보호의 실익이 없으므로 당해 정보를 필요 이상으로 타인에게 접근시키지 말아야 한다. 당해 정보에 접근 가능한 자를 제한하는 방법으로서 구체적으로 문서 관

---

175) 비밀관리성의 판단기준을 확정하는 문제는 무엇보다도 중요하다[王 淩紅, "營業秘密保護の諸問題", 『社會文化科學研究』第5號, 千葉大學 社會文化硏究所, 1998, 187面].

176) 古河 謙一, "營業秘密の各要件の認定・判斷について", 『知的財産權の理論と實務』第3卷, 新日本法規, 2007, 334面.

177) Lisa Guerin & Amy Delpo, *The Manager's Legal Handbook*, Nolo, 2007, p.348.

리규정에 의해 일정의 문서에 대해서는 지정된 자 이외의 열람을 금지하는 조치, 자료배부의 한정을 위해 특정자격을 가진 자 이외의 자에 대해 출입제한을 설정하는 방법이 있을 수 있다.

3) 의무의 부과

영업비밀에 해당하는 중요정보에 접근하는 자에게는 보유자의 의도에 반하는 사용 및 공개를 하지 않도록 권리를 부여하는 등의 조치를 취하는 것이 필요하다. 즉 취업규칙이나, 고용규칙 등에 재직 시 또는 퇴직 시 일정기간동안 비밀유지를 의무화라는 계약을 체결할 수 있는 근거를 두고 영업비밀의 접근이 허용된 자에 대해서는 보유자의 의사에 반하는 사용이나 공개를 하지 않아야 할 비밀유지의무 또는 고용계약서 등에 경업금지의무, 경쟁기업으로의 전직제산, 경쟁적 창업행위의 금지 등을 부과하는 조치를 취하는 등의 노력이 강구되어야 한다.

4) 비밀의 특정

영업비밀의 보호에 관하여 어떤 정보가 영업비밀로서 보호할 만한 가치가 있었는가를 판단하여 분류한 이후 당해 정보가 영업비밀이라는 사실을 인식할 수 있도록 하는 것이 필요하다.

4. 추가요건에 대한 검토

한국 영업비밀보호법 제2조에서는 영업비밀의 요건으로 위 세 가지를 공통요건으로 요구하고 있다. 하지만 위 요건 외에 고정성이라는 요건을 추가하는 방안을 검토할 필요가 있다.[178] 고정성의 요건은 설계도나 고객명부이건 간에 영업상 비밀정보가 항상 특정의 매체에 고정됨으로써만 비로써 보호의 객체가 될 수 있는 영업비밀이된다.[179] 이는 영업비밀 침해에 대한 유지청구권의 행사와 관련하여 실무상의 요청에서 볼 때 필요한 요건, 즉 보호를 구하는 당해 정보가 기술적 정보이건 영업상의 정보이건 간에 특정된 매체에 고정되어 있는 형식을 구비하여야 하기 때문이다.

사람의 두뇌 속에 있는 기억, 발상, 사상이라는 것은 그 단계에서는 아직 보호대상이 될 수 있을 만큼 객관화되었다고 할 수 없으며 매체에의 고정에 의해서 비밀정보가 객관화됨과 동시에 그 재산성의 요건에 대한 판단도 가능하게 된다는 것이다. 우리나라 법제에도 명문 규정은 없지만 법률상 요건으로서 영업비밀이 되기 위해서는 "그것이 비밀이라고 보호받음으로써 정당한 이익이 있을 것"[180]을 들 수 있을 것이다.[181]

---

178) 송석언, 전게논문, 80면.

179) 영업비밀 보호제도는 정당한 타인의 기술적·경영적 정보가 부정한 수단에 의하여 유출되는 것을 금지시키는 데 주안점을 둔다는 이유로 고정성의 언급에 부정적 입장을 취하는 경우도 있다[특허청, 『영업비밀보호 가이드북』, 2004, 특허청, 20면].

180) 小野昌延, 前揭書, 287面.

181) 이는 일본의 현행 부정경쟁방지법의 개정기초가 된 산업구조심의회의 재산적 정보부회가 "재산적 정보에 관한 부정경쟁행위에 관한 구제제도방법에 관해서"란 보고서에서 영업비밀의 네 번째 요건으로 제시한 것으로서 당연요건이 된다고 명문화하지 않고 해석상 당연히 적용하여야 할 요건으로 들고 있다[송석언, 상게논문, 82면].

제3장 영업비밀의 침해유형

영업비밀의 침해행위는 다양한 사람을 통해 다양한 방법으로 발생한다. 이러한 영업비밀 침해행위는 정보의 중요성 증대와 더불어 기술혁신의 발달에 따라 더욱더 세밀화될 뿐만 아니라 다양화될 것으로 예상된다. 영업비밀 침해행위를 규정하는 방법에는 일반조항으로써 규정하는 방법[182]과 개별조항으로 열거하여 규정하는 방법으로 구분될 수 있다.[183] 이에 우리나라와 일본의 경우를 비롯한 많은 국가에서는 개별조항으로 열거하여 규정하고 있다. 즉 우리나라 부정경쟁방지 및 영업비밀보호에 관한 법률 제2조 제3호는 6가지 영업비밀 침해행위의 유형을 한정적으로 열거하고 있는 형태를 띠고 있다. 동법상의 6가지 침해행위 유형은 가목의 절도 등 부정한 수단으로 영업비밀을 취득·사용·공개하는 행위와 라목의 계약관계 등에 의하여 영업비밀을 비밀로서 유지해야 할 의무가 있는 자가 부정한 이익을 얻거나 보유자에게 손해를 가할 목적으로 영업비밀을 사용·공개하는 행위를 2가지 기본유형으로 하고 이 2가지 기본유형에 따라 사후적 관여행위 2가지를 각각 추가하여 규정하고 있다. 즉 제3자가 부정취득행위나 비밀유지의무 위반행위가 있었다는 사실을 취득 당시에 알거나 중대한 과실로 알지 못하고 당해 영업비밀을 취득·사용·공개하는 행위를 각각 나목과 마목에 규정하고, 부정취득행위나 비밀유지의무 위반행위를 취득 당시에는 알지 못하였으나 취득 후

---

182) 독일은 부정경생방지법 제1조에서 "업무상의 거래에서 경업의 목적으로 미풍양속에 반하는 행위를 하는 자에 대해서는 그 행위의 유지 및 손해배상을 청구할 수 있다"고 규정하여 영업비밀 침해유형을 열거하고 있지는 않다.

183) 일반조항으로 규정하는 방법은 다양한 영업비밀 침해행위에 대해서 유연하게 대응할 수 있다는 장점이 있는 반면 금지청구권 등과 같은 강력한 사전적 구제수단을 채택하고 있는 경우에는 개인 간의 정보거래 활동을 위축시킬 수 있다는 단점이 있으며 개별조항으로 열거하는 방법은 일반조항으로 규정하는 경우와 반대의 장단점이 나타날 수 있다.

알게 되거나 중대한 과실로 알지 못하고 당해 영업비밀을 사용 또는
공개하는 행위를 각각 다목과 바목에서 규정하고 있다.[184]

Ⅰ. 부정취득자의 부정 이용행위

1. 부정취득자의 부정 취득행위

절취, 기망, 협박, 기타 부정한 수단(Improper Means)으로 영업비
밀을 취득하는 행위 또는 그 취득한 영업비밀을 사용하거나 공개하
는 행위는 영업비밀의 침해행위에 해당한다(부정경쟁방지 및 영업비
밀보호에 관한 법률 제2조 제3호). 여기에서 절취 · 기망 · 협박 기타
부정한 수단은 전형적인 부정취득행위를 예시한 것이므로 반드시 이
에 한할 필요는 없다. 따라서 이에 준하는 위법성을 영업비밀 침해
행위는 개념적으로 부정한 수단이라고 볼 것이다. 그렇다고 하여 형
사적 구성요건에 해당할 정도의 위법성을 요하는 것에 제한되는 것
은 아니다. 즉 당해 비밀의 내용과 관리상태 등 제반 사정에 비추어
건전한 거래질서를 파괴하는 것이라면 부정한 수단으로 볼 수 있을
것이다. 대법원[185]도 "부정경쟁방지 및 영업비밀보호에 관한 법률
제2조 제3호에서 말하는 '부정한 수단'이라 함은 절취 · 기망 · 협박

---

184) 윤선희, 전게 지적재산권법, 554면.
185) 대법원 1996. 12. 23, 96다16605.

등의 형법상의 범죄를 구성하는 행위뿐만 아니라, 비밀유지의무의 위반 또는 그 위반의 유인(誘引) 등 건전한 거래질서의 유지 내지 공정한 경쟁의 이념에 비추어 위에 열거된 행위에 준하는 선량한 풍속, 기타 사회질서에 반하는 일체의 행위나 수단을 말한다"고 판시하고 있다.

위와 같은 영업비밀은 부정한 취득을 통해 침해된다. 여기서 취득은 영업비밀에 해당하는 정보를 입수 또는 확보하는 것으로써 비밀이 화체된 문서, 기타 매체 그 자체에 대한 점유의 취득뿐 아니라 영업비밀을 기억하는 등의 방법으로 당해 정보를 확보하는 일체의 행위를 말한다.186) 우리 대법원은 영업비밀의 '취득'이라 함은 사회통념상 영업비밀을 자신이 것으로 만들어 이를 사용할 수 있는 상태에 이른 것이라고 한다. 이러한 영업비밀의 취득은 문서, 도면, 사진, 녹음테이프, 필름, 전산정보 처리조작에 의하여 처리할 수 있는 형태로 작성된 파일 등 유체물의 점유를 취득하는 형태로 이루어질 수도 있다. 또한 유체물의 점유를 취득함이 없이 영업비밀 자체를 직접 인식하고 기업을 경영하는 형태로도 이루어질 수도 있으며 영업비밀을 알고 있는 사람을 고용하는 형태로 이루어질 수도 있다. 뿐만 아니라 사회통념상 영업비밀을 자신의 것으로 만들어 이를 상용할 수 있는 상태가 되었다면 영업비밀을 취득하였다고 보아야 하므로, 회사가 다른 업체의 영업비밀에 해당하는 기술정보를 습득한 자를 스카우트하였다면 특별한 사정이 없는 한 그 회사는 그 영업비밀을 취득한 것으로 볼 수 있다.187) 예컨대 영업비밀이 들어 있는 물건을 편취하거나 뇌물 또는 협박에 의하여 이를 절취하거나 알아내는 행

---

186) 千野直郞, 前揭書, 165面.

187) 대법원 2008. 4. 10, 2008도679; 대법원 1998. 6. 9, 98다1928.

위188) 혹은 그것이 보관되어 있는 장소에 무단히 진입하거나 일시 밖으로 반출하려 그 내용을 알아내거나 사진 기타 방법으로 복제하는 것 등이 영업비밀의 부정취득 행위에 해당하는 전형적인 예라고 할 것이다. 결국 영업비밀의 침해를 발생케 하는 것은 부정한 수단으로 얻은 정보를 말한다. 따라서 정당한 수단으로 특정 정보를 취득하는 것은 영업비밀 침해행위가 아니다.

2. 부정취득자의 부정 사용행위

부정취득자에 의한 영업비밀 침해행위의 두 번째 유형은 부정사용하는 경우이다. 영업비밀의 사용은 영업비밀을 그 고유의 용도 내지 사용목적에 따라 이용하는 행위로써 영업비밀을 상품의 생산, 판매 등의 영업활동에 이용하거나 연구 개발사업 등에 활용하는 등 기업 활동에 직접 또는 간접적으로 이용하는 것을 말한다.189) 즉 '사용'이란 행위는 부정한 수단으로 영업비밀을 사용하는 행위로써 전통적인 제조·판매 등에 사용하는 행위는 물론 반드시 사용에 따른 이윤을 남길 필요도 없으며, 성질상 사용행위에는 제한이 없다.190) 우리 대법원도 영업비밀 본래의 사용 목적에 따라 이를 상품의 생산·판매 등의 영업활동에 이용하거나 연구·개발사업 등에 활용하는 등으로 기업 활동에 직접 또는 간접적으로 사용하는 행위로서 구체적으로 특정이 가능한 행위라고 보고 있다.191)

---

188) 大矢息生, 前揭書, 178面.

189) 황의창, 전게서, 182면.

190) 특허청, 전게서, 27면.

이러한 영업비밀의 사용의 예는 다음과 같이 구분될 수 있다. 먼저 상품의 생산정보에 따라서 제품을 직접 생산하는 경우 고객명단을 이용하여 안내장을 발송하거나 제품을 판매하는 경우 등을 들 수 있다. 뿐만 아니라 경쟁사의 실험 데이터를 이용하여 연구실험의 비용을 절감하거나 경쟁사의 연구투자계획을 참고하여 자사의 투자계획을 수립하는 경우도 이에 해당된다고 볼 수 있다. 다만 연구개발이나 생산판매와 같은 활동은 통상 여러 가지 정보에 의하여 이루어지기 때문에 당해 행위를 영업비밀의 사용행위에 해당하는 것으로 금지청구를 하는 경우에는 당해 행위가 영업비밀에 의하여 행해진 것인가 하는 인과관계를 구체적으로 특정할 필요가 있다고 할 수 있다.192)

3. 부정취득자의 부정 공개행위

영업비밀의 공개193)는 영업비밀을 제3자를 포함한 불특정 다수인에게 누설하거나 또는 그 비밀을 유지한 채로 특정인에게 알리는 것을 의미한다.194) 구체적 부정공개 형태로는 부정 취득한 영업비밀을 제3자에게 매각 또는 라이센스계약 등의 방법으로 공개하는 경우가 이에 해당된다. 공개와 관련하여 우리나라 부정경쟁방지 및 영업비밀보호에 관한 법률 제2조 제3호에서 규정하고 있다. 즉 공개라고

---

191) 대법원 1998. 6. 9, 98다1928.
192) 황의창, 전게서, 183면.
193) 일본 부정경쟁방지법은 우리나라와는 달리 개시라는 용어를 사용하고 있다.
194) 千野直郎, 前揭書, 166面.

하면 불특정 다수인에게 알리는 유형만을 의미한다고 해석할 여지가 있기 때문에 공개에는 비밀을 유지하면서 특정인에게 알리는 것을 포함한다고 규정한 것이다. 여기서 공개의 수단은 묻지 않으므로 구두나 서면뿐만 아니라 도면·도형의 전시에 의해서도 가능하다. 아울러 제3자가 영업비밀을 알려고 하는 것을 방해하지 않는 부작위(不作爲)형식에 의한 공개행위도 인정되며 공개행위의 유상성(有償性)을 요건으로 하지 않는다.

Ⅱ. 부정취득 악의 전득행위

부정경쟁방지 및 영업비밀보호에 관한 법률 제2조 제3호 나에서는 "영업비밀에 대해서 부정취득행위가 개입된 사실을 알거나 중대한 과실로 알지 못하고 그 영업비밀을 취득하는 행위 또는 그 취득한 영업비밀을 사용하거나 공개하는 행위"를 영업비밀 침해행위의 한 유형으로 인정하고 있다. 여기서 '개입'이란 당해 영업비밀의 유통과정에 부정수단에 의한 영업비밀취득행위가 존재하는 것을 말한다. 그리고 부정취득행위의 개재에 대하여 전득자에게 고의나 중대한 과실이 있는 경우의 취득행위 및 사용, 공개행위이다. 여기서 '악의'란 전득자가 부정취득자로부터 영업비밀을 매수함에 있어서 당해 영업비밀은 부정취득자가 절취한 것이라는 사실, 즉 부정취득행위가 개입된 사실을 알고 있는 경우를 말한다. 또한, '중과실'은 영업비밀이 부정한 수단에 의해 취득된 것을 인식해 온 것에 심각한 주의의무를 결하였기 때문에 인식하지 못한 것을 말한다.[195] 더불어 중과실에 의한 취득이란 전득자가 부정취득자로부터 영업비밀을 취득함에 있어서 사회적 지위, 종사하는 직업 등에 따라 평균적으로 요구되는 주의를 현저하게 게을리 하였기 때문에 부정취득행위가 개입된 사실을 알지 못한 것을 말한다.[196]

부정취득행위가 개재한 이상 중간의 전득자가 선의 또는 중과실에 해당하지 않는다고 하더라도 당해 전득자에게 악의 또는 중과실이 있으면 부정경쟁행위로 되는 것이다.[197]

Ⅲ. 부정취득 사후 악의행위

부정취득 사후 악의행위는 선의이며 중대한 과실 없이 영업비밀을 취득한 자가 그 후 영업비밀 보유자로부터 경고를 받거나 부정한 취득사실을 언론을 통해 알게 되는 등 자기가 취득한 영업비밀에 부정취득행위가 개입된 것을 알거나 중대한 과실로 알지 못하고 이를 사용하거나 공개하는 등의 행위가 부정경쟁방지 및 영업비밀보호에 관

---

195) 千野直郎, 前揭書, 170面.

196) 특허청, 전게서, 28면, 각주 22번, 23번 참조.

197) 예를 들면, 甲이 보유하는 영업비밀을 乙이 부정취득하고 乙로부터 丙이 이것을 선의로 취득해서 丁이 丙으로부터 중과실로 이를 취득한 경우 丁은 부정경쟁행위에 해당하는 것이다.

한 법률 제2조 제3호 다목에 해당하는 침해행위가 된다. 이 규정은
영업비밀이 비록 유출되었다고 하더라도 그것이 비밀로 유지되고 있
는 동안에는 보호할 가치가 충분히 있다고 판단한 데서 기인한다.
위 악의행위에서 '선의'의 의미는 영업비밀취득자가 부정취득자 또는
전득자로부터 영업비밀을 취득함에 있어 당해 영업비밀에 부정취득
행위가 개입된 사실을 알지 못한 것을 의미한다.

사후적 악의자에 의한 영업비밀 침해 행위에 대해서 영업비밀보유
자는 사후적 악의자가 영업비밀을 취득할 당시의 선의 또는 무과실
없음을 입증할 필요 없이 구두 변론 종결 시까지 사후행위의 악의
또는 중과실을 입증하면 된다. 그러나 선의 또는 무중과실로 영업비
밀을 취득한 자의 행위에 대해서는 선의자에 관한 특례규정을 두어
거래의 안전을 도모하고 있다.

Ⅳ. 정당취득자의 부정 이용행위

계약관계 등에 의하여 영업비밀을 유지하여야 할 의무가 있는 자
가 부정한 이용을 얻거나 그 영업비밀의 보유자에게 손해를 가할 목
적으로 그 영업비밀을 사용하거나 공개하는 행위는 영업비밀의 부정
이용행위에 해당된다. 이는 영업비밀을 보유하는 자로부터 드러난
영업비밀을 부정한 경업, 기타의 부정한 이익을 얻는 행위를 할 목
적 혹은 보유자에 손해를 가할 목적으로 사용하는 행위 또는 그 목

적으로 이를 공개하는 행위를 의미한다. 또한 '계약관계 등에 의하여 영업비밀을 비밀로써 유지할 의무'는 계약관계 존속 중은 물론 종료 이후도 포함된다. 뿐만 아니라 반드시 명시적으로 계약에 의한 비밀유지의무를 부담하기로 약정한 경우와 인적 신뢰관계의 특성 등에 비추어 신의칙상 또는 묵시적으로 그러한 의무를 약정하였다고 보아야 할 경우를 포함한다.[198] 이러한 정당취득자에 의한 부정이용행위는 크게 다음과 같이 구분될 수 있다. 첫째, 기업 간의 기술협조에 따르는 계약으로 중요한 정보 등이 포함된 영업비밀의 실시허락을 계약으로 하는 경우이다. 최근에는 첨단기술의 개발에 따른 비용과 시간 등의 과다하게 요구되는 경우가 많다. 이에 따라 상대 기업과 기술협조, 공동개발, 업무제휴 등을 통해 적법하게 공개된 비밀정보를 지득할 수 있게 되었다. 특히 공동개발이나 업무제휴에 있어서 비밀정보를 둘러싼 분쟁은 특히 공동개발이나 업무제휴를 도중에 종료한 후 당사자 일방이 공동개발이나 업무제휴를 목적으로 한 제품이나 서비스를 새로운 기업들과 개발하는 경우 과거의 상대방으로부터 공개 받은 비밀정보 사용유무를 둘러싸고 발생하기 쉽다.[199] 이러한 경우 문제되는 정보가 상대방의 비밀정보를 사용한 것이 아니라 독자적으로나 새로운 기업과 새롭게 개발한 것인지에 대한 부분이 쟁점이 되는 경우가 많다. 이러한 경우 기업 간의 기술협조 등에서 계약의 영업비밀유지조항을 구체적으로 명시하여 협력업체 등을 통한 정보 유출을 최소화할 필요가 있다. 또한 기술협조에 따른 계약의 경우 특약의 유무에 관계없이 계약당사자에게 영업비밀을 제3자에게 공개하지 않고 비밀을 유지할 의무가 발생한다. 두 번째는

---

198) 대법원 1996. 12. 23, 96다16605.
199) 馬田啓一 · 浦田秀次郎 · 木村福成, 前揭書, 95～96面.

보유자와 도급계약을 체결하고 영업비밀을 사용하는 경우의 수급인에 의한 경우이다. 세 번째는 보유자인 사용자와 고용계약을 체결한 경우의 종업원의 경우, 네 번째는 회사를 위해 충실하게 직무를 수행할 의무를 부담하는 이사, 끝으로 기타 채권관계 등에 의해 선량한 관리자로서 영업비밀을 유지 또는 사용하는 자 등이 대표적 사례이다.

이들의 경우에 계약의 취지에 따라 영업비밀을 사용할 수 있는 것은 당연하다. 계약내용에 의해서는 영업비밀의 사용 필요상 비밀을 유지하면서 특정한 자에게 보인다는 의미에서 공개를 하는 경우도 있다. 그 의미에서 첫 번째와 두 번째의 계약관계에 의해 영업비밀을 사용할 정당한 권원을 가진 사업자는 실시허락자에 대한 관계에서는 영업비밀을 보게 된 자이지만 동시에 그 영업비밀의 사용에 대해서는 보유자로 된다. 그 점에서 여기서 의미하는 보유자는 영업비밀에 대해 처분권을 가진 자에 한할 필요는 없고 타인이 제작한 영업비밀에 대해 정당한 사용수익권을 가진 사업자도 보유자에 포함된다고 할 것이다.

보유자로부터 영업비밀을 알게 된 자는 채권관계를 지배하는 신의성실의 원칙에 따를 의무 내지 선량한 관리자로서의 의무를 지기 때문에 이를 부정하게 사용하거나 공개하는 것은 계약위반이 된다. 따라서 보유자는 계약관계의 계속 중인 위반자에 대해 민법 제389조의 규정에 의해 사용 내지 공개를 금지하는 요청을 할 수 있다. 또한 민법 제390조의 규정에 기해서 손해배상의 청구를 할 수 있지만 계약이 종료한 후에는 계약상의 의무위반을 이유로 하는 청구가 인정되지 않는다. 그래서 부정경쟁방지법은 사업자 간에 공정한 경쟁을 확보한다는 면에서 일정한 유형에 속하는 행위를 부정경쟁으로 한 것이다. 이러한 의미에서 이 규정은 신의칙 위반 유형이라고 할 수 있다.200) 그 결과 고용계약이 종료한 이후 종업원의 비밀유지의무에 대해서 특약이 없는 경우 또는 특약이 존재한다 하더라도 법적 효과가 인정되지 않는다고 지칭되는 경우라도 이 규정에 해당하는 경우에는 영업비밀의 사용 또는 공개의 금지청구를 할 수 있다.

부정경쟁방지 및 영업비밀보호에 관한 법률에 의한 청구와 민법규정에 의한 청구는 소위 청구권 경합의 관계가 있다. 따라서 종래 계약상의 비밀유지의무가 인정되는 경우에는 이 규정의 요건을 충족하는 한 부정경쟁방지법 및 영업비밀보호에 관한 법률과 민법의 어느 쪽을 선택해서 청구할 수 있을 것이다. 그러나 전자에 의할 경우에는 '부정한 이익을 얻을 목적' 또는 '보유자에게 손해를 가할 목적'이 필요하다.

Ⅴ. 부정공개 악의 전득행위

부정경쟁방지 및 영업비밀보호에 관한 법률 제2조 제3호 마목에 의해 영업비밀의 부정공개에 따른 악의전득행위를 규제하고 있다. 즉 영업비밀이 라목의 규정에 의하여 공개된 사실 또는 그러한 공개행위가 개입된 사실을 알거나 중대한 과실로 알지 못하고 그 영업비밀을 취득하는 행위 또는 그 취득에 영업비밀을 사용하거나 공개하는 행위를 영업비밀 침해행위로 규정하고 있는 것이다. 이는 영업비

---

200) 通商産業省知的財産權政策室, 前揭書, 86面.

밀에 대해서 영업비밀의 부정공개행위인 것 혹은 영업비밀의 부정공개행위의 개재를 알거나 혹은 알지 못하는 것에 대해서 중대한 과실이 있으면서 영업비밀을 취득하는 행위 또는 그 취득에 관계되는 영업비밀을 사용하는 행위 혹은 이를 공개하는 행위를 말한다. 여기에서 부정공개행위 또는 그 개입에 대해서 악의, 중대한 과실이 있는 경우의 영업비밀의 취득, 사용, 공개행위이고 부정공개행위의 직접 상대방, 전득자의 행위를 대상으로 한다.

다시 말해 여기서 말하는 부정개시행위는 부정목적에 의한 영업비밀의 공개행위와 비밀을 지켜야 할 법률상의 의무에 위반한 공개행위를 포함한다. 따라서 영업비밀의 입수자에게 부정, 가해목적 내지 인식이 없더라도 공개하는 자가 의무를 위반하고 있는 데 대하여 인식이 있거나 인식이 없는 데 대해 중대한 과실이 있으면 부정경쟁행위로 되는 것이다. 이와 함께 당사자 간 계약관계가 존재하는 경우 이에 위반해서 제3자가 영업비밀을 취득, 사용, 공개하는 행위에 대해서는 제3자는 계약관계에 서는 것은 아니다. 따라서 제3자에 대해서는 불법행위에 의한 손해배상청구가 인정될 뿐이고 금지청구권을 행사할 수는 없을 것이다.

VI. 부정공개 사후 악의행위

한국 부정경쟁방지 및 영업비밀보호에 관한 법률 제2조 제3호 바목에서는 영업비밀 침해행위의 여섯 번째 유형으로 부정공개 사후 악의행위를 규정하고 있다. 즉 영업비밀을 취득한 후에 그 영업비밀이 라목에 따라 공개된 사실 또는 그러한 공개행위가 개입된 사실을 알거나 중대한 과실로 알지 못하고 그 영업비밀을 사용하거나 공개하는 행위를 의미한다. 즉 영업비밀을 취득한 후에 그 영업비밀에 대해서 영업비밀의 부정공개행위인 것 혹은 영업비밀의 부정공개행위가 개재한 것을 알거나 또는 알지 못하는 것에 대해서 중대한 과실이 있으면서 당해 영업비밀을 사용하는 행위 또는 이를 공개하는 행위를 말한다. 다시 말하자면 제3자가 영업비밀을 취득한 시점에서는 부정공개행위 혹은 그 게재에 대해서 선의이고 또는 중대한 과실이 없었지만 취득 후에 그 사실을 안 경우 또는 알지 못한 데 중대한 과실이 있는 경우의 영업비밀의 사용 또는 공개행위를 뜻하는 것이다.

제4장 영업비밀침해행위의 구제

부정경쟁방지 및 영업비밀보호에 관한 법률 제2조 제3호에 열거된 영업비밀 침해행위에 대한 민사적 구제수단으로 금지 및 예방청구권(제10조), 손해배상청구권(제11조) 및 신용회복청구권(제12조)을 인정하고 있다. 이에 대한 특례로서 선의로 영업비밀을 취득한 자를 보호하기 위한 선의자에 대한 특례도 규정하고 있다. 뿐만 아니라 형사적 제재수단으로 징역과 벌금(제18조 및 제19조)이 규정되어 있다. 이외에도 영업비밀의 침해행위가 발생한 경우 중재에 의한 해결방법 및 대화에 의한 해결방법 등이 있다.

Ⅰ. 민사적 구제

1. 금지 및 예방청구권

(1) 의의

영업비밀의 보유자는 영업비밀 침해행위를 하거나 하고자 하는 자에 대하여 그 행위에 의하여 영업상의 이익이 침해되거나 침해될 우려가 있는 때에는 법원에 그 행위의 금지 또는 예방을 청구할 수 있다(부정경쟁방지 및 영업비밀 보호에 관한 법률 제10조 제1항). 이와 같이 영업비밀 침해행위를 금지시키는 것은 침해행위자가 그러한 침해행위에 의하여 공정한 경쟁자보다 유리한 출발 내지 시간적 절약이라는 우월한 위치에서 부당하게 이익을 취하지 못하도록 하고 영업비밀보유자로 하여금 그러한 침해가 없었더라면 원래 있었을 위치로 되돌아갈 수 있도록 하는 데 그 목적이 있다.

영업비밀은 비밀이 유지되는 동안 독립된 경제적 가치를 가지지만 일단 공개된 이후에는 독자적인 경제적 가치를 상실하게 된다. 따라서 영업비밀 보호제도의 핵심은 바로 그 침해행위에 대한 금지 또는 예방이 있다. 그러나 소송절차상 금지청구권 등에 대한 법원의 판결에는 오랜 시일이 소요되므로 침해행위에 대한 금지 또는 예방청구 전에 또는 이와 동시에 법원에 금지청구권 등의 집행·보전을 위해 영업비밀침해행위 금지가처분 신청을 하여 침해행위의 금지결정을 받아 두는 것이 중요하다.201)

(2) 청구권자

침해행위에 의하여 영업상의 이익이 침해되거나 침해될 우려가 있는 영업비밀보유자로서202) 당해 영업비밀을 최초로 개발한 원시취득자와 역설계에 의한 영업비밀보유자뿐 아니라 그 양수인, 실시권자 등과 같이 정당한 권원에 의하여 영업비밀을 보유·사용하는 자를 포함한다.203) 따라서 절취 등의 부정한 수단에 의하여 영업비밀을 보유한 부정취득자는 정당한 권원204)에 의한 취득자가 아니므로 영

---

201) 황의창·황광연, 전게서, 237면.

202) 황의창·황광연, 상게서, 238면.

203) 윤선희, 전게 지적재산권법, 562면.

204) 권원(權原)이란 어떤 법률적·사실적 행위를 하는 것을 정당화하는 법률상의 근거를 말한다. 예를 들면, 어떤 물건을 직접 자기가 사실상 점유하지 않더라도 언제든지 이를 지배할 수 있는 법률적 근거로서의 소유권이 이에 해당한다.

업비밀보유자에 포함되지 않는다. 여기서 '보유'란 당해정보를 자신이 직접개발, 생산된 경우나 매매계약 또는 실시권허여(licence)계약 등 법적으로 유효한 거래행위에 의하여 취득한 경우, 고용관계 등 신뢰관계에 의하여 원보유자로부터 알게 된 경우 등과 같이 '정당한 권원에 의하여 취득한 것'을 의미한다.[205] 그리고 영업비밀의 보유자는 그 보유에 관하여 정당한 권원을 가지는 자뿐만 아니라 사실상의 보유자도 포함한다고 할 수 있다.[206] 따라서 기업체(법인 포함) 뿐만 아니라 개인, 공익법인, 지방자치단체, 국가를 막론하고 영업활동을 하고 있는 사업주체이면 누구든지 보유자가 될 수 있다 또한, 영업비밀보유자가 WTO 회원국의 국민인 외국인이라면 동 조약 제3조 규정에 의하여 청구권자가 될 수 있다.

(3) 청구의 상대방

청구의 상대방은 영업비밀 침해행위를 하거나 또는 침해행위를 하고자 하는 자로서 부정취득·사용·공개 행위자이다. 따라서 침해행위 당사자, 전·현직 직원,[207] 제3자 및 법인도 포함되며, 사용자도

---

205) 영업비밀은 정보이면서 배타성이 없기 때문에 통상 물에 대한 지배를 의미하는 '소유'라는 용어를 피하여 '보유'라고 하였다[황의창·황광연, 전세서, 239면].

206) 서울고법 95나14420.

207) 법원은 "근로자가 회사에서 퇴직하지는 않았지만 전직을 준비하고 있는 등으로 영업비밀을 침해할 우려가 있어서 이를 방지하기 위한 예방적 조치로서 미리 영업비밀 침해행위 금지를 구하는 경우에는···· 영업비밀이 존속하는 기간 동안에는 영업비밀의 침해금지를 구할 수 있는 것이므로, 근로자가 퇴직한 이후에 영업비밀 침해금지를 구하는 경우에도 근로자가 영업비밀 취급업무에서 이탈한 시점을 기준으로 영업비밀 침해금지 기간을 산정함이 타당할 것이다"고 판시하여 퇴직 전이라도 금지청구를 할 수 있다고 판시한 바 있다[대법원 2002마4380].

포함되는 자에 대해서 의문이 있으나, 민법 제756조(사용자 책임)의
규정을 준용하여 포함된다고 해석하여야 할 것이다.[208]

(4) 청구의 요건

영업비밀 침해행위에 의하여 영업상의 이익이 침해되거나 침해될
우려가 있어야 한다. 영업상의 이익이란 영업비밀 침해행위로부터
보호받을 가치가 있는 모든 이익을 말한다.[209] 이러한 이익은 사업
상의 것이면 충분하고 법률상의 권리일 필요는 없다. 또한 영업상의
이익은 원칙적으로 현재 존재하는 것을 필요로 하며 과거에 누렸던
이익은 보호받을 수 없다. 그러나 반대로 현재는 존재하지 않으나 장
래에 누릴 가능성이 있는 이익은 보호받을 수 있을 것이다. 영업비밀
에 관한 영업상의 이익으로는 당해 영업비밀을 독자적으로 사용, 공개
하는 것으로부터 얻어지는 이익과 영업상의 신용 등을 들 수 있다.[210]
한편 침해될 우려란 단순히 침해될 가능성만으로는 부족하고 침해
될 것이 확실히 예상되는 개연성을 의미하므로 주관적 침해 가능성
만으로는 부족하다.[211] 침해될 우려와 관련된 판례를 보면 "단순히
침해될 가능성만으로는 부족하고 침해될 것이 확실히 예상되는 개연
성을 의미하지만 원래 영업비밀은 그것이 공개되는 순간 비밀성을
상실하게 되어 보호 적격마저 부인되는 특성을 가지고 있다. 한편
그 어느 때보다는 기업경쟁이 치열한 오늘날 개발하거나 획득한 영

---

208) 특허청, 전게서, 38~39면.

209) 특허청, 상게서, 39면.

210) 황의창 · 황광연, 전게서, 240면.

211) 윤선희, 전게 지적재산권법, 562면.

업비밀의 유지는 그 기업의 사활이 걸린 중요한 문제이므로 일단 상
대방이 부정한 수단으로 영업비밀을 취득한 것이 입증되면 특별한
사정이 없는 한 그 부정취득자에 의하여 영업비밀이 사용되거나 공
개되어 영업비밀 보유자의 영업상의 이익이 침해될 우려가 있다고
보아야 할 것이다"고 판시하고 있다.[212] 예를 들면 사업계획서의 수
립, 제조설비의 발주·구입, 전문인력의 모집·채용 등 객관적으로
침해의사가 표현된 것을 의미하는바 단순한 주관적인 우려만으로 침
해의 우려가 있다고는 볼 수 없다.[213]

(5) 청구권의 내용

금지 및 예방청구권의 내용은 영업비밀의 부정취득·사용·공개
행위 등을 금지시키는 것으로 구체적으로는 특정한 제품의 생산을
일정기간 중지시키거나, 완성제품의 배포·판매를 금지시키는 것, 단
전, 단수 등을 그 내용으로 한다. 물론 이때의 금지 등의 청구는 필
요 최소한이어야 한다. 이와 같은 금지 등은 장래를 향해 일정기간
일정한 부작위를 명하는 경우가 대부분이다. 만약 피청구인이 법원
의 명령을 이행하지 않을 때에는 간접강제의 수단, 즉 법원이 일정
한 금액의 배상을 명령하는 등의 수단에 의할 수 있다. 영업비밀 침
해행위에 대한 금지·예방의 기간으로는 영업비밀 침해가 없었더라
면 보유자가 침해자에 대하여 경쟁상의 우위를 지킬 수 있는 기간,
침해자의 독자적인 기술개발에 소요되는 기간, 당해 기술의 발전 속
도 및 생명주기 등이 될 수 있으며, 그 기간의 경과로 영업비밀은

---

212) 서울고법 95나14420.
213) 황의창·황광연, 전게서, 241면.

당연히 소멸하여 더 이상 비밀이 아닌 것으로 보아야 한다.214)

(6) 소멸시효

영업비밀 침해자가 영업비밀을 사용하여 생산·판매·연구개발활동 등을 장기간 계속적으로 사용하는 것을 영업비밀 보유자가 방치하면 당해 영업비밀 침해자는 그를 사용하여 사업활동을 전개할 것이며, 그로 인하여 많은 사람의 고용·은행으로부터의 융자·거래관계 등이 발생할 것이다. 이를 조기에 정지시키지 않고 방치하다가 침해자가 사업을 확장한 다음에 그 활동을 정지시키는 것은 사회적·법률적 안정을 기할 수 없을 것이다. 이런 취지를 기초로 법 제14조에서는 시효규정을 두고 있다.215) 즉 법 제10조 제1항의 규정에 의하여 영업비밀침해행위의 금지 또는 예방을 청구할 수 있는 권리는 영업비밀침해행위가 계속되는 경우에 영업비밀보유자가 그 침해행위자에 의하여 안 날로부터 3년간 이를 행사하지 아니하면 시효로 인하여 소멸하도록 한 것이다. 이때 영업비밀 침해행위에 대한 소멸시효 진행시점은 '영업비밀의 침해행위에 의하여 영업상의 이익이 침해되거나 침해될 우려가 있는 사실 및 침해행위자를 안 날로부터'이다. 그리고 영업비밀 침해행위가 시작된 날부터 10년을 경과한 때에도 같

214) 금지 및 예방처구권과 관련된 판례를 보면, "영업비밀 침해행위를 금지시키는 것은 침해행위자가 침해행위에 의하여 공정한 경쟁자보다 유리한 출발 내지 시간절약이라는 우월한 위치에서 부당하게 이익을 취하지 못하도록 하고, 영업비밀보유자로 하여금 그러한 침해가 없었더라면 원래 있었을 위치로 되돌아갈 수 있게 하는 데에 그 목적이 있으므로 영업비밀 침해행위의 금지는 공정하고 자유로운 경쟁의 보장 및 인적 신뢰관계의 보호 등의 목적을 달성함에 필요한 시간적 범위 내로 제한되어야 한다"고 판시하고 있다[대법원 2002마4380].

215) 개정 전 시효 규정은 1년의 시효기간과 3년의 제척기간을 규정하였다.

다. 이때의 소멸시효 진행시점은 '부정취득 후 사용이 시작된 때, 부정취득·부정공개행위 등이 개입된 사실을 악의·중과실로 알지 못하고 취득한 후 사용이 시작된 때, 계약관계 등에 의하여 보유자로부터 알게 된 영업비밀을 부정한 목적으로 사용하기 시작한 때, 사후적 악의자에 대해서는 악의·중과실로 바뀌어 사용이 시작된 때'이다.

2. 물건 등의 폐기·제거청구권

(1) 의의

영업비밀보유자가 침해행위에 대한 금지 또는 예방을 청구할 때에는 침해행위를 조성한 물건의 폐기, 침해행위에 제공된 설비의 제거, 기타 침해행위의 금지 또는 예방을 위하여 필요한 조치를 함께 청구할 수 있다. 즉 물건 등의 폐기·제거청구권은 영업비밀 침해행위로 인한 물적 침해상태의 제거를 통해 장래의 침해 재발을 막아 금지청구의 실효를 거두기 위해 인정되는 것으로, 단독으로 독립하여 행사할 수 없고, 반드시 금지 또는 예방청구권에 수반되어야 하는 부대청구권이라고 할 수 있다.

(2) 해석기준

위 청구권에서 "침해행위를 조성한 물건"이란 그 물건이 존재하는 한 침해행위를 일으키는, 즉 당해 물건이 없다면 침해행위도 없는 물건으로 침해행위에 의하여 생산된 물건도 포함된다. 이에 "침해행위에 제공된 설비"란 영업비밀을 침해하는 데 제공된 도청 장비 또는 부정 사용행위에 쓰이는 금형, 제조기계 및 생산설비 등을 말한다.216) 이와 같은 물건이나 설비에 대하여 폐기·제거를 청구하기 위해서는 그것이 현존하는 사실에 대하여 입증하여야 할 뿐 아니라 상대방이 그 물건·설비에 대하여 소유권 등의 처분권한을 가지고 있음을 입증하여야 한다.217) 그리고 "기타 필요한 조치"는 장래에 침해행위로 금지 또는 예방하기 위한 조치로서 이를 보장하기 위한 담보제공 또는 공탁 등을 들 수 있다. 영업비밀 침해행위에 대한 금지 및 예방수단으로 종업원에 대한 일정기간의 전직 또는 경업금지의 청구는 직업선택의 자유와 관련하여 문제되고 있으며, 전직을 금지하더라도 특별한 사정이 없는 한 영업비밀의 존속기간을 넘는 기간까지 전직을 금지할 수는 없다.218)

---

216) 그러나 이러한 물건 중 극히 일부분에만 영업비밀이 화체되어 있거나 생산된 제품 중 극히 일부분의 부품 등이 영업비밀 침해와 관련이 있을 경우, 또는 극히 일부분만 침해행위에 제공된 경우 그 물건 전부에 대하여 폐기 또는 제거를 청구하는 것은 과잉청구에 해당되므로, 신의적 또는 법익교량의 원칙에 비추어 권리남용이라고 판단되면 폐기·제거를 인정해서는 아니 될 것이고, 손해배상이나 부당이득의 법리로 이해를 조절할 수밖에 없을 것이다[특허청, 전게서, 41면].

217) 영업비밀보유자에게 고용되어 영업비밀을 취득한 자가 그 영업비밀을 자신의 노트에 기재한 행위 자체는 영업비밀의 침해행위에 해당하지 아니하나, 타 회사에 스카우트되어 그 노트에 기재된 영업비밀을 이용하여 영업비밀 침해행위를 하고 있다면 그 노트는 부정경쟁방지 및 영업비밀보호에 관한 법률 제10조 제2항 소정의 '침해행위를 조성한 물건'에 해당된다. 또한 영업비밀 침해행위가 계속될 염려가 있다면 그 노트에 대한 폐기를 명할 수 있고 당해 노트에 대한 폐기는 노트의 현존 여부를 밝힌 다음 그 소유자나 처분 권한이 있는 자에게 명해야 한다[대법원 96다1605].

218) 특허청, 상게서, 40~41면.

3. 손해배상청구권

(1) 의의

고의 또는 과실에 의한 영업비밀 침해행위로 영업비밀보유자의 영업상의 이익을 침해하여 손해를 가한 자는 그 손해를 배상할 책임을 진다(부정경쟁방지 및 영업비밀보호에 관한 법률 제11조). 그러나 소송절차상 손해배상청구에 대한 법원의 판결에는 오랜 시일이 소요되므로 우선 이 기간 동안 배상판결의 강제집행을 위한 침해자의 재산확보, 즉 보유자의 채권의 집행보전을 위하여 가압류 신청을 해서 재산은닉을 막는 가압류 결정을 받아두는 것이 중요하다.[219]

영업비밀보호의 본질은 영업비밀 침해행위를 민법상 불법행위의 특수한 유형으로 보고 이를 규제하는 것이므로 영업비밀 침해행위로 손해를 입은 자는 민법상 불법행위의 경우와 같이 손해배상을 청구할 권리를 가진다. 따라서 장래의 영업비밀 침해행위에 대한 금지청구권 등의 구제조치와는 별도로 이미 침해행위에 인하여 손해가 발생한 경우에는 손해배상 등의 구제조치가 인정될 수 있을 것이다.[220]

---

219) 황의창·황광연, 전게서, 246~247면.

220) 이는 영업비밀 침해행위에 대하여 손해배상청구권을 인정하는 경우 민법 제750조의 위임형으로 할 것인가 특칙형으로 할 것인가 하는 문제가 있지만 영업비밀 침해행위에 의하여 생긴 손해에 대해서는 특칙형으로 함이 타당하다고 본다. 이에 부정경쟁방지 및 영업비밀 보호에 관한 법률에서도 별도의 규정을 두어 손해배상청구권을 인정하고 있다.

(2) 청구권자와 상대방

손해배상의 청구권자는 고의 또는 과실에 의한 영업비밀 침해행위로 영업상 이익이 침해되어 손해를 입은 자이고 그 상대방은 고의 또는 과실로 영업비밀보유자의 영업상 이익을 침해하여 손해를 가한 자를 의미한다.

(3) 청구권의 요건

손해배상청구권이 성립하기 위해서는 첫째, 침해자의 고의 또는 과실이 있어야 한다. "고의"란 부정경쟁행위라는 것을 알면서 이를 행하는 심리상태, 즉 영업비밀보호법 제2조 제3호 각목에 해당하는 위법한 행위인 줄 알면서 행동하려는 심리를 말한다. "과실"은 일정한 결과가 발생한다는 것을 알고 있어야 함에도 불구하고 부주의로 그것을 알지 못하고 어떤 행위를 하는 심리상태를 말한다. 우리나라 특허법 제130조는 특허권의 침해행위에 대하여 과실이 있는 것으로 추정하지만, 영업비밀 침해행위에 대해서는 과실 추정 규정이 없기 때문에 고의·과실에 대한 입증책임은 불법행위 일반론에 따라 손해배상 청구권자가 부담한다. 그러나 실제 영업비밀 침해행위의 존재가 입증된 이상 무과실에 대한 입증의 필요성이 생기는 경우가 많을 것이다.221) 둘째, 영업비밀 침해행위의 존재 셋째, 영업비밀 보유자의 영업상 이익을 침해하여 손해를 발생시킬 것 넷째, 영업비밀 침해행위와 손해발생의 인과관계라는 요건이 충족되어야 한다.222)

---

221) 특허청, 전게서, 47면.

(4) 손해배상의 범위

손해배상청구권의 목적은 영업비밀 침해행위에 의해 생긴 손해를 전보하는 것으로 그 범위는 영업비밀 침해행위와 상당인과관계가 있는 일체의 손해로서 적극적 손해, 소극적 손해, 정신적 손해를 포함하여,223) 이에 대한 입증 책임은 청구권자가 부담한다. 그러나 손해액의 입증이 용이하지 않기 때문에 부정경쟁방지 및 영업비밀보호에 관한 법률 제14조의 2는 손해액의 추정에 관한 규정을 두어 부정경쟁행위 또는 영업비밀 침해행위로 인한 손해액 산정을 용이하게 하고 있다. 즉 ⅰ) 침해자가 영업비밀 침해행위를 한 물건을 양도한 경우 그 물건의 양도수량에 영업상의 이익을 침해당한 자가 당해 영업비밀 침해행위가 없었다면 판매할 수 있었던 물건의 단위 수량당 이익액을 곱한 금액, 다만 영업상의 이익을 침해당한 자가 생산할 수 있었던 물건의 수량에서 실제 판매한 물건의 수량을 뺀 수량에 단위 수량당 이익액을 곱한 금액을 한도로 하고, 영업비밀 침해행위 외의 사유로 판매할 수 없었던 사정이 있는 때에는 당해 사유로 판매할 수 없었던 수량에 따른 금액을 빼야 한다. ⅱ) 침해자가 영업비밀 침해행위에 의하여 이익을 받은 것이 있는 때에는 그 이익의 액, ⅲ) 영업비밀 침해행위의 대상이 된 영업비밀의 사용에 대하여

---

222) 윤선희, 전게 지적재산권법, 312면.

223) 일반적으로 타인의 불법행위 등에 의하여 재산권이 침해된 경우에는 그 재산적 손해의 배상에 의하여 정신적 고통도 회복된다고 보아야 할 것이므로 영업비밀 침해행위로 인하여 영업매출액이 감소한 결과 입게 된 정신적 고통을 위자할 의무가 있다고 하기 위해서는 재산적 손해의 배상에 의하여 회복할 수 없는 정신적 손해가 발생하였다는 특별한 사정이 있고, 영업비밀 침해자가 그러한 사정을 알았거나 알 수 있었어야 한대[대법원 96다3174].

통상 받을 수 있는 금액에 상당하는 액(실시료), ⅳ) 영업비밀 침해행위로 인하여 받은 손해의 액이 제3항의 규정에 의한 금액을 초과하는 경우에는 그 초과액에 대하여도 손해배상을 청구할 수 있다. 이 경우 그 영업상의 이익을 침해한 자에게 고의 또는 중대한 과실이 없는 때에는 법원은 손해배상의 액을 산정함에 있어서 이를 참작할 수 있다. ⅴ) 손해가 발생된 것은 인정되나 그 손해액을 입증하는 것이 성질상 극히 곤란한 경우 법원은 제1항 내지 제4항의 규정에 불구하고 변론전체의 취지와 증거조사의 결과에 기초하여 상당한 손해액을 인정할 수 있다.

　법원은 부정경쟁행위로 인한 영업상 이익의 침해에 관한 소송에서 당사자의 신청에 의하여 상대방 당사자에 대하여 침해로 인한 손해액을 산정하는 데 필요한 자료의 제출을 명할 수 있다. 다만 그 자료의 소지자가 제출을 거절할 정당한 이유가 있으면 그러하지 아니하다(부정경쟁방지 및 영업비밀보호에 관한 법률 제14조의 3).

4. 신용회복청구권

(1) 의의

　법원은 고의 과실에 의한 영업비밀 침해행위로 영업비밀보유자의 영업상의 신용을 실추하게 한 자에 대하여는 영업비밀보유자의 청구에 의하여 제11조의 규정에 의한 손해배상에 갈음하거나 손해배상과 함께 영업상의 신용회복을 위하여 필요한 조치를 명할 수 있다. 이 법에서는 영업비밀 침해행위에 대한 사후적인 구제조치로서 손해배

상청구권을 인정하고 있지만 침해행위의 결과 품질이 조악한 물건이
출하되는 등 영업상의 신용에 손상을 입을 경우도 생각할 수 있다.
특히 종전의 부정경쟁방지 및 영업비밀보호에 관한 법률에서도 영업
상의 신용이 실추된 자에게 신용회복청구권을 인정하고 있는 규정을
두고 있었을 뿐만 아니라 경제적 활동을 대상으로 하고 있는 특허법
등 산업재산권법 등에도 신용회복청구권을 두고 있는 등 영업비밀과
유사한 분야에서 대부분 신용회복청구권을 구제수단으로 채택하고
있음을 감안하여 영업비빌 침해행위에 대해서도 신용회복조치청구의
규정을 둔 것이다.224)

(2) 청구권자와 상대방

신용회복청구권의 청구권자는 영업비밀 침해행위로 영업상 신용이
실추된 영업비밀보유자이고 그 상대방은 영업비밀 침해행위로 영업
비밀보유자의 영업상의 신용을 실추하게 한 자이다.

(3) 청구권의 요건

신용회복청구권의 요건으로는 ⅰ) 행위자의 고의 또는 과실, ⅱ)
객관적으로 위법한 영업비밀 침해행위의 존재, ⅲ) 침해행위로 인한
영업상의 신용의 실추, ⅳ) 금전배상 외 별도의 신용회복조치의 필
요성, ⅴ) 영업비밀 침해행위와 신용실추와 상당인과 관계의 존재가
필요하다.225) 영업상의 신용실추는 두 가지로 나누어 볼 수 있다. 먼

---

224) 황의창 · 황광연, 전게서, 254면.

저 기술상의 영업비밀에 대한 침해행위의 경우이다. 예를 들면 제조
비법을 사용하여 만든 것처럼 선전하고 있는 경우 또는 조악품의 외
관·형상 등이 진정품의 외관·형상 등과 같아서 혼동을 일으키는
경우 등 조악품과 진정품과의 혼동 때문에 영업상의 신용훼손이 일
어날 수 있는 것도 생각할 수 있다. 그리고 경영상의 영업비밀에 대
한 침해행위가 두 번째 영업상의 신용실추이다. 예를 들면 타사의
고객명부를 사용하여 저질잡지를 송부하는 행위 등 타사의 영업활동
과 혼동되게 하여 경쟁사의 영업상의 신용을 실추시키는 것도 생각
할 수 있다.

(4) 청구권의 내용

신용회복청구권은 손해배상의 일종이기 때문에 손해배상에 갈음하
거나 손해배상과 함께 청구할 수도 있고, 침해자의 비용으로 채소
또는 유죄 판결을 받은 사실이 있다는 내용의 해명광고, 판결문 또
는 정정문을 게재하는 방법 등이 있다.

---

225) 영업비밀 침해행위가 인정된다고 하여 반드시 업무상 신용이 실추되었다고 단
　　정할 수는 없으므로 청구권자는 신용실추에 대한 구체적 사실을 별도로 입증
　　하여야 한다.

5. 부당이득반환청구권[226]

(1) 의의

법률상 원인 없이 타인의 영업비밀로 인하여 이익을 얻고 그로 인하여 영업비밀보유자에게 손실을 가한 자는 그 이익을 반환하여야 한다. 이는 누구라도 정당한 이유 없이, 타인 손실로 이득을 보아서는 안된다는 형평의 이념에 입각한 당사자 간의 이익의 조정이라고 하는 원칙에 좇아 이득자에게 이득반환의 의무를 과하는 것이다. 예를 들면, 취소된 암예방에 관한 영업비밀에 관한 전용실시권설정계약에 의하여 실시함으로써 얻어진 이익에 대해서는 부당이득이기 때문에 영업비밀보유자에게 반환하여야 한다.

(2) 요건

영업비밀 침해로 인한 부당이득반환청구권이 성립하기 위해서는 다음과 같은 요건이 필요하다. 첫째, 영업비밀이용자에게 고의·과실이 없을 것, 둘째, 법률상의 원인이 없을 것, 셋째, 영업비밀부유자의 영업비밀로 인하여 이익을 얻을 것, 넷째, 보유자에게 손실이 발생할 것 등이 필요하다.

---

226) 황의창·황광연, 전게서, 256면.

(3) 청구 및 청구액

타인의 영업비밀의 이용으로 인하여 손실을 입을 경우 영업비밀보유자는 이용자에게 그 손실보전을 위하여 그 손실을 한도로 이득의 반환을 법원에 청구할 수 있다.

(4) 반환

타인의 영업비밀의 이용으로 인하여 부당하게 이득을 얻은 자는 그로 인하여 손실을 본 영업비밀보유자에게 그 이득을 반환하여야 하며, 이때의 반환은 '현물반환'이 원칙이나 현물반환이 어려울 경우에는 금액으로 환산하여 반환하여야 한다.

Ⅱ. 형사적 구제

1. 영업비밀보호법에 의한 보호

(1) 서설

영업비밀보호법 제18조에서는 영업비밀 침해 행위에 대한 벌칙을 규정하고 있다. 즉 영업비밀보호법 제18조는 영업비밀의 취득, 사용,

누설행위에 대해서 형사 처벌규정을 두고 있다.

(2) 국외유출 영업비밀 취득·사용·누설행위

부정한 이익을 얻거나 기업에 손해를 입힐 목적으로 그 기업에 유용한 영업비밀을 외국에서 사용하거나 외국에서 사용될 것임을 알면서 취득·사용하거나 외국에서 사용될 것임을 알면서 제3자에게 누설한 자는 10년 이하의 징역 또는 그 재산상 이득액의 2배 이상 10배 이하에 상당하는 벌금에 처한다(법 제18조 제1항).

1) 범죄의 주체

개정 전 법 제18조 제1항 및 제2항에서는 영업비밀 침해주체를 '전·현직 기업의 임원 또는 직원'에 한정함으로써 영업비밀을 지킬 의무가 있는 자가 법률에 위반하여 영업비밀을 부정하게 공개한 경우에만 형사처벌하도록 규정하고 있었다. 이 규정으로 말미암아 그 밖의 타인에 대한 영업비밀 침해에 대해서는 형사처벌할 수 없는 문제점을 안고 있었다. 그러나 2004년 개정을 통해 제한 없이 누구나 본죄의 주체가 될 수 있게 되었다. '누구든지'[227] 부정한 이익을 얻거나 기업에 손해를 입힐 목적으로 기업에 유용한 영업비밀을 외국에서 사용하거나 외국에서 사용될 것임을 알면서 제3자에게 누설한 자에게는 본죄가 성립된 것이다.

이처럼 영업비밀 범죄의 주체를 확대한 것은 종전에 영업비밀 침

---

227) 여기에서 '누구든지'의 범위는 기업의 내부자뿐만 아니라 기업의 외부자, 제3자, 개인, 법인 모두 영업비밀 침해행위의 주체가 되는 것이다.

해는 기업내부사정에 밝고 접근이 용이한 내부인(기업의 현직 또는 퇴직임원이나 직원)의 경우가 대부분이었으나 최근에는 외부인(산업스파이, 경쟁업체 등)에 의한 침해가 빈발하고 있어 이에 착안한 것이다. 아울러 기술과 정보가 기업과 국가 경쟁력을 좌우하는 결정적 요인이 됨에 따라 기업과 국가적 차원에서도 보호 강화가 필요하게 된 것이다.228)

2) 범죄의 객체

1998년 개정 이전의 영업비밀보호법 제18조 제1항 제3호에서는 "그 기업에 특유한 생산기술에 관한 영업비밀"을 누설한 경우를 처벌하고 있었다. 이의 해석론으로 '그 기업에 특유한'이라는 것은 당해기업이 연구비를 투자하여 독자적으로 개발한 고유의 영업비밀만을 의미하는 것으로 보아 제3자가 개발한 생산기술을 이전 또는 실시권을 받아 영업비밀로 보유하는 경우가 '그 기업에 특유한' 생산기술로 포함되지 않는다고 해석하였다.229) 이후 1998년 개정으로 '그 기업에 유용한 기술상의 영업비밀'로 규정되게 이르렀고, 2004년에 이르러서는 경영상 정보도 영업비밀에 포함됨에 따라 현재와 같은 '그 기업에 유용한 영업비밀'로 규정하게 되었다.230)

---

228) 황의창 · 황광연, 전게서, 260면 참조.

229) 한상훈, 전게논문, 127면 참조.

230) 종래법에서 기술상 영업비밀침해만 처벌하고 경영상 영업비밀은 제외한 것은 형사처벌대상의 지나친 확대를 우려했기 때문이다. 그러나 최근 경제환경의 변화에 따라 '기술상의 비밀'과 '경영상의 비밀'의 경계가 점차 모호해지고 있고, 경영상 영업비밀의 중요성이 점차 증가하고 있기 때문에 형사적 구제수단을 추가하여 보호를 강화한 것으로 해석된다[황의창 · 황광연, 상게서, 261면 참조].

3) 침해의 양태

종래 영업비밀보호법 제18조 제1항에서는 침해의 양태를 외국에서 '사용'하거나, 외국에서 사용될 것임을 알면서 제3자에게 '누설'하는 행위로 규정하였다. 그러나 막대한 국가 이익의 손실과 함께 국가 경쟁력의 저하로 이어지는 국내기술의 해외유출을 방지를 위해 법을 개정하였다. 새로운 2009년 개정법에서는 침해의 양태를 외국에서 '사용'하거나, 외국에서 사용될 것임을 알면서 '취득'·'사용'하는 행위를 추가하여 이를 제3자에게 '누설'한 행위와 동일하게 처벌할 수 있도록 하였다.

가. 취득

영업비밀의 '취득'이란 사회 통념상 영업비밀을 자신의 것으로 만들어 이를 사용할 수 있는 상태에 이른 경우를 말한다. 영업비밀의 취득은 문서, 도면, 사진, 녹음테이프, 필름, 전산정보처리조직에 의하여 처리할 수 있는 형태로 작성된 파일 등 유체물의 점유를 취득하는 형태로 이루어질 수도 있다. 그리고 유체물의 점유를 취득함이 없이 영업비밀 자체를 직접 인식하고 기억하는 형태로 이루어질 수 있을 뿐만 아니라 영업비밀을 알고 있는 사람을 고용하는 형태로도 이루어질 수 있다.[231]

나. 사용

'사용'이라 함은 영업비밀을 본래의 사용목적에 따라 이를 상품의 생산, 판매 등의 영업활동에 이용하거나 연구개발 등에 활용하는 등

---

231) 대법원 98다1928.

으로 기업활동에 직접 또는 간접적으로 사용하는 행위로서 구체적으로 특정이 가능한 행위를 가리킨다.232) 여기에서의 특정이 가능한 행위란 연구개발이나 영업활동 자체는 통상의 여러 정보에 의하여 행해지고 있기 때문에 당해 행위를 영업비밀의 사용행위에 해당하는 것으로 보아 법적으로 금지하기 위해서는 당해행위가 영업비밀에 의하여 행하여진 것인지의 인과관계를 밝히는 등 구체적으로 특정해야 하는 것이다.233) 예컨대, 소프트프로그램을 그대로 활용하거나, 그 일부를 수정하여 활용하는 경우, 하드웨어를 구동하여 영업비밀을 알아내고 이를 이용하여 경쟁제품의 제조에 이른 경우가 사용에 해당한다.

다. 누설

제3자에게 '누설'하는 것은 영업비밀을 정당한 권한이 없는 자에게 전달하는 것을 말한다. 이때 인식은 제3자가 영업비밀의 내용을 직접적으로 인식할 것까지는 요하지 않는다. 제3자는 당해 영업비밀에 접근할 권한이나 자격이 없는 모든 타인을 의미한다고 할 것이며 영업비밀에 접근할 권한이나 자격 없는 기업체 내부의 직원을 포함한다. 아울러 누설 방법에는 제한이 있다고 볼 수 없으므로 서면에 의한 경우, 구두에 의한 경우 등 모든 방법이 가능하다고 할 것이다.

---

232) 대법원 98다1928.

233) 최호진, "기업의 영업비밀에 대한 형사법적 보호", 『형사법연구』 제25호, 한국 형사법학회, 2006, 398면, 각주 11번 참조.

4) 고의·목적

국외유출 영업비밀 취득·사용·누설행위는 고의범이어야 하므로
이에 대한 인식과 의사가 존재하여야 한다. 영업비밀을 외국에서 사
용하는 경우에는 영업비밀을 한국 이외의 장소에서 그 본래의 목적
에 따라 이용한다는 인식과 의사가 있으면 성립하는 것이다. 뿐만
아니라 영업비밀이 외국에 사용될 것임을 알면서 취득·사용 또는
제3자에게 누설하는 경우에는 누설의 고의 이외에 영업비밀이 한국
이외의 장소에서 사용될 것이라는 점에 대한 인식도 요구된다. 또한,
고의와 더불어 부정한 이익을 얻거나 기업에 손해를 입힐 목적이 요
구된다. 예컨대, 대가를 받고 영업비밀을 넘겨주거나 경쟁관계에 있
는 기업에 영업비밀을 제공하여 비밀보유 기업의 매출을 감소하게
하는 행위 등이 이에 해당한다.

5) 형벌

국외유출 영업비밀 취득·사용·누설행위에 대해 구법에서는 1억
원 이하 또는 5천만 원 이하의 벌금을 처하도록 규정하고 있었다.
그러나 영업비밀 침해가 근절되지 않고 해외유출이 더욱 증가하자
벌칙규정을 10년 이하의 징역 또는 그 재산상 이득액의 2배 이상 10
배 이하에 상당하는 벌금을 처하도록 규정을 강화하였다. 이는 영업
비밀침해의 경제적 유인을 제거하고자 하는 취지가 녹아져 있는 것
이다.[234)

---

234) 즉, 침해행위자가 취득한 부당이득액에 비해 벌금과 처벌 수준이 낮아 징벌의
　　효과가 미비한 점 등이 고려되었다.

(3) 국내유출 영업비밀 취득·사용·누설행위

부정한 이익을 얻거나 기업에 손해를 입힐 목적으로 그 기업에 유용한 영업비밀을 취득·사용하거나 제3자에게 누설한 자는 5년 이하의 징역 또는 그 재산상 이득액의 2배 이상 10배 이하에 상당하는 벌금에 처한다(법 제18조 제2항).

1) 침해의 주체

기업의 현직 또는 퇴직 임원이나 직원뿐만 아니라 그 영업비밀 보유기업과 거래관계 등 이해관계가 있는 자는 물론 누구든지 본죄의 주체가 될 수 있다. 즉 누구든지 부정한 이익을 얻거나 기업에 손해를 입힐 목적으로 그 기업에 유용한 영업비밀을 취득·사용하거나 제3자에게 누설한 자에게는 본죄로 처벌을 받게 된다.

2) 침해의 객체

침해의 객체는 '그 기업에 유용한 영업비밀'로서 국외유출 영업비밀침해의 객체와 동일하다. 따라서 기술상 영업비밀과 더불어 생산방법, 기타 영업상 유용한 정보까지 기업에 유용한 영업비밀의 객체로 되는 것이다.

3) 침해의 양태

국내유출 영업비밀의 침해 양태는 영업비밀의 취득행위, 영업비밀의 사용행위, 영업비밀의 제3자에게 누설하는 행위이다. 취득, 사용, 제3자에게 누설하는 해석론은 이미 국외유출의 침해 양태에서 살펴보았으므로 생략하기로 한다.

4) 형벌

국내유출 영업비밀의 취득 · 사용 · 누설행위에 대해서는 법 제18조 제2항에서 규정한 바와 같이, 5년 이하의 징역 또는 그 재산상 이득액의 2배 이상 10배 이하에 상당하는 벌금에 처한다.

(4) 미수

영업비밀을 국외 혹은 국내로 유출의 미수범은 처벌한다. 여기에서 미수범이란 영업비밀의 국외 또는 국내유출의 실행에는 착수했으나(실행이 착수) 이를 종료하지 못하거나(착수 미수) 결과가 발생하지 않은 것(실행 미수)을 의미한다. 이때 미수범은 기수범[235]보다는 감경할 수 있다. 다만, 영업비밀 침해자가 자의로 영업비밀 침해에 착수 행위를 중지하거나 그 행위로 인한 결과의 발생을 방지한 때(중지 미수)에는 필요적 감면이다. 그리고 실행의 수단 또는 대상의 착오로 인하여 결과의 발생이 불가능하다 하더라도 위험성이 있는 때(불능미수)에는 임의적 감면이다.[236]

---

[235] 기수범이란 범죄의 구성 요건을 완전히 갖추고 실현한 범죄 또는 그런 범죄를 저지른 사람을 의미한다.

(5) 예비·음모

법 제18조 제1항의 죄(영업비밀의 국외 유출)를 범할 목적으로 예비 또는 음모한 자는 3년 이하의 징역 또는 2천만 원 이하의 벌금에 처한다. 아울러 동법 제18조 제2항의 죄(영업비밀의 국내 유출)를 범할 목적으로 예비 또는 음모한 자는 2년 이하의 징역 또는 1천만 원 이하의 벌금에 처한다. 여기서 '예비'라 함은 영업비밀 침해를 하기 위한 준비 행위로서 착수에 이르지 아니한 것으로 해석된다. 예비는 위 법에서와 같이 특별히 규정이 없는 한 처벌되지 아니한다(형법 제28조). 그리고 '음모'는 2인 이상의 사이에 행하여지는 영업비밀 침해를 하기 위한 모의를 말한다. 음모 또한 동법에서와 같이 특별히 규정이 없는 한 처벌되지 않는다(형법 제28조).

(6) 양벌규정

종래의 영업비밀보호법에서는 영업비밀의 침해 시 개인만 처벌하고 기업을 비롯한 단체는 처벌의 대상으로 포함시키지 않았다. 그러나 2004년 법 개정으로 인해 양벌규정[237]이 신설되었다. 이 양벌규정은 영업비밀의 침해행위가 점차 조직화, 기업화되고 있는 현실이 감안된 조항으로 영업비밀을 침해한 행위자는 물론 법인까지도 처벌할 수 있도록 하여 영업비밀을 두텁게 보호하고 있다.

---

236) 황의창·황광연, 전게서, 267면.
237) 양벌규정을 쌍벌규정이라고도 한다.

2. 형법에 의한 보호

(1) 서설

현행 형법상으로 국가기밀과 개인비밀은 간첩죄, 외교상 비밀누설죄, 공무상 기밀누설죄, 비밀침해죄 등으로 보호할 수 있다. 하지만 영업비밀의 침해에 대하여는 직접적으로 규율하고 있는 규정은 없다. 다만, 영업비밀을 침해하는 과정에서 매개된 개개 행위가 형법상 구성요건행위에 해당하는 경우 그 행위를 처벌함으로써 간접적으로 보호할 수 있는 것이다. 다시 말하면 형법은 영업비밀 그 자체의 보호를 위한 일반적이고 직접적인 규정을 두고 있지 않으며 그 영업비밀 침해의 수단이 되는 행위만을 처벌하는 것이다. 이에는 형법의 절도죄, 횡령죄, 배임죄, 비밀침해죄, 주거침입죄, 장물죄 등이 적용될 수 있다.

(2) 절도죄

절도죄가 적용되면 6년 이하의 징역 또는 1천만 원 이하의 벌금에 처하도록 하고 있다(형법 제329조). 형법상 절도죄가 성립하기 위해서는 재물이 있어야 하는데, 형법상 재물은 유체물 및 관리 가능한 동력을 의미한다(형법 제346조).[238] 영업비밀의 절취행위가 문제될 수 있는 사례 유형으로는 ⅰ) 영업비밀이 화체된 유체물(문서, 디스

---

[238] 통설과 판례(대법원 95도3057)는 재물의 가치성과 관련하여 경제적 의미의 재산적 가치를 가질 것을 요하지 않고 소유자 및 점유자에게 '주관적 가치', '소극적 가치'만을 가지고 있어도 재물이 된다고 보고 있다.

킷 등)을 절취한 경우(영업비밀이 화체된 유체물의 절도),239) ⅱ) 영업비밀이 화체된 유체물을 가지고 나가 복사, 촬영 등의 방법으로 그 내용을 취득한 후 다시 제자리에 가져다 놓은 경우(영업비밀이 화체된 유체물의 사용절도)가 있다.240)

(3) 횡령죄

횡령죄가 적용되면 5년 이하의 징역 또는 1천5백만 원의 벌금에 처하도록 하고 있다(형법 제355조). 형법상 횡령죄가 성립하기 위해서는 타인의 재물을 보관하는 자가 그 재물을 횡령하거나 그 반환을 거부함으로써 성립하기 때문에 행위자는 타인의 재물을 점유하고 있어야 한다. 따라서 통상 회사 내에 보관하던 자신의 업무관련 비밀서류를 무단으로 반출한 경우에는 횡령죄가 아니라 일반적으로 절도

---

239) 영업비밀이 화체된 유체물의 절도에 대해 우리 대법원은 "피고인이 근무하던 회사를 퇴사하면서 가져간 서류가 이미 공개된 기술내용에 관한 것이고, 외국 회사에서 광고용으로 무료로 배송해 주는 것이며, 동 회사 연구실 직원들이 사본하여 사물처럼 사용하던 것이라도 위 서류들이 회사의 목적 업무 중 기술분야에 관한 문서들로서 국내에서 쉽게 구할 수 있는 것도 아니며 연구실 직원들의 업무수행을 위해 필요한 경우에만 사용이 허용된 것이라면 위 서류들은 위 회사에 있어서는 소유권의 대상으로 할 수 있는 주관적 가치뿐만 아니라, 그 경제적 가치도 있는 것으로 재물에 해당한다고 할 것이어서 이를 취거하는 행위는 절도죄에 해당한다"고 판시하고 있다[대법원 86도1205].

240) 영업비밀이 화체된 사용절도의 경우, 그 성립요소인 불법영득의사에 관해 우리 대법원은 "타인의 재물을 점유자의 승낙 없이 무단 사용하는 경우 그 사용으로 인하여 재물 자체가 가지는 경제적 가치가 상당한 정도로 소모되거나 또는 사용 후 그 재물을 본래의 장소가 아닌 다른 곳에 버리거나 곧 반환하지 아니하고 장시간 점유하고 있은 것과 같은 때에는 그 소유권 또는 본권을 침해할 의사가 있다고 보아 불법영득의 의사를 인정할 수 있으나, 그렇지 않고 그 사용으로 인한 가치의 소모가 무시할 수 있을 정도로 경미하고 또 사용 후 곧 반환한 것과 같은 때에는 그 소유권 또는 본권을 침해할 의사가 있다고 할 수 없어 불법영득의 의사를 인정할 수 없다"고 판시하고 있다[대법원 2000도493].

죄가 문제될 뿐이다. 즉 횡령죄의 객체는 자기가 점유하는 재물인데, 회사에 보관하고 있는 비밀서류의 경우에는 당해 비밀서류에 대한 소유권은 회사에 있는 것이다. 그리고 점유행위자의 단독점유가 아니라 회사와의 공동점유상태에 있었을 뿐만 아니라 문서를 취거할 때에 회사에 대한 소유권과 점유의 침해가 동시에 존재하기 때문에 절도죄가 성립하는 것이다. 다만, 회사가 비밀서류를 제3자에게 그 보관을 위탁한 경우 비밀서류를 위탁받아 보관하고 있는 제3자에 대해서는 횡령죄가 성립할 수 있을 것이다.241)

(4) 배임죄

배임죄는 5년 이하의 징역 또는 1천 5백만 원 이하의 벌금에 처하도록 규정하고 있다(형법 제355조). 배임죄는 타인의 사무를 처리하는 자가 그 업무에 위배되는 행위로써 재산상 이익을 취득하거나 제3자로 하여금 이를 취득하게 하여 본인에게 손해를 가함으로써 성립한다. 그렇기 때문에 배임죄의 주체는 타인의 사무를 처리하는 지위 또는 신분이 있는 자가 된다. 아울러 영업비밀의 유출행위가 배임죄에 해당하는지 여부를 판단하기 위해서는 ⅰ) 타인의 손해 여부, ⅱ) 행위자 또는 제3자에게 경제적 이익이 존재하는지 여부, ⅲ) 타인의 사무처리자의 지위, ⅳ) 사무처리자의 임무에 반하는 행위의 존재 여부가 검토되어야 한다.242)

---

241) 대법원 86도1205.
242) 영업비밀의 배임죄 성립여부에 관해서 상세한 논의는 한상훈, 전게논문, 144~151
　　면 참조.

(5) 기타 범죄의 성립 여부

1) 비밀침해죄

형법 제316조 및 317조에서는 '비밀'자체를 보호하기 위해서 비밀침해죄와 업무상 비밀누설죄를 규정하고 있다. 따라서 영업비밀 침해행위가 형법상의 비밀에 대한 침해행위를 수반할 경우에는 비밀침해에 관한 죄가 성립하게 된다.

가. 비밀침해죄

영업비밀 침해행위가 형법상 비밀에 대한 침해 행위를 수반한 때에는 비밀침해죄에 해당한다. 예컨대, ⅰ) 봉합 기타 비밀장치한 사람의 편지·문서 또는 도화를 개봉하는 경우 ⅱ) 봉합 기타 비밀장치한 사람의 편지·문서·도화 또는 특수기록 등 특수매체기록을 기술적 수단을 이용하여 그 영업비밀의 내용을 알아낸 경우가 이에 해당한다. 비밀침해죄를 위반한 경우 3년 이하의 징역이나 금고 또는 500만 원 이하의 벌금에 처하도록 하고 있다(형법 제316조).

나. 업무상 비밀누설죄

의사, 한의사. 치과의사, 약제사, 변호사, 변리사 등 특별한 업무에 종사하는 자나 그 직무상 보조자 또는 차등의 직에 있던 자가 그 업무처리 중 지득한 타인의 비밀을 누설한 때에는 업무상 비밀누설죄에 해당하게 된다. 영업비밀 관련해서는 변호사, 변리사 등이 업무상 영업비밀을 취득하여 누설한 경우가 이에 해당한다고 할 수 있다. 업무상 비밀누설죄를 위반한 자는 3년 이하의 징역이나 금고 10년

이하의 자격정지 또는 700만 원 이하의 벌금에 처하도록 규정하고
있다(형법 제317조 제1항).

2) 주거침입죄

주거침입죄는 사람의 주거, 관리하는 건조물, 선박이나 항공기 또
는 점유하는 방실에 침입한 때에 성립한다. 영업비밀과 관련된 주거
침입죄는 산업스파이가 영업비밀을 절취하기 위해 회사, 연구소, 사
무실 등에 침입한 경우가 이에 해당한다. 주거침입죄에 해당하는 경
우 3년 이하의 징역 또는 500만 원 이하의 벌금에 처하도록 규정하
고 있다(형법 제319조 제1항).

3. 상법에 의한 보호

상법 제622조에서는 발기인[243] · 이사[244] · 기타 임원 등을 대상으
로 특별배임죄를 규정하여 본죄에 해당하는 경우 10년 이하의 징역
또는 3천만 원 이하의 벌금에 처하도록 규정하고 있다(상법 제622조
제1항). 상법에서의 특별배임죄란 일정한 회사관계자가 그 임무에 위

---

243) 발기인이란 정관에 발기인으로서 기명날인 또는 서명한 자를 말한다. 따라서
    정관에 발기인으로서 기명날인 또는 서명한 자에 한하여 특별배임죄의 주체가
    될 수 있다.
244) 이사는 발기설립 시에 발기인의 호선으로 선임되는 경우를 제외하고 주주총회
    에서 선임되고 이사로 선임된 자가 승낙의 의사표시를 함으로써 이사선임의
    효과가 생긴다. 이때에 피선임자와 회사 간에는 위임관계가 성립하고 이 시점
    부터 이사로서 특별배임죄의 주체가 될 수 있다.

배한 행위로써 재산상의 이익을 취득하거나 제3자로 하여금 이를 취득하게 하여 회사에 손해를 가하는 행위를 말한다.245) 특별배임죄는 회사의 경우 그 구성원과 독립한 인격자로서 재산권의 주체가 되기 때문에 주주의 이익이 아니라 회사의 재산권을 보호하기 위한 것이다.246) 그리고 특별배임죄의 임무위배행위는 배임죄의 임무행위와 동일하다. 다만, 배임죄와 달리 특별배임죄의 행위주체는 회사 내에서 전권을 행사할 수 있는 백지위임적 지위의 우월성과 권한의 무제한성에 그 기반을 두고 있는 경영상층부를 구성하는 자를 배상으로 한 것이기 때문에 그 임무위배행위는 단순한 선관주의의무 위반정도보다 강한 충실의무위반을 요구한다. 또한 그 책임의 평가에 있어서도 배임죄가 요구하는 평균인의 개인적 신뢰관계와 함께 이사 등의 계속적·포괄적인 업무상의 신뢰관계를 요구한다.

---

245) 주강원, "상법상 특별배임죄에 대한 연구",『연세법학』제18권 제3집, 연세대학교 법학연구소, 2008, 361면.

246) 상법상 특별배임죄와 형법상 배임죄 또는 업무상 배임죄를 구분 짓는 결정적인 특징은 행위주체이다. 형법상 배임죄와 업무상 배임죄는 "타인의 사무를 처리하는 자" 또는 "업무상 임무에 위배하여 배임죄를 범한 자"라고 규정하여 그 행위의 주체를 일정한 지위에 있는 자로 제한하고 있지 않다. 이에 반해 상법상 특별배임죄의 주체는 상법 제622조 제1항 및 제2항과 제623조에 규정한 자인 회사의 발기인·업무집행사원·이사·감사위원회 위원·감사·임시이사와 임시감사 및 이사와 감사의 직무대행자·지배인·기타 회사영업에 관한 어느 종류 또는 특정한 사항의 위임을 받은 사용인·사채권자집회의 대표자 또는 사채권자집회의 결의를 집행하는 자 등으로 한정하고 있다.

Ⅲ. 영업비밀 선의 취득자에 대한 특례

1. 의의

영업비밀보호법 제13조는 영업비밀 선의 취득자에 대한 특례를 규정하고 있다. 즉 거래에 의하여 영업비밀을 정당하게 취득한 자가 그 거래에 의하여 허용된 범위 안에서 그 영업비밀을 사용하여 공개하는 행위에 대하여는 금지청구권 또는 예방청구권(법 제10조 제1항), 물건의 폐기 및 침해행위에 제공된 설비의 제거(법 제10조 제2항), 손해배상책임(법 제11조), 신용회복조치(법 제12조) 등의 법적 구제가 적용되지 않는다(법 제13조 제1항).

2. 법의 제정취지

영업비밀보호법 제13조의 규정과 같이 선의자를 보호하는 것은 영업비밀보호제도에서는 영업비밀보유자의 비밀관리의 전제하에서 보호되고 있고, 공시제도가 없기 때문에 제3의 선의의 취득자에게는 내항할 수 없노록 하여 영업비밀보유자와 선의의 제3자와의 관계를 조화를 도모하기 위하여 통상의 거래로 상당한 대가를 지불하고 취득한 영업비밀과 이와 같이 정당한 거래를 통해 얻은 선의의 취득자는 보호되어야 한다는 취지이다.[247] 결국 선의자 보호 특례 규정은

---

247) 황의창 · 황광연, 전게서, 274면.

영업비밀에 관한 거래 안전성을 확보하기 위한 것으로 정상적인 거래에 의하여 영업비밀을 취득한 자의 사용·공개행위에 대하여 영업비밀 침해로 인정할 경우 정상적인 기술거래가 위축되는 것을 방지하기 위한 것이다.[248]

3. 보호주체

법 제13조에 의한 보호의 주체는 영업비밀을 정당하게 취득한 자이다. 여기서 '영업비밀을 정당하게 취득한 자'는 영업비밀을 취득할 당시에 그 영업비밀이 부정하게 공개된 사실 또는 영업비밀의 부정취득행위나 부정공개행위가 개입된 사실을 중대한 과실 없이 알지 못하고 그 영업비밀을 취득한 자를 의미한다(법 제13조 제2항).

4. 보호요건

영업비밀을 취득한 자가 선의로써 보호받기 위해서는 다음과 같은 요건이 필요하다. 첫째, 영업비밀이 부정하게 공개된 사실 또는 영업비밀의 부정취득행위나 부정공개행위가 개입된 사실이 존재해야 한다. 둘째, 취득당사자가 영업비밀이 부정하게 공개된 사실 또는 영업비밀의 부정취득행위나 부정공개행위가 개입된 사실이 존재하는 것을 중대한 과실 없이 알지 못해야 한다. 여기서 '중대한 과실'이란 취득자

---

248) 특허청, 전게서, 50면.

의 직업, 지식, 경험, 행위의 종류, 목적 등에 비추어서 보통인이 가져야 할 정도의 주의를 현저하게 결여한 것을 말한다. 따라서 중대한 과실유무 판정은 구체적 사실관계에서 보통인이 기울여야 할 주의를 표준으로 하는 것이다. 셋째, 영업비밀의 취득이 계약, 대가지급 등 정상적인 거래에 의하여 정당하게 이루어진 것이어야 한다. 넷째, 영업비밀의 취득 이후 피해자로부터 선의의 취득자에게 내용증명우편 등에 의한 경고장이나 통지 등이 있어야 한다.249) 다섯째, 피해자의 경고에 의하여 악의자가 되어도 취득 시의 거래행위에 의하여 허용된 범위 안에서만 그 영업비밀을 사용하거나 공개할 것을 요구하고 있다.

5. 보호범위

영업비밀 취득자가 선의로 보호받는 범위는 '그 거래에 의하여 허용된 범위 내에서'이다. 여기서 '거래'는 매매 기타의 양도계약, 라이선스 계약, 증여계약 등을 모두 포함하며 법률상의 전형적인 거래뿐만 아니라 비전형적인 사실상의 거래 행위를 포함한다. 또한 '그 거래'의 의미는 거래의 내용에 따라 정당하게 취득한 권리의 범위 내를 말한다. 따라서 허용된 범위를 넘어서 부당하게 이익을 꾀하거나 영업비밀보유자에게 손해를 끼칠 의도를 가지고 사용 또는 공개하는 행위는 침해행위로 되어 침해금지청구 등의 대상이 되게 된다.250)

---

249) 예를 들면 귀하가 보유하고 있는 영업비밀은 나로부터 훔친 것이므로 금후 사용·공개해서는 안 된다는 내용이 남긴 통지를 의미한다[황의창·황광연, 전게서, 275면].

250) 특허청, 전게서, 51면.

제5장 영업비밀보호에 관한 국제규범

Ⅰ. 영업비밀보호에 관한 국제동향

1. 서설

지식재산권의 대상이 되는 발명이나 실용적·미술적 고안은 물론 상표·상호 등의 영업표지는 유형물이 아니므로 시기와 장소를 달리하여 동시다발적으로 이용이 가능하고 또한 전파성이 강하다. 특히 과학기술과 통신기술이 급속한 발전으로 산업정보가 신속하게 교환되면서 외국에서도 그 모방이나 이용이 손쉽게 이루어질 수 있다. 상표를 포함한 지식재산권이 국제사회 등 여러 분야에서 모방 등으로 침해가 이루어질 수 있다는 점에서 국제적인 성격을 띠고 있다.[251] 이러한 지식재산권의 특성상 국제적 보호를 위한 노력이 요구되었는데 전통적인 산업재산권의 국제적 보호는 국제기구를 중심으로 많은 관련 국제협약 등이 운영되었다.[252] 특히 WIPO는 세계지식재산권설립조약에 따라 1967년 설립되어 지식재산권 등의 국제적 보호에 중추적인 역할을 담당하는 정부 간 기구이자 국제연합의 전문기구로서의 역할을 해왔으며 지식재산권에 관한 국제협약들인 산업재산권 관련 파리협약 등을 관장하고 있다.

그런데 이러한 기존의 지식재산권에 관한 국제협약들은 지식재산권보호를 각국의 국내법에 위임함으로써 권리침해에 대한 국제적인

---

251) 모방품과 해적판 대책에 대한 상세한 논의는 鈴木將文, "模倣品·海賊版對策", 『ゾュリスト』, No. 1326, 有斐閣, 2007. 1, 114～120面. 참조.

252) 伊藤塾, 『知的財産法』, 弘文堂, 2006, 184～185面.

벌칙과 제재수단이 결여되었고 영업비밀, 데이터베이스, 반도체칩 회로설계 등 새로운 유형의 지식재산권 보호에 미흡하다는 점이 문제점으로 지적되어 왔다.

한편 미국을 중심으로 한 경제선진국들은 지식재산권 문제가 자국의 무역수지 및 국제경쟁력에 직접적으로 영향을 미치는 무역상의 문제라고 인식하게 되었고 이에 따라 지식재산권 문제를 GATT체제 내 UR로 흡수하게 되었다. 즉 1993년 12월 UR협정의 일괄타결과 함께 UR/TRIPs가 탄생하였는데 1994년 4월의 마르케쉬협정에 따라 WTO/TRIPs 협정이 발효하게 되었다. WTO회원국으로서의 지위를 영위하는 우리나라도 TRIPs 협정의 발효에 따라 파리협약 등 기존의 지식재산권조약들에 구속받게 되었다.253)

이러한 상황 하에서 지식재산권의 국제적 보호를 위한 주요 국제기구와 협약 등의 기본적인 내용 및 그 배경을 이해하는 것이 필요하다고 판단된다. 그러므로 이하에서는 국제기구인 세계지적재산권기구(WIPO), 유네스코(UNESCO), 국제산업재산권보호협회(AIPPI), 국제상업회의소(ICC)와 산업재산권 보호를 위한 파리협약, 무역관련 지식재산권 협정(TRIPs)을 알아보고자 한다.

---

253) 馬田啓一・浦田秀次郎・木村福成, 『日本新通商戰略』, 文眞堂, 2005, 83面.

2. 세계지적재산권기구(WIPO)

(1) 성립배경

세계지적재산권기구는 지식재산권 보호에 관한 중심적 역할을 담당하고 있는 정부 간 국제기구이자 국제연합의 전문기관(Specialized Agency)이다. WIPO는 1883년 공업소유권에 관한 파리협약이 체결되고 1886년 저작권에 관한 베른협약이 성립됨으로써 문학적 저작물들이 보호받게 되었으며[254] 지식재산권분야는 독자적인 국제화의 길을 걷게 되었다. 양 협약은 국제사무국은 베른에 소재하고 그 관리사무는 스위스 연방정부의 감독하에 있었으나 1892년 11월 스위스 연방정부는 관리업무의 효율화를 위하여 두 협약에 각각 설치되어 있던 사무국을 하나로 통합하여 지적재산권보호국제합동사무국(BIRPI)을 설치하였다. 그 후 1962년부터는 각 협약과 BIRPI을 현대적 정부 간 기구의 체제에 적합한 것으로 만들기 위한 검토가 행하여졌다. 이리하여 1967년 스톡홀름에서 파리협약과 베른협약 등의 개정 시 세계적인 지식재산권 보호촉진을 목적으로 한 국제기구설립조약을 체결하기로 합의하였다. 이 합의에 의하여 설립된 것이 바로 WIPO이다. WIPO는 UN과의 협정에 의히어 1974년 12월부터 UN의 전문기관으로 인징됨과 동시에 WIPO의 기본문서 및 WIPO가 관리할 조약과 협정에 따라 적절한 조치를 취할 책임, 특히 창작적·지적 활동을 촉진하고 경제적·사회적·문화적 발전을 추진하기

---

254) 佐伯英隔, "TRIPs交渉の現狀と特色", 『日本工業所有權法學會年報』 第15號, 有斐閣 , 1991, 91面.

위하여 산업재산권에 대한 기술이전을 용이하게 할 책임을 지도록
되어 있다.

WIPO 조약 제2조에서는 지식재산권의 정의에 관하여 "문예·미
술 및 학술에 관한 저작물, 실연가의 실연·레코드 및 방송, 인간 활
동의 모든 분야에서의 발명, 과학적 발견, 의장, 상표·서비스마크
및 상호와 기타 상업상 표시, 부정경쟁에 대한 보호에 관한 권리 및
산업·학술·문예 또는 미술 분야에서의 지적활동상 발생하는 기타
모든 권리를 총칭한다"고 규정하고 있다. 이 조약에서 지식재산권의
개념은 조약 제1조에서 말하는 산업재산권의 범위에 그치지 않고 매
우 광범위하므로 영업비밀은 물론 컴퓨터프로그램 등에 이르기까지
그 범위가 확대되고 있다.

(2) 목적과 임무

WIPO의 목적은 각국 간의 협력에 의하여 나아가 적당한 경우 다
른 국가기관과의 협력에 의하여 전세계적 지식재산권의 보호를 촉진
함과 동시에 관리에 관한 회원국의 협력을 확보하는 데 있다.[255] 이
에 WIPO는 이러한 목적을 달성하기 위하여 내부의 해당 기관을 통
한 적당한 모든 조치를 취하여야 하며 이에 따라 특히 아래와 같은
광범위한 임무를 갖게 된다.

첫째, WIPO는 전세계적으로 지식재산권 보호를 개선하고, 이 분

---

[255] 이는 위 조약 전문에 "체약국은…창작활동 권장을 위한 전세계적 지식재산권
보호 촉진을 희망하며 산업재산권 보호와 문학·예술저작물 보호분야에서 설
립된 각 협약의 독립성을 충분히 존중하면서 이들 협약의 관리를 근대화하여
효과적으로 만들 것을 희망하여"라고 천명하고 있다.

야의 각국의 국내법령을 주지시킴을 목적으로 한 조치를 촉진한다.[256) 둘째, WIPO는 파리협정 및 이와 관련하여 설립된 특별협약 및 베른협약의 관리업무를 수행함과 동시에 지식재산권의 보호촉진을 목적으로 한 타국제협정의 체결을 장려하고 관리에 관한 회원국 간의 협력을 확보한다. 파리협약과 베른협약의 두 국제사무국은 1893년 통합 이래 'BIRPI'라는 명칭으로 기능해 왔으나 이것이 WIPO 설립 협약에 의하여 성립된 국제사무국으로 인계되었으므로 WIPO의 국제사무국은 BIRPI의 후계기관이 되었으며 두 협약의 관리업무가 집중화됨에 따라 파리협약과 베른협약은 물론 지식재산권 보호촉진을 목적으로 하는 여러 협약의 관리가 효율화되었다.[257) 셋째, WIPO는 지식재산권의 관리를 위한 국제협력 활동을 한다. 이에는 검색을 위한 문헌을 수집하고, 국제분류제도를 개선하며, 통계자료를 만들고 지식재산권에 관한 조사연구 사업을 수행하는 것이다. 셋째로는 조약 가입국 수를 증대하기 위하여 필요한 경우 기존 조약의 개정 작업에 참여하여 개발협력 활동을 기획 또는 조직하는 임무를 수행함을 목적으로 한다.[258)

(3) 주요활동

1) 산업재산권에 관한 정보수집 및 공표

산업재산권에 관한 정보에 대하여는 파리협약에서도 일반정보의

---

256) 이는 WIPO의 목적을 달성하기 위한 총괄적 임무의 천명으로 볼 수 있다.
257) 정진섭, 전게서, 102면.
258) 최경수, 『국제지적재산권법』, 한올아카데미, 2001, 72면.

수집 또는 공표, 정기간행물 발행, 연구나 용역 제공, 정보 제공 등이 국제사무국업무에 해당된다고 규정하고 있다. 따라서 국제사무국은 산업재산권에 관한 각국 국내법 및 조약을 적어도 영어와 불어로 수집하고 있으며 산업재산권에 관한 출원이나 등록 등의 통계도 정기적으로 수집하고 있다. 이렇게 수집된 자료들은 국제사무국이 발행하는 월간지에 게재함으로써 공표된다.

산업재산권보호에 관한 특정문제로서 기술이나 경제개발 혹은 각국의 법제의 조화측면에서 여러 가지가 검토되고 있는바 이에는 부정상품 규제, 컴퓨터 프로그램, 직접회로 등이 해당된다.

2) 위조상품 방지대책

WIPO는 1986년 5월 위조 상품에 관한 WIPO 전문가위원회를 구성하였다. 이 위원회에서는 현행 파리협약 규정을 검토하여 협약 가입국의 위조 상품 방지에 관한 의무를 파악하고 효과적으로 규제 조치를 위한 규범조항의 규정활동 등을 수행하고 있다.

3) 조약의 개정

WIPO가 관리하고 있는 제 조약을 시대상황 변화 및 필요에 부응하도록 관련 개정 필요성을 검토해 나가는 한편 조약이나 시행령을 개정할 필요가 있을 때까지 적절한 준비를 거쳐 개정 여부를 결정하는 당해 국가 간의 협의체에 제출한다.

4) 기타 임무

WIPO는 특허 · 상표 및 표장의 분류를 개선하기 위하여 동 문제
를 국가간위원회 및 사무국에서 검토하는 한편, 각국의 지식재산권
관련법령과 국제산업, 무역 및 문화적 관계 역시 계속적으로 검토하
고 있다. 이렇듯 WIPO는 특허를 비롯한 산업재산권 전반을 아우르
는 국제규범으로서의 역할을 담당하고 있다. 1995년 WTO의 출범에
이은 TRIPs 협정이 성립되었음에도 불구하고 지식재산권 보호에 중
요한 역할을 담당하고 있는 것이다.

3. 국제산업재산권보호협회(AIPPI)

국제산업재산권보호협회(Association Internationale Poer La
Protection De Propriete Industrielle: 이하 AIPPI라 약칭함)는 1897
년 산업재산권의 국제적 보호를 위해 설치된 기구로서 산업재산권의
국제적 보호필요성에 대한 이해의 촉진 및 산업재산권 보호제도의
발전 · 장려, 각국 법령의 비교 · 검토 및 개선을 위한 권고 등의 목
적을 가지고 있다.[259] 또한 AIPPI는 지식재산권 보호를 위해 각종
세미나 등을 통해 상품위조방지 및 영업비밀 보호 등에 관한 각국의
여론을 수렴하고 있다. 이렇게 수렴된 여론은 WIPO의 회의에 참석
하여 반영하도록 하고 있다.[260] AIPPI에는 각국 지식재산권 관계 공

---

259) 윤선희, 전게 지적재산권법, 6면; 윤민원, 『지적재산권법』, 한올출판사, 2007,
34면.

260) 이는 AIPPI가 1883년 산업재산권 보호를 위한 파리협약의 서명아래 설립되었

무원, 변호사, 변리사 등이 회원으로 가입되어 있으며, 2007년 12월 현재 100여 국이 참여하고 있고, 회원은 8,000여 명에 이르고 있다.[261] 우리나라는 1969년 6월에 가입하였으며, 2008년 현재 600여 명이 활동 중에 있고 한국지부가 있다.[262]

4. 국제상업회의소(ICC)

국제상업회의소(International Chamber of Commerce: 이하 ICC 라 약칭함)는 제1차 세계대전 이후 세계의 상업경험이나 지식의 교류를 목적으로 설립된 기구이다.[263] ICC는 산업재산권에 관한 특별위원회를 설치하여 동회의소 산하의 국내위원회와 협조하여 산업재산권 제도와 기술이전, 그리고 상품위조방지 문제에 관하여 WIPO, AIPPI, WTO 등에 건의하거나 이들과 협조하고 있다.[264] 특히 ICC 산하에 위조상품정보국(Counterfeiting Intelligence Bureau: 이하 CIB라 약칭함)에서 수집한 정보를 바탕으로 국제무역에 있어서의 위조상품을 추방하기 위한 범세계적인 활동을 추진하고 있다. CIB는 1985년 1월 ICC 내에 설치되어 위조상품에 관한 정보수집 및 관련업계에 대한 정보제공, ICC에의 건의활동 등을 하고 있다.[265]

기 때문이다. 이로서 AIPPI는 WIPO회의에 참석하여 의견을 제시할 수 있는 권한을 가지는 것이다.

261) http://www.aippi.org

262) http://www.aippikorea.org

263) 谷川俊明 著(고창현 譯), 前揭書, 181面.

264) 윤민원, 전게서, 35면.

265) 윤선희, 전게 지적재산권법, 6~7면.

5. 파리협약에 의한 보호

(1) 성립배경

18세기 영국에서 촉발된 산업혁명 이후 근대자본주의 경제의 확립과 함께 각국의 교통과 통신의 급속한 발전으로 경제거래가 국내시장에서 국제시장으로 급속하게 확대되었다. 이로 인하여 특허·디자인 제품이나 상표를 붙인 상품과 발명고안의 기술이 국제적인 상거래의 대상이 되기에 이르렀다. 이에 따라 산업재산권의 해외보호 필요성이 증대되었으며 국경을 접한 유럽에 있어서는 더욱더 그 필요성이 요구되었다. 그러나 산업재산권은 각국의 산업경제상 배타적 독점권을 인정하고 있기 때문에 그 규제를 둘러싸고 각국의 대립이 심하고 각국은 자국의 산업정책과 밀접히 결부되어 독자적인 산업재산권법을 제정하는 것이 일반적이었다.

이와 같은 각국의 제도적 차이로부터 생기는 국제적 분쟁을 해결하는 방법으로는 국제사법이 있으나 산업재산권은 각국의 경제발전에 직접영향을 미치는 문제이기 때문에 속지주의의 원칙이 강하게 지배하고 있었다. 따라서 각국은 자국이 부여한 산업재산권만을 보호해 왔으며 각국의 산업재산권의 적용은 그 국가의 영역 내에 한하고 산업재산권의 출원, 성립, 효력 및 변동 등은 모두 권리를 부여한 국가의 법률에 의할 수밖에 없었다. 이에 자국 산업의 이익에 합치되는 독자적인 제도를 영위하면서 보편적이고 국제적인 보편적 통일법의 탄생가능성에 대해 노력해 온 각국은 산업정책이나 이데올로기 차이로 말미암아 산업재산권에 관한 세계 공동의 보편적 통일법의 제정은 현실적으로 극히 곤란하다는 인식을 갖게 되었다.

이러한 현실적인 판단하에 각국의 제도적인 차이를 인정하는 한편 이를 바탕으로 국제협조주의, 보편성의 요구를 어느 정도 충족시키는 타협점을 찾은 것이 '산업재산권 보호를 위한 파리협약(The Paris Convention for Protection of Industrial Property of March 20, 1883)[266]이다. 파리협약은 산업재산권뿐만 아니라 지식재산권분야 전체를 규정한 최초의 국제조약이다.[267]

(2) 기본원칙

파리협약은 자국산업보호를 목적으로 하는 속지주의에 근원을 두고 있는 각국의 독자적인 제도에 입각하여 산업재산권을 국제적으로

---

266) 한국 부정경쟁방지 및 영업비밀보호에 관한 법률 제2조 제1호 사목을 비롯한 많은 법령 등에서 파리협약을 "공업소유권의 보호를 위한 파리협약"으로 사용하고 있다. 그러나 이 명칭은 여러 가지 문제점을 가지고 있다. 첫째, 'Industry'은 공업과 산업으로 해석이 가능하나 파리협약의 경우 보호의 대상을 '공업'에 특정하지 않고 상업, 농업 등 산업재산권 전반에 대한 포괄적 의미로 사용하고 있으므로 '산업'으로 명명하는 것이 타당다고 생각한다. 이에 특허청은 '공업'으로의 사용은 오역(誤譯)이라는 지적에 대해 이를 수용하여 이 용어를 폐기하고 '산업'으로 통일하여 사용하고 있다. 둘째, 'Property'의 경우도 논란의 소지가 적지 않다. 왜냐하면 'Property'라는 용어는 영미법상의 개념으로 사람이 이 세상에서 소유할 수 있는 것, 즉 "소유권(Ownership)"의 객체인 "물건(Thing)"을 의미하기 때문이다. 그러나 'Property'는 "물적 재산(Real Property)"과 "인적 재산(Personal Property)"으로 분류되며, 물적 재산은 대략 부동산에 필적하나 역사적 이유에서 "부동산 임차권(Lease)"은 후자로 분류된다. 인적 재산은 "동산(Chattel)" 예금, 주식, 채권 및 지식재산을 포함하는 "무형재산(Intangible Property)"으로 분류된다[최경진, "민법상 물건에 관한 연구", 성균관대학교 박사학위논문, 2004, 41면]. 즉 물건에 대한 절대적·관념적인 지배권원인 대륙법계의 "소유권(Eigentum, Dominium)"보다 'Property'는 넓은 재산권 일반을 의미하는 개념이다. 따라서 파리협약의 경우에도 '소유'의 개념보다는 "재산"의 개념이 타당하다고 생각된다.

267) 정진섭·황희철, 『국제지적재산권법』, 육법사, 1995, 67면.

통일 보호하고자 하는 것으로서 각국의 산업재산권제도 상의 차이를 그대로 시인하고, 그 위에 내외국인 평등의 원칙, 우선권제도 및 특허독립 원칙을 3개의 기둥으로 하여 산업재산권을 국제적으로 보호하고자 하는 것이다.268)

1) 내국민대우의 원칙

내국민대우의 원칙이란 산업재산권의 보호에 관하여 보호를 청구한 다른 동맹국의 국민에 대하여 내국민에 과하는 조건 및 절차에 따르는 한 내국민과 동일한 보호를 부여하는 원칙을 말한다.269) 또한 이 원칙은 비동맹국의 국민이더라도 어느 동맹국의 영역 내에 주소 또는 진정하고 실효적인 영업소를 갖고 있는 경우 동맹국의 국민과 동일하게 적용된다.270)

2) 우선권제도

우선권제도(Right of Priority)란 어떤 동맹국에서 최선의 정규출원을 한자(선출원) 또는 그 승계인이 일정기간 이내에 다른 동맹국에 동일한 대상에 관하여 출원(후출원)을 하는 경우, 신규성 판단 등에 있어서 후출원이 선출원일에 출원된 것으로 취급받을 수 있는 권리를 의미한다. 즉 우선권기간 내에 동맹국에 제출된 후출원은 이 기

---

268) 송영식 · 이상성 · 황종환, 선게서, 109~110면.

269) 기타 내국민대우원칙과 관련한 상세한 내용은 김정완, "산업재산권의 국제적 보호와 내국민대우원칙", 『기업법 연구』 제19권 제2호, 한국기업법학회, 2005, 77면 이하.

270) 이러한 국민을 준동맹국민이라고 한다.

간 동안 선출원이 특허되거나, 공개되거나, 실시되거나 또는 동일한 다른 출원이 있었다는 사실에 관계없이 특허를 받을 수 있음을 의미한다. 우선권제도는 각국의 속지주의 원칙에 대한 중대한 예외를 인정한 것으로써 파리협약을 체결하게 한 원동력이라고 할 수 있다.

3) 특허독립의 원칙

특허독립의 원칙은 산업재산권제도 자체가 자국의 산업보호의 정신에 기하여 각국이 독립된 제도로써 발전시킨 결과이다. 각국은 자국에서 부여한 권리에 대해서만 보호하며 한 국가에서 부여된 권리의 효력은 그 나라에서만 미치고 제3국에는 그 효력을 미치지 아니한다는 원칙이다. 이 원칙은 실용신안권 및 영업비밀 등 기타의 지식재산권에 대해서도 협약의 취지상 당연히 적용된다.271) 따라서 출원인은 여러 국가에서 보호를 받으려면 각 국가마다 새로운 출원을 하여 권리를 얻어야 한다. 그리고 동일한 발명에 대하여 여러 국가에서 부여된 권리는 서로 관계없이 공존하고 한 국가에서 권리가 소멸되었다는 사실이 다른 나라의 권리에 영향을 미치지 아니한다. 이와 같이 특허독립의 원칙은 지식재산권의 속지주의를 재확인한 것으로써 각 체약국이 각국의 국익이나 선호도에 따라 특허제도를 편의적으로 운영할 수 있는 근거가 되어 왔다.

---

271) 명문규정은 상표권에 대해서만 규정되어 있다.

(3) 보호 객체로서 영업비밀

파리협약에서 말하는 산업재산권은 저작권을 제외한 특허권·실용신안권·상표권 등을 지칭하는 개념이다. 이러한 개념은 프랑스에서 처음 사용하였으며 그 후 파리협약도 이를 따르고 있다.[272) 즉 파리협약은 "산업재산권이란 어휘는 가장 광의로 해석되어야 하며 본래의 공업 및 상업뿐 아니라 농업 및 채취산업분야와 제조 또는 천연의 모든 산품에 대하여도 사용된다"고 규정하고 있다.[273) 위 가운데 'Industrial'의 의미는 반드시 협의의 산업만을 가리키는 것이 아니라 모든 기술 및 모든 산업, 즉 농업 및 채취산업까지도 포함한다고 보아야 한다. 그런 의미에서 파리협약상 산업재산권이라는 용어는 가장 넓은 의미로 사용된다고 할 수 있다.[274)

이와 같이 파리협정은 산업재산권에 중점을 둔 지식재산권 보호에 관한 최초의 국제조약이다. 이 파리협정은 TRIPs 협정과 같은 영업비밀의 직접적인 보호 규정은 두고 있지 않다. 다만 파리협정 제10조 제2항에 의해서 정직한 사업 또는 상업적 관행에 어긋나는 여하한 경쟁행위 즉 부당 경쟁행위를 금지하고 있다. 그러나 위 규정은 TRIPs 협정 제39조의 형성과 해석에 중요한 지침이 되고 있다. 즉 영업비밀이 지식재산권의 일종으로서 산업재산권에 관한 파리협정 제10조 제2항에서 말하는 제3자의 부정경쟁으로 말미암은 영업비밀

---

272) 정진섭, 전게서, 57면.

273) 동 협약 제1조에서는 본 협약이 적용되는 국가는 산업재산권 보호를 위한 동맹을 구성한다. 산업재산권의 보호는 특허, 실용신안, 디자인, 상표, 서비스마크, 상호, 원산지표시 또는 원산지명칭 및 부당경쟁의 방지를 그 대상으로 한다.

274) 따라서 파리협약 제1조 제3항에 열거된 사항은 단순한 예시적 사항이지 제한적 열거사항은 아니라고 해석하여야 한다[정진섭, 상게서, 58면 각주 27].

의 침해를 방지해야 한다는 의미를 가지고 있는 것이다.

6. TRIPs 협정에 의한 보호

영업비밀 보호는 미국을 비롯한 기술선진국 등에서는 이미 19세기 초반 영국에서 영업비밀을 판례로 보호하기 시작한 이래 영업비밀보호의 필요성을 인식하고 각국 실정에 맞게 어떤 형태로든 보호하여 왔다. 20세기 중반에 이르러서는 지식재산권에 관한 제도의 국제적 통일화 작업도 시작되었으며 그 통일화에 영업비밀보호제도의 통일화도 포함되었다.275)

현재 영업비밀은 국제법상 WTO/TRIPs 협정에 의하여 보호되고 있다. TRIPs 협정은 전문과 7부 73개조로 구성되어 있다. 제1부는 일반규정과 일반원칙(General Provisional and Basic Principles)으로써 기존의 지식재산권 관련 국제협력과 관계, 내국민대우의 원칙과 최혜국대우원칙에 대한 규정을 두고 있다. 제2부는 지식재산권의 취득가능성과 범위 및 사용에 관한 기준을 제시하고 있다. 제3부는 지식재산권의 집행으로 각국이 지식재산권의 보호를 위해 마련해야 할 제도적 장치와 상호협력에 관한 규정을 담고 있다. 제4부에서는 지식재산권의 취득, 유지, 관련당사자간의 절차를 두고 있다. 제5부에서는 분쟁의 방지 및 해결에 관한 규정을 두고 있으며 제6부에서는 경과조치로서 개발도상국가나 약소국들에 대한 협정의 적용을 일정기간 유예하는 내용들을 담고 있다. 끝으로 제7부에서는 제도규정과 최종

---

275) 김용선, "영업비밀보호의 국제적 동향 및 최근의 국내주요 판례분석", 『특허정보』 제36호, 특허청, 1996.1, 46면.

조항은 제도 관련 규정으로 각 회원국의 대표로 구성되어 TRIPs 협정을 관장하는 TRIPs 이사회에 관한 규정을 두고 있다. 이 중 TRIPs 협정 제7절은 비공개정보의 보호(Protection of Undisclosed)라는 제명 하에 제39조에서 영업비밀의 보호에 관하여 규정하고 있는데 과거에 존재한 국제조약들의 한계를 극복하고 지식재산권 보호의 새로운 기준을 제시했다는 점에서 의의가 있다.276) 이하에서는 TRIPs 협정 제39조를 중심으로 성립요건, 관리규정 등을 알아보고자 한다.

(1) TRIPs 협정의 성립

국제무역에 있어서 영업비밀의 중요성은 과거 무역구조 속에서 상상할 수 없을 만큼 커지고 있다. 이는 영업비밀이 상품의 경쟁력을 결정하는 중요한 요소로 등장하고 있을 뿐 아니라 영업비밀 자체의 무역 비중이 증대되고 있음을 의미한다. 이에 따라 경제선진국들은 영업비밀 보호를 자국의 무역수지 및 국제경쟁력에 직접적으로 영향을 미치는 문제로 새롭게 인식하게 되었다. 그런데도 국제무역에 관한 기본규범인 GATT는 그간 영업비밀의 보호 장치를 결여하고 있었다. 즉 위조 상품의 생산 및 무역 등 권리침해에 대한 국제적인 벌칙 규정과 제재 수단이 미비하였다.

TRIPs 협정 성립 이전까지의 영업비밀 보호는 각국 정부와 세계지적재산권기구와 유네스코(UNESCO)가 각종 협약과 입법을 통하여 관장하는 사항으로 GATT에는 이에 관한 규정이 거의 없었다.277)

---

276) Michal Reiterer, "Trade‑Related Intellectual Property Rights", *The New Trading System*, OECD, 1994, p.199.

277) GATT 제9조에서는 원산지표시를 제20조에서는 특허와 저작권에 관한 사항을

따라서 각국은 이른바 '최혜국대우의 원칙'278)과 '내국민대우'의 원칙279)과 같은 GATT의 기본원칙에만 어긋나지 않는다면 자국의 필요성과 실정에 따라 영업비밀 보호 정책을 얼마든지 수립할 수 있었다. 물론 GATT체제 하에서도 파리협약을 비롯한 WIPO의 관리하에 있는 조약이 다수 있기는 하였지만 국가 간의 첨예한 이해관계의 대립과 WIPO가 갖고 있는 기능상의 한계로 인하여 국제법적 차원에서의 효율적인 보호를 하는 데 한계를 가질 수밖에 없었다. 이와 더불어 영업비밀 보호 문제는 무역거래에 미치는 영향력이 막대하다.280) 그런데도 기존의 국제규범이 낮은 수준의 보호를 내용으로 하고 있고 더욱이 이를 준수하지 않았을 때 국가 간의 분쟁의 해결과 집행이 어렵다고 하는 문제점을 내포하고 있었으므로 우루과이

언급하였을 정도였다.

278) 최혜국대우의 원칙(Most-Favored Nations Treatment)은 어떤 회원국이 지적 재산권보호와 관련하여 다른 회원국에게 부여한 모든 이익(Advantage)이나 혜택(Favour), 특권(Privilege), 면제(Immunity)는 아무런 조건 없이 다른 모든 회원국 국민에게 부여되어야(Accorded) 한다는 것이다[井原 宏, 『國際知的 財産法』, 有信堂, 2007, 41면].

279) 내국민대우의 원칙(National Treatment)이란 영업비밀 보호와 관련하여 각 회원국은 자국민에 대하여 부여하는 것과 동등한 대우를 다른 회원국의 국민에게도 보장하여야 한다는 원칙으로서 내외국인평등의 원칙이라고도 한다. 1878년 9월 파리에서 산업재산권과 관련하여 열린 국제회의에서 처음 논의되었다. 또한 그 의미에서도 GATT에서 동종 상품에 적용되는 내국민대우와는 구별하여야 한다[최원목, 『WTO 비차별 원칙의 이해와 적용연구』, 법무부, 2003, 187면]. 내국민대우원칙은 파리협약, 베른협약, 로마협약, 워싱턴 협약으로부터 관련된 일반적 원칙의 도입을 모색하는 제2에 의해 도출된 것이므로 내국민대우원칙은 더욱더 상징적 의미가 있다[Michael Blakeney, *Trade Related Aspects of Intellectual Property Rights : A Concise Guide to the TRIPs Agreement*, Sweet & Maxwell, 1997, p.41].

280) May, Christopher and Susan K. Sell, "Why You Need to Know About Intellectual Property", *Intellectual Property Right : A Critical History,* Lynne Rienner Publishers, 2005, pp.1~13.

라운드에서 논의 주제로 대두되게 되었다.281)

영업비밀을 포함한 지식재산권에 대한 논의는 비관세장벽의 철폐를 목적으로 개최된 동경라운드에서 처음으로 다루어지기 시작하였다. 이 회의에서는 지식재산권의 보호가 부적절한 경우를 비관세장벽의 범주에 포함시키는 문제와 위조 상품 문제가 주로 논의되었다. 그러나 당시 위조 상품 문제는 개발도상 국가들과 미국을 비롯한 유럽 국가들과의 대립이 심한 사항이었고 이로 인하여 구체적 입법화에는 실패하였다. 그러나 1988년까지 11차례에 걸친 공식회의를 통해 지식재산권의 교역관련 협정, 즉 위조 상품 교역문제 및 여타 국제기구와의 관계에서 많은 진전이 있었으나 결과물을 도출하지 못하고 막을 내렸다. 이후 1989년 4월에 이르러서는 주요 합의사항이 도출되면서 실질적인 협상의 진척이 이루어져 1990년 6월 GATT사무국이 복합협정초안을 마련하고 12월에 'UR 다각적 무역교섭의 결과를 담은 최종협정 브뤼셀초안(Brussels Draft TRIPs Agreement)'이 발표되었다. 그러나 미해결 과제도 남아 있었고 타결시한이었던 브뤼셀회의에서 협상타결이 실패하여 이듬해인 1991년 2월 던켈 무역협상위원회 의장은 협상 재개하여 12월에 이르러 UR 협상 사상 처음으로 아무런 옵션이 없는 최종협정문안을 제출하였다. 비록 최종협상타결로 이어지지는 않았지만 이 던켈 초안에 대해서 미국, EU, 일본을 비롯한 많은 국가가 향후 협상의 기초로 수용할 의사를 보임으로써 중요한 진전을 이루게 되었다고 할 수 있다.282) 이로써 협상

---

281) 고순환·안성조, 전게서, 208면.

282) J. Reinbothe and A. Howard, "The state of play in the negotitions on the TRIPS", *European Intellectual Property Review,* Vol. 13, No. 5, 1991, p.163. ; T. Cottier, "The prospects for intellectual property in GATT", *Common Market Law Review,* No. 2, 1991, p.396.

타결의 기본 토대가 마련되었고 1993년 12월 모로코의 마라케쉬에서 117개국이 UR협정문에 조인되었다. 이에 따라 1995년 1월 1일 세계무역기구의 설립에 관한 무역 협정이 발효되면서 WTO 체제가 출범하게 되었다. 이에 TRIPs 협정은 WTO 부속협정으로 체결되었다.

(2) 영업비밀 보호의 성립요건

개인 및 기업 등에는 다양한 정보가 있으나 영업비밀로 보호를 받기 위해서는 일정한 요건을 충족시키지 못하면 안된다. 즉 영업비밀이 되려면 일정한 요건을 갖추어야 함을 의미한다. TRIPs 협정 제39조 제2항에서는 "자연인 및 법인은 합법적으로 자신의 관리 하에 있는 정보가 자신의 동의 없이 공정한 상업적 관행283)에 반하는 방법으로 타인에게 공개되거나 타인에 의해 획득 또는 사용되는 것을 금지할 수 있는 가능성을 가진다"고 규정하고 있다. 즉 TRIPs 협정에서는 영업비밀보호를 위한 요건으로 비밀성, 상업적 가치성, 비밀관리성을 요구하고 있는 것이다. 그 첫 번째 성립요건으로 비밀성을 요구하고 있다.284)285) 이와 관련하여 TRIPs 협정 제39조 제2항 (a)

---

283) 건전한 상업적 관행에 반하는 방법이란 최소한 계약위반, 신뢰위반 또는 그 위반을 유도하는 것을 의미할 뿐만 아니라 부정한 수단에 의하여 취득한 정보임을 알았거나 중대한 과실로 알지 못하고 그 정보를 취득하는 것도 포함한다[TRIPs 협정 제39조 제2항 각주 10번 참조].

284) 비밀성은 비공지성으로 불리기도 한다.

285) 비밀이란 '제한된 범위 내의 사람들에게만 알려져 있는 사실로서 타인에게 전파되지 않음으로써 비밀의 주체에게 이익이 되는 사실'을 의미한대[박상기, 『형법각론』, 박영사, 2002, 218면]. 비밀은 기밀과 혼동되어 사용하는 경우가 있으나, 기밀은 '대단히 중요하고 비밀한 일, 특히 정치·군사상 중요한 비밀'을 의미한대[이희승, 국어대사전, 민중서림, 2002, 547면]. 이 기밀은 대부분 국가보안법 제4조(목적수행), 군형법 제13조(간첩, 간첩방조, 군사상 기밀누설 등),

는 '전체로써 또는 그 구성요소의 정밀한 배열 및 조합의 형태로써 당해 정보의 종류를 통상적으로 다루고 있는 업계의 사람들에게 일반적으로 알려져 있지 않거나 쉽게 접근할 수 없다는 의미에서 비밀인 것이라고 규정하고 있다.'[286]

아울러 영업비밀의 국제모델이 되고 있는 TRIPs 협정 제39조 제2항 (b)에서 영업비밀로서 보호받기 위한 두 번째 요건으로 "비밀이기 때문에 상업적 가치가 있을 것"[287]이라고 규정하고 있다. 이 규정에 의해 보호될 수 있는 것은 법적인 보호가치가 있고, 사회적 의의와 필요성을 지녀야 한다고 보고 있다. 위와 같은 비밀관리성에 대해서는 TRIPs 협정에서도 규정하고 있다. TRIPs 협정 제39조 제2항 (c)에서는 "적법하게 동 정보를 관리하고 있는 자에 의해서 비밀로 유지하기 위한, 그 상황하에서 합리적인 조치의 대상이 되는 것"[288]이라고 규정하고 있다. 따라서 영업비밀로서 보호할 만한 이익을 인정받기 위해서는 영업비밀을 비밀로 유지하려는 주관적 요소와 객관적인 비밀유지의 합리적인 조치가 필요한 것이다.[289]

이 세 가지 요건에 관련한 판단기준 등에 대해서는 각국의 입법상

제80조(군사기밀누설) 등 국가적 법익을 침해하는 범죄에서 주로 사용되고 있다는 점에서 구별되어 사용되어야 한다[윤해성, "영업비밀보호에 관한 형사법적 연구", 성균관대학교 박사학위논문, 2006, 50면]

286) TRIPs 제39조 제2항 (a)는 다음과 같다. "is secret in the sense that it is not, as a body or in the precise configuration and assembly of its components, generally know among or readily accessible to persons within the circles that normally deal with the kind of information in question"

287) TRIPs 제39조 제2항 (b)는 다음과 같다. "has commercial value because it is secret"

288) TRIPs 제39조 2항 (c)는 다음과 같다. "has been subject to reasonable steps under the circumstances, by the person lawfully in control of the information, th keep it secret"

289) 澁谷達紀, 前揭書, 107面.

황에 맡기고 있다. 따라서 판단기준 등에 대한 논의는 한국의 영업
비밀보호법과 주요국가의 입법례를 참조하도록 한다.

(3) 영업비밀 침해행위의 유형

영업비밀의 침해행위는 다양한 사람을 통해 다양한 방법으로 발생
한다. 이러한 영업비밀 침해행위는 정보의 중요성 증대와 더불어 기
술혁신의 발달에 따라 더욱더 세밀화될 뿐만 아니라 다양화 될 것으
로 예상된다. TRIPs 협정에서는 영업비밀 성립을 위한 요건을 규정
하면서도 침해행위의 유형 등에 대한 규정은 명확히 규정하고 있지
않다. 다만 TRIPs 협정 제39조 제2항의 해석을 통해 공정한 상거래
의 질서에 반하여 영업비밀보유자의 비밀을 취득하거나, 취득한 비
밀을 사용 또는 공개하는 행위를 침해행위로 볼 수 있을 것이다. 이
는 영업비밀 침해행위의 유형은 각국의 실정에 맞게 운용되도록 한
것임을 의미한다. 따라서 TRIPs 협정상의 영업비밀 침해행위 유형에
대해서는 한국, 일본, 미국, 중국 등 각국의 침해유형을 참조할 수밖
에 없다.

(4) 영업비밀보호의 집행절차

지식재산권이 UR협상의 주요 의제로 포함된 주요 동기는 기존의
국제지식재산권조약들에는 효과적인 집행[290]절차가 결여되었다는 인

---

290) 여기서 말하는 집행(Enforcement)는 주로 법률을 집행하는 행정부의 기능과
    법률을 해석하는 사법부의 기능이 복합적으로 작용하는 의미로 해석된다[최경
    수, 전게서, 283면 각주 388].

식 때문이었다. 지식재산권의 실체법적 규범이 합의되더라도 권리실현을 위한 효과적인 집행절차가 결여되어 있으면 합의된 권리가 보장되기가 어려울 것이다. 이에 TRIPs 협정은 각 회원국이 포괄적인 집행체제를 수립할 것을 의무화하고 있다.291) 다만 TRIPs 협정은 국가들 간의 법제도의 차이를 고려하여 각 회원국들이 자국의 고유한 법제도 및 관행 내에서 협정의 제 규정에 대한 이행방법을 자유롭게 결정하도록 하고 있다. 뿐만 아니라 일반적인 법집행을 위한 사법제도와 구별되는 지식재산권의 집행을 위한 사법제도를 마련할 의무를 부과하거나 회원국의 일반적인 법집행에 지장을 주어서는 안된다고 규정(TRIPs 협정 제41조 제5항)함으로써 각 회원국의 법집행 제도를 최대한 존중하도록 하고 있다.

TRIPs 협정은 회원국의 일반적 의무, 민사 및 행정절차와 구제, 잠정조치, 국경조치, 형사조치 등을 규정하고 있다. 지식재산권의 집행절차에 관한 국제표준에 가까운 것은 기존의 국제조약과 구별되는 특징이라 하겠다. 지식재산권에 관한 기존협약들이 지식재산권의 침해에 관한 효과적인 구제수단이 없다는 점292)에 비추어 볼 때, TRIPs 협정상 집행절차의 규정293)은 영업비밀을 비롯한 지식재산권의 국제적 보호에 중대한 의미를 갖는다고 할 것이다.

---

291) 松下滿雄, "WTO體制の法的檢討 – 知的所有權と國際貿易(上)", 『國際商事法務』Vol.23, No.10, 國際 商事法研究所, 1995, 1061面.

292) 川口博也, 『槪說特許法・知的財産權條約』, 勁草書房, 2004, 320面.

293) 집행절차에 관한 부분의 규범은 세계적인 WTO회원국에서 시행되는 다양한 법률제도를 고려해야 할 필요성이 있고, 다른 한편으론 의미 있는 보호를 위하여 충분히 정교하게 규정하여야 할 필요성이 상반된 요구사항에 기초하고 있다[WTO사무국, 『우루과이라운드 협정의 이해』, 대외경제정책연구원, 2000, 283면].

1) 일반적 의무

지식재산권 집행에 관한 TRIPs 협정 제41조를 통해 일반적 의무를 규정하고 있다.[294] 먼저 각 회원국에게 지식재산권 침해행위에 대한 효과적인 대응조치를 취하기 위하여 필요한 국내법을 정비하도록 하고 있다. 다만 이러한 절차는 합법적인 무역에 장애가 되지 아니하고 남용에 대한 보호 장치를 제공하는 방법으로 제공되어야 한다. 이와 더불어 지식재산권의 행사절차는 '공정하고 공평하여야'(Fair and Equitable)'하며, 불필요하게 복잡하거나 비용이 많거나, 불필요하게 시간을 제한하거나 부당하게 지연해서는 안 된다. 뿐만 아니라 사안의 본안에 대한 결정은 서면주의와 증거주의에 입각하여야 하며 지식재산권에 대한 최종적인 행정결정과 사안의 본안에 대한 최초의 사법적 결정에 관하여 당사자에게 사법당국에 의한 재심사의 기회를 제공하여야 한다(TRIPs 협정 제41조 제1항 참조).

TRIPs 협정의 대상으로 하는 지식재산권은 협정 제1조 제2항에 규정된 바와 같이 저작권 및 저작 인접권, 상표, 특허, 영업비밀을 포함한 미공개 정보 등이다. 이러한 권리에 관하여 규정한 법률로서 실체법으로는 특허법, 상표법, 부정경쟁방지 및 영업비밀보호에 관한 법률 등이 있고 이러한 법률에 근거하여 권리를 가진 자가 그 권리를 제3자로부터 불법으로 침해당한 경우에는 민사소송법에 의해 권리를 구제 받을 수 있을 것이다.

---

294) 花村良一, "知的財産權のエソフォースメソトに關する國際基準(上): WTO · TRIPs協定の權利行使規定の概要", 『NBL』No.566, 商事法務研究會, 1995, 1面.

2) 민사 및 행정절차

가. 증 거

TRIPs 협정 제43조에서는 상대방이 소지하고 있는 증거를 수집하는 절차를 규정하고 있다. 미국은 협상에서 각국에게 미국의 증거개시제도(Discovery)[295]와 유사한 광범위하고 강력한 증거절차를 채택하도록 하기 위하여 대상으로 되는 증거를 특정하는 정도로 완화하고자 하였다. 이에 대해 일본과 EU는 기본적으로 그와 같은 증거절차의 필요성은 인정하면서도 미국의 증거개시제도와 유사한 제도의 도입은 사법제도의 근간에 영향을 미친다고 하여 반대하였으며, 대상으로 되는 증거의 구체적인 특정이 필요하다고 주장하였다.[296] TRIPs 협정 제43조 제1항에 의하면 소송의 일방당사자가 그 주장을 입증하는 데에 충분하고 또한 합리적으로 취득 가능한 증거를 제시하고 그 주장을 입증하는 데에 관련되는 것으로써 상대방의 지배하에 있는 증거를 구체적으로 지정한 경우에 사법당국은 상대방에게 당해 증거의 제출을 명령할 수 있는 권한을 갖는다. 단 이 경우 사안에 관련된 비밀정보의 보호를 보장하는 것을 조건으로 하여야 한다.

지식재산권의 침해소송에서는 침해 여부에 관한 증거가 대부분 소송의 상대방이 피고의 관할하에 있는 것이 보통이므로 이 절차는 매우 중요한 규정이다. 이는 당사자가 그 주장을 입증하기 위해 충분

---

295) 증거개시제도(Discovery)란 변론(Trial)을 들어가기 전의 개시를 통해 소송과 관련된 증거나 정보를 당사자 상호 간에 공유함으로써 쟁점을 명확히 하고, 이에 따라 소송 심리의 충실과 효율을 도모한다는 제도이다[김상수, "증거개시제도란 무엇인가?", 『시민과 변호사』 통권 제122호, 2004.3, 49면].

296) 김순석, 「특허권의 국제적 보호에 관한 연구」, 성균관대학교 박사학위논문, 1997, 172면.

하고 합리적으로 입수 가능한 증거를 제시하고 또한 그 주장을 입증하는 데에 관련된 증거방법을 특정한 경우에 법원은 상대방이 소지한 증거를 제출하도록 명령할 수 있는 권한을 가져야 한다는 취지의 규정이다.297)

또한 TRIPs 협정 제43조 제2항은 일방당사자가 필요한 정보에 대한 접근을 고의로 정당한 이유 없이 거절하거나 또는 합리적인 기간 내에 필요한 정보를 제공하지 않거나, 권리행사절차를 심각하게 방해하는 경우, 회원국은 주장 또는 청문회의 기회를 양당사자에게 부여하는 것을 조건으로 하여, 정보에 대한 접근거절에 의해 악영향을 받은 당사자의 주장 등 제시된 정보에 근거하여 긍정적이거나 부정적인 예비 및 최종판단을 내릴 수 있는 권한을 사법당국에 부여할 수 있다. 이는 당사자가 법원의 문서제출명령298)을 따르지 않는 등의 행위를 한 경우에 법원이 취할 수 있는 조치에 대해서 규정하고 있는 것이다.

나. 금지명령

TRIPs 협정 제44조 제1항에서는 사법당국은 지식재산권의 침해행위를 중지하는 명령,299) 즉 지식재산권을 침해하는 수입물품이 통관

---

297) 미국식의 증거개시제도의 도입에 반대하였던 EU가 이 조항의 규정에는 찬성하였기 때문에 일본의 반대에도 불구하고 결국 이 조항이 수용되었다.

298) 문서제출명령은 민사소송에 두고 있는 사실에 대한 입증 책임이 있는 사람이 소송 상대방 또는 제3자가 소지하는 문서를 법원재판소에 제출하는 것으로서 증거의 사용이라는 측면에서 매우 의미 있는 제도일 뿐만 아니라 실무에도 자주 사용되는 제도이다[三木浩一, "文書提出命令における文書の『所持者』について", 『民事手段法と商事法務』, 商事法務, 2006, 305面. 이하].

299) 금지명령(Injunctions)은 영미법계에서 기원한 제도이다. 우리나라 부정경쟁방지 및 영업비밀보호에 관한 법률, 특허법, 상표법, 저작권법상 침해금지청구권을 인정해 영미법상의 금지명령 제도를 일부 받아들이고 있는 것으로 보인다

된 직후 유통의 중지를 명령할 수 있는 권한을 가지고 있어야 한다. 회원국은 당해 상품의 거래가 지식재산권을 침해한다는 사실을 알았거나 알 수 있었을 합리적인 이유가 발생하기 이전에 취득하거나 발주된 보호대상물에 관해서는 이러한 권한을 부여할 의무가 없다.

우리나라 부정경쟁방지 및 영업비밀보호에 관한 법률 제10조 제1항은 영업비밀의 보유자는 영업비밀 침해행위를 하거나 하려는 자에게 그 침해의 금지 또는 예방을 청구할 수 있다고 규정하고 있다. 영업비밀보호의 중심은 비밀정보로서 상업적 가치에 있으므로 이러한 상업적 가치가 상실되기 전에 조치를 취할 수 있는 금지·예방청구권이 영업비밀보호제도의 가장 핵심이라고 할 수 있다. 다만 소송절차상 금지청구권 등에 의한 법원의 판결에는 오랜 시일이 소요되므로 침해행위에 대한 금지 또는 예방청구 전에 또는 이와 동시에 법원에 금지청구권 등의 집행 보전을 위해 영업비밀침해금지가처분신청을 해 두는 것이 필요하다. 실제 금지청구권은 본안소송보다도 이를 피보전권리로 하는 가처분300)소송을 통하여 많이 행사된다.

영업비밀에 대한 금지 또는 예방은 상대방이 입게 될 손해와도 비교 형량하여 목적 달성에 유용한 범위 내에서 허용하여야 할 것이다. 예를 들면 고객정보라든가 경영기법에 관한 영업비밀이 누설된 경우에는 관련 자료의 반환과 폐기를 넘어서 영업자체를 금지하는 것과 같은 결과가 되어서는 곤란하다. 특히 법원이 금지를 명함에 있어서는 특허권, 실용신안권 등에 대하여 존속기간이 정해져 있는 점과 상대방의 영업의 자유를 부당하게 침해하지 않기 위하여 영업비밀의

[최경수, 전게서, 286면].

300) 실무상 영업비밀침해금지가처분, 경업금지 내지 전업금지가처분, 제조 및 판매 금지가처분 등으로 행사된다.

성격, 침해자가 독자적 개발에 소요되는 기간 등 제반 사정을 참작
하여 그 금지기간을 합리적으로 정해야 할 것이다. 이에 우리나라
대법원[301])은 영업비밀 침해행위를 금지시키는 것은 침해행위자가 그
러한 침해행위에 의하여 공정한 경쟁자보다 유리한 출발 내지 시간
절약이라는 우월한 지위에서 부당하게 이익을 취하지 못하도록 하는
것이다. 이는 영업비밀보유자로 하여금 그러한 침해행위가 없었더라
면 원래 있었을 위치로 되돌아갈 수 있게 하는 데에 그 목적이 있다
할 것이므로 영업비밀 침해행위의 금지는 이러한 목적을 달성함에
필요한 시간적 범위 내에서만 인정되어야 하며 그 사용 및 공개금지
의 기간을 원심 판결 확정일로부터 3년 내지 2년으로 정하는 것이
타당하다고 보고 있다.

　이러한 금지 청구를 할 수 있는 자는 기업비밀보유자는 물론이고
그 양수자, 실시허여를 받은 자를 모두 포함한다고 할 것이고, 피청
구권자는 침해행위를 한 자, 직접 침해행위를 하려고 하려는 자 및
제3자로 하여금 침해행위를 하도록 하려는 자를 모두 포함한다고 할
것이다.

다. 손해배상

　사법당국은 침해자가 고의 또는 과실로 권리자의 지식재산권을 침
해함으로써 손해[302])를 입힌 경우에는, 침해자에게 그 손해를 보전하
기에 충분한 손해배상을 하도록 명령할 수 있는 권한을 가지고 있어

---

301) 대법원 1996.12.23, 96다16605.

302) 손해란 재산, 권리 또는 사람에 대하여 야기한 손실을 의미한다[Christian Von
　　 Bar, *The Common European Law of Torts*, Oxford University Press, 2000,
　　 pp.6～8.].

야 한다(TRIPs 협정 제45조 제1항).

이에 한국 부정경쟁방지 및 영업비밀보호에 관한 법률 제11조에서
는 고의, 과실에 의한 영업비밀 침해행위로 영업비밀 보유자의 영업
상 이익을 침해하여 손해를 가한 자는 손해를 배상하도록 하는 손해
배상청구권을 규정하고 있다. 이와 같은 규정은 민법 제750조의 불
법행위 일반원칙의 특칙을 규정한 것으로 해석할 수 있다. 즉 "위법
행위"를 "영업비밀 침해행위로 영업상 이익을 침해하여"로 변경한
것으로 볼 수 있다. 또한 부정경쟁방지 및 영업비밀보호에 관한 법
률상의 청구권이 민법상 청구보다 범위가 넓고 두 조문이 중첩되는
부분에 있어서는 선택적 청구도 가능할 것으로 생각된다.

① 성립요건

영업비밀의 손해배상청구권이 성립되기 위해서는 부정경쟁방지 및
영업비밀보호에 관한 법률 제11조에서 규정한 아래와 같은 요건이
충족되어야 한다. 첫째, 고의 또는 과실에 의한 영업비밀 침해행위가
있어야 한다. 특허권에서는 다른 사람의 특허권을 침해한 자는 그
침해행위에 대하여 과실이 있는 것으로 추정한다고 규정하여 침해자
에게 무과실의 입증책임을 지우고 있다. 그러나 영업비밀은 공시가
되지 않고, 그 비밀성에 대해 법이 인정해 주는 것이므로 외부에 있
는 제3자로서는 당해 정보가 영업비밀인지 알 수가 없다. 그래서 특
허법과 같이 일률적인 과실추정 규정을 두고 있지 않다. 즉, 영업비
밀에 관한 손해배상에 있어서 주관적 요건은 영업비밀보유자의 이익
을 침해할 의사까지 요구하는 것이 아니라 영업의 존재 및 영업상
이익을 침해할 가능성을 인식하거나 인식 못한 데 주의의무의 태만
이 있는 경우를 의미한다.

둘째, 영업상의 이익이 침해되었어야 한다. 영업은 일반적으로 이윤추구를 목적으로 하는 영리사업을 의미한다. 그러나 반드시 영리를 추구하는 기업에 한하지 않고 수지계산을 위한 사업도 포함될 것이므로 의사, 변호사 등과 같은 자유업 등이 포함될 것이다.

② 손해배상의 범위

영업비밀을 포함한 지식재산권의 침해행위에 대한 손해배상 범위는 민법의 불법행위 이론에 의할 수 있다. 재산적 손해의 범위에 대해서는 통상적으로 적극적 손해와 소극적 손해로 구분해 볼 수 있다.303) 적극적 손해는 영업비밀 자체의 재산적 가치를 감소하는 경우와 영업비밀 보유자의 기존재산의 감소를 들 수 있다. 예를 들면 영업비밀 보유자가 침해의 제거 및 방지를 위하여 지출한 비용 등이 이에 해당된다. 이에 반해 소극적 손해는 침해행위가 없었더라면 영업비밀보유자가 얻을 수 있었던 것을 의미한다. 즉 일실이익으로서 장래의 매출감소에 의한 손실, 부정경쟁행위에 의한 피해자 상품의 가격저하 등을 들 수 있다.

③ 손해배상액의 산정

손해액 산정의 문제는 단순한 재산문제가 아니다. 근대초기에는 배상범위결정을 규범판단의 문제인 반면 배상액산정은 사실판단의 문제로 파악한 것은 잘못된 판단이었다.304) 이로써 지금까지도 영업

---

303) 고명식, "손해배상에 있어서 적극적 손해의 산정", 『논문집』 제2권 제1호, 부경대학교, 1997. 12, 124면.

304) 이은영, 『채권총론』, 박영사, 2000, 319면. 손해액산정에 관한 보다 많은 논의는 이은영, "물건의 손상 등으로 인한 손해배상액의 산정", 『불법행위법의 특수문제』, 법문사, 1997, 347면 이하 참조.

비밀을 비롯한 지식재산권 침해에 대한 손해배상액 산정이 중요함에
도 불구하고 정확하게 계산할 수 있는 명쾌한 기준은 없다. 다만 영
업비밀보유자가 부당사용에 의해서 실제로 입은 손실을 기준으로 손
해배상액을 산정하는 방법과 영업비밀의 부당사용자가 부당사용에
의해서 얻은 부당이익을 기준으로 산정하는 방법을 활용하고 있
다.305) 이에 영미법에서는 영업비밀 보유자의 손실과 부당사용자의
부당이득을 동시에 회복하는 것은 인정하지 않으므로 손해배상의 산
정에 있어서도 전자의 손해배상만으로 구제가 충분한 경우에는 후자
의 손해배상액의 산정은 고려하지 않는다.

라. 정보청구권

정보청구권은 사법당국이 지식재산권 침해자에게 침해물품 등의
관련 정보를 제출할 것을 명령할 수 있는 권한을 말한다.306) 이에
TRIPs 협정 제47조는 권리자가 침해자로부터 침해 물품의 생산과
유통에 참여하는 제3자에 대한 정보를 통지 받을 수 있는 가능성을
열어놓고 있다. 즉 사법당국은 침해자로 하여금 침해 물품의 생산과
유통에 관여한 제3자의 신분 및 유통경로를 권리자에게 통지할 것을
명령할 수 있는 것이다. 이 경우 침해의 정도에 비추어 현저하게 균
형을 잃어서는 안 된다. 이것은 회원국의 재량으로 이러한 권리의
위정 여부를 결정할 수 있도록 하고 있다. 이 규정에 대해 미국이나
EU는 권리자의 구제제도 강화를 위해서 강력한 정보수집제도를 정
비하여야 한다고 주장하였으나, 일본이나 북유럽국가들은 민사소송을

---

305) 小野昌延, 前揭書, 328~335面.

306) 박덕영, "한－EU FTA 지적재산권 집행 분야 주요 쟁점", 『산업재산권』 제26
호, 한국산업재산권법학회, 2008.8, 130면.

다른 소송의 준비를 위한 정보수집의 수단으로 이용할 수 있어, 사법제도의 근간에 관련되는 것이라는 이유로 반대하였다. 이로써 정보청구권 규정은 임의규정으로 제정되었으며 우리나라도 이를 수용하지 않고 있다. 우리나라 민사소송법은 이미 문서제출명령제도, 문서송부촉탁제도, 사실조회제도 등을 두고 있기 때문이다.307) 다만 실효성에 문제가 제기될지는 모르겠으나 현행법에 의해서도 협정상의 목적이 이미 달성되었다고 볼 수 있다.308)

마. 피고의 구상

사법당국은 구제조치를 신청하여 권리행사절차를 남용한 당사자에 대해 부당한 피해가 발생한 경우, 그 피해자에게 적절한 보상을 하도록 명령할 권한을 갖는다. 뿐만 아니라 사법당국은 피해를 발생시킨 당사자에게 적절한 변호사 보수를 포함한 비용의 지불을 명령하는 권한을 갖는다. 지식재산권의 보호 및 권리행상에 관한 법의 운용에 관하여 회원국이 국가기관과 공무원의 책임을 면제하는 것은 법 집행이 성실하게 행하여 졌거나 성실하게 의도되었던 경우에 한한다.

바. 행정절차

TRIPs 협정 제49조에서는 어떤 사안의 본안에 관한 행정절차의 결과로 민사구제조치가 명령될 수 있는 범위 내에서 이러한 절차는

---

307) 정보청구권과 관련한 우리 현행법상 관련제도는 문서제출명령(민사소송법 제344조), 서류제출명령(부정경쟁방지 및 영업비밀보호에 관한 법률 제14조의 3), 법원의 당사자 신문(민사소송법 제367조), 증인신문(민사소송법 제303조) 등이 있다.

308) 박덕영, 전게논문, 131면.

이 절에 규정된 것과 실질적으로 균등한 원칙에 합치하도록 한다고 규정하고 있다. 이는 제41조 내지 제48조에서 다루고 있는 민사절차와 구제조치의 적용을 '행정절차'로 확대하고 있음을 의미한다. 즉 행정절차에도 민사절차와 동일한 원칙이 적용된다는 의미라기보다는 양자가 내용적으로 동등한 원리에 따라야 함을 의미하는 것으로 해석된다.309)

3) 잠정조치

영업비밀을 포함한 지식재산권의 침해행위에 대한 구제를 위하여 TRIPs협정에서 규정한 민사 및 행정절차 등 정상적인 사법절차에 의할 경우 일반적으로 장기간이 소요되기 때문에 계속되는 침해행위를 막을 수가 없는 경우가 발생할 수 있다. 이러한 경우를 위하여 TRIPs 협정에서는 본안에 대한 최종판단이 나올 때까지 사이의 잠정조치를 규정하고 있다.310) 이에 일본을 비롯한 많은 국가에서 잠정조치를 규정하고 있으며 한국의 경우에도 불공정 무역행위 조사 및 산업피해 구제에 관한 법률 제7조311)에서 '잠정조치'를 규정하고 있다.

---

309) 특허청 국제협력담당관실, 전게서, 269면.

310) 이는 우리나라의 민사집행법상의 가처분과 민사소송법상의 증거보전에 이미 수용되어 있다고 볼 수 있다는 견해[이규호, "한미 FTA상 저작권 집행과 우리 법의 대응", 『법조』제56권 제10호, 법조협회, 2007. 10, 281면]가 있으나 개별 법률에서는 침해의 금지 및 예방에 관한 규정은 있어도 증거보전을 위한 잠정조치로서의 수단에 대한 명시적 규정은 없기 때문에 현행법 하에서는 민사집행법상의 가처분제도로 관련 증거를 보전할 수밖에 없을 것이다[박덕영, 전게논문, 116면].

311) 불공정무역행위조사및산업피해구제에관한법률 제7조(잠정조치) ① 무역위원회는 조사를 신청하였거나 무역위원회가 직권으로 조사 중인 불공정무역행위로 인하여 회복할 수 없는 피해를 입고 있거나 입을 우려가 있는 자는 무역위원

가. 침해예방 및 증거보전

사법당국은 지식재산권 침해의 발생, 특히 통관직후의 수입품을
포함한 침해상품의 시중유통을 막고 침해의 혐의가 있는 관련증거의
보전을 위해 "신속하고 효과적인(Prompt and Effective)" 잠정조치
를 명령할 권한을 갖는다(TRIPs 협정 제50조 제1항)고 규정하고 있
다.312) 이는 지식재산권의 침해가 발생하는 것을 방지하기 위해 특
히 통관직후의 수입품을 포함한 상품이 관할구역 내 상거래에 유입
되는 것을 방지하기 위해 발동된다. 이 규정은 회원국 관할구역 안
에서의 상업화에 관한 행동들에 적용되고 침해물품의 수출에는 적용
되지 않는다고 본다. 뿐만 아니라 침해로 추정되는 행위와 관련하여
적절한 증거보전이 필요한 경우 발할 수 있다. 이에 따르면 예비적
조치의 범위는 침해물품 뿐만 아니라 침해를 입증하는 데 필요한 증
거까지 모두 포함되는 것으로 해석된다.313)

한편 잠정조치의 시행에 따른 조사기간과 관련하여 한국에서는 불
공정무역행위조사및산업피해구제에관한법률 제7조 제2항에서 규정을
두고 있다. 그러나 이 규정에서는 '신속하게 조사를 완료하여'라고만

회에 불공정무역행위의 중지 그 밖에 피해를 예방할 수 있는 조치를 하여 줄
것을 신청할 수 있다. ② 무역위원회는 잠정조치의 신청이 있는 경우 신속하
게 조사를 완료하여 잠정조치의 시행 여부를 결정하여야 하며, 잠정조치의 시
행을 결정한 경우에는 지체 없이 당해 행위자에게 불공정무역행위의 중지를
명하거나 그 밖에 필요한 조치를 하여야 한다. ③ 무역위원회는 잠정조치의
시행을 위하여 필요하다고 인정하는 때에는 관계 행정기관의 장에게 협조를
요청할 수 있다.

312) TRIPs 협정 제50조 제1항은 한국 불공정무역행위조사및산업피해구제에관한법
률 제4조에서 정의하는 지적재산권침해 불공정무역행위의 중지와 그 의미가
같은 것으로서 문제가 없다고 생각한다. 다만, 무역위원회의 잠정조치는 "침해
혐의에 관한 증거보존"을 위한 것은 아니고 불공정무역행위로 인한 신청인의
"회복할 수 없는 피해"를 방지하는 데 그 목적이 있다.

313) 특허청 국제협력담당관실, 전게서, 275면.

규정하고 있어 정확한 조사기간을 알 수 없다. 다만 통상적인 조사신청에 대한 조사개시 기한인 30일로 봄이 타당하다고 본다. 특히 동법 제7조 제2항에서 '신속하게 조사를 완료하여'라고 규정하고 있는 바 최종판정을 위한 조사기간 보다는 단축되어야 함이 적절하다.314)

나. 일방 절차

사법당국은 '적절하다면(Where Appropriate)' 특히 지연에 의해 권리자에게 회복할 수 없는 손해가 발생할 우려가 있는 경우 또는 증거가 파기될 명백한 위험이 있는 경우에는 다른 당사자에게 의견을 진술한 기회를 부여하지 아니하고 잠정조치를 취할 권한을 갖는다. 이는 지식재산권의 침해 상품이 당해 국가의 관할내의 상거래로 유입되는 것을 방지하기 위해 사법당국이 취할 수 있는 잠정조치이다. 지식재산권의 침해물품이 유통경로 내로 들어오는 것을 방지하기 위한 목적만을 명시하였으며 압류나 인도 등의 구체적 수단에 대해서는 기술하지 않았다. 그리고 지연으로 인해 권리자에게 회복할 수 없는 피해를 초래할 가능성이 있거나 증거훼손의 입증 가능한 위험이 있는 경우에도 같다. 일방적인 잠정조치가 취해질 수 있는 추가적인 경우가 있는지의 판단은 회원국의 몫이나, 신중한 고려가 필요할 것이며, 예외적인 경우로 다루어져야 한다.315)

다. 일방 조치의 재심사

잠정조치가 다른 당사자에게 의견을 진술할 기회를 부여하지 않은

---

314) 정진욱, "지적재산권 침해 물품에 대한 통관보류 등 잠정조치에 관한 연구", 「무역구제」 2005 - 겨울호, 산업자원부 무역위원회, 2005, 110~111면.
315) 특허청 국제협력담당관실, 전게서, 275면.

경우에 영향을 받은 당사자는 동 조치가 시행된 후 지체 없이 통지를 받아야 한다. 잠정조치의 통보 후 합리적인 기간 내에 동조치가 변경과 취소 또는 확정되어야 하는가 여부를 결정하기 위해 피고의 요청에 따라 의견을 진술할 기회를 부여하는 것을 포함한 재심사가 실시되어야 한다(TRIPs 협정 제50조 제4항). 이는 TRIPs 협정 제50조 제2항에 의거하여 당사자의 의견을 듣지 않고 잠정조치명령이 이루어진 경우에 이해관계를 가진 당사자에 대하여 잠정조치의 시행 후 지체 없이 통지를 하고 그 후 조치명령을 다툴 기회를 주어야 한다는 기본적인 적법절차를 정한 규정이다.

라. 원고의 정보제공의무

잠정조치를 시행하는 기관은 신청인에 대하여 관련된 물품의 확인에 필요한 정보를 제공하도록 요청할 수 있다. 여기서 시행기관은 회원국의 제도에 따라 다양하기 때문에 반드시 사법당국을 의미하는 것은 아니다.316) 이에 한국 불공정 무역행위 조사 및 산업 피해 구제에 관한 법률 제36조 제2항317)에서 조사관련 자료 등을 명할 수 있도록 규정하고 있는 바 TRIPs 협정 제50조 제3항을 적절하게 반영한 것으로 보인다.

마. 잠정조치 신청인의 손해배상

잠정조치가 취소되거나, 신청인의 작위 또는 부작위에 의하여 실

---

316) 김순석, 전게학위논문, 186면.
317) 불공정무역행위조사및산업피해구제에관한법률 제36조(조사 및 의견청취 등)
② 무역위원회는 이 법의 시행을 위하여 필요하다고 인정하는 때에는 당사자에 대하여 조사에 필요한 자료 또는 물건의 제출을 명할 수 있다.

효된 경우 또는 지식재산권의 침해 또는 침해의 우려가 없는 것이 그 후 인정된 때에는 사법당국은 피신청인의 신청에 의하여 신청인에게 잠정조치에 의해 받은 손해를 피고에게 적절하게 보상하도록 명령할 수 있는 권한을 가진다.

4) 국경 조치

TRIPs 협정이라는 명칭이 시사하듯 국경 조치는 협정상 주요 논의 대상 중 하나였다. 파리협약이나 베른협약 등에서는 압류를 기본적인 제재로서 각국의 의무 사항으로 하고, 다른 제재 방법은 보호국가의 법률에 위임하고 있다. 이 점에서 TRIPs 협정은 협정의 이행을 사법적으로 강제할 수 있도록 의무화하고 국경 조치에 대한 최소한의 의무 규정을 추가함으로써 기존의 조약에서 몇 걸음을 더 나아갔다고 할 수 있다. TRIPs 협정 제51조에서 제60조는 국경조치에 대한 특별요건을 규정하고 있다. TRIPs 협정은 위조상품 및 해적상품의 유통을 방지하기 위한 목적에서 개시되었기 때문에 위조상품의 유통 등을 규제하기 위해 필요한 국경조치를 취할 의무를 회원국에게 부여한 제51조는 TRIPs 협정의 핵심내용 중 하나이다.318) 이는 영업비밀을 포함한 지식재산권 침해상품의 유통에 대한 규제는 시장에서 유통되기를 기다리는 것보다 국경에서 '통과 중일 때(in Transit)' 통관을 저지하는 것이 가장 효과적이기 때문에 의미가 크다.319)

---

318) 최승환, 전게서, 484면.

319) GATT에서도 영업비밀의 침해행위 등의 침해에 대한 행위준칙(Draft Anti-Counterfeiting Code)을 채택하고자 하였으나, 실패하였다[H. Van Houtte, *The Law of International Law*, Sweet&Maxwell, 1995, pp.220~221].

가. 세관당국의 반출정지

회원국은 상표권자 및 저작권자가 위조 상표 상품(Counterfeit
Trademark Goods)[320] 또는 저작권 침해상품(Pirated Copyright
Goods)[321]의 반출정지를 사법 및 행정당국에 요청할 수 있도록 규
정하고 있다. 그러나 상표권과 저작권을 제외한 영업비밀, 특허, 지
리적 표시, 반도체 집적회로의 배치 설계권 등에 대해서는 의무규정
으로 규정하고 있지 않다. 이는 TRIPs 협정의 협상 당시 미국, EU,
일본 및 스위스는 상표권, 저작권은 물론 특허권 등을 포함한 광범
위한 지식재산권의 침해에 대응하는 절차를 마련해야 한다고 주장하
였다. 그러나 개도국은 너무 광범위하게 규제하게 되면 현실적으로
시행이 곤란하기 때문에 회원국이 의무를 부담하는 범위는 그 침해
판단이 비교적 쉬운 상표권 및 저작권의 침해상품에 한정하여야 한
다고 주장의 대립 때문이었다. 이 대립으로 결국 상표권과 저작권만
을 의무규정으로 하였고 영업비밀을 포함한 지식재산권에 대한 국경
조치가 각국의 판단으로 자의적으로 되는 것을 방지하기 위하여 임의
규정을 마련한 것이다. 또한 회원국은 지식재산권 침해상품을 수출하
는 경우에도 세관에 의한 반출정지조치에 상응하는 절차를 규정할 수
있다(TRIPs 협정 제51조). 이 경우 TRIPs 협정의 국경조치에 관한
규정에 따라야 한다는 조항이 명문으로 규정되어 있지 않고 있다. 이
로써 이 임의규정을 채택하는 국가는 거의 존재하지 않을 것이다.

---

320) 위조 상표 상품이란 특정 상품에 대하여 유효한 상표와 동일하거나 실질적인
　　 부분과 구별할 수 없을 정도로 그 상품이나 포장에 허락 없이 부착한 상표로
　　 서 그 상표가 수입국의 법률에 따라 상표권자의 권리를 침해하는 것을 말한다
　　 [최경수, 전게서, 291면].

321) 저작권 침해상품이란 생산국에서 허락 없이 복제한 상품으로서 그 복제물의
　　 생산이 수입국의 법률에 따라 저작권이나 관련 권리를 위반한 것을 말한다[최
　　 경수, 상게서, 291면].

나. 반출정지의 신청

TRIPs 협정 제51조에 따라 권리자가 관세당국에 의한 반출정지의 절차를 개시하는 경우, 권한 있는 당국에 대해 수입국의 국내법상 자신의 지식재산권에 대한 명백한 침해가 있음을 납득시키기 위한 적절한 증거를 제공하고, 관세당국이 용이하게 인지할 수 있도록 침해상품에 대한 상세한 설명을 하여야 한다. 권한 있는 당국은 합리적인 기간 내에 신청인에게 신청의 수락 여부와, 권한 있는 당국이 결정한 경우에 세관당국이 조치를 취하는 기간을 통지하여야 한다(TRIPs 협정 제52조). 권리자가 신청을 할 때에는 권리침해를 소명하여 물건을 충분히 특정하여야 한다는 것과, 신청을 받은 기관은 신청에 대해 수리 및 관세에 있어서 조치[322]의 존속기간의 통지를 하여야 한다는 것을 정한 규정이다.[323]

다. 담보 또는 동등한 보증

권한 있는 당국은 피고와 권한 있는 당국을 보호하고 또한 반출정지절차의 남용을 방지하는 데에 충분한 담보 또는 동등한 보증을 신청인이 제공하도록 요구하는 권한을 가진다. 이러한 담보 또는 동등한 보증은 동 절차의 이용을 부당하게 억제하여서는 안 된다(TRIPs 협정 제53조 제1항).

영업비밀을 포함한 상품의 자유로운 유통으로의 반출이 사법당국이나 다른 독립적 당국 이외의 결정에 기초하여 관세당국에 의하여 정지되고, 수입에 관한 그 이외의 모든 조건이 충족되는 경우에는

---

322) 구체적으로는 신청에 관한 지식재산권 침해물품의 반출의 정지를 감시하고, 동 물품을 발견한 경우에는 반출정치조치를 강구하는 것을 의미한다.

323) 김순석, 전게학위논문, 190면.

이러한 상품의 소유자, 수입자 또는 수탁자는 침해자로부터 권리자를 보호할 수 있는 충분한 금액의 담보를 예치하고 상품을 반출할 수 있는 권리가 있다. 이러한 담보의 지불은 권리자가 다른 구제조치를 이용하는 데에 영향을 미치지 아니하며, 담보는 권리자가 합리적인 기간 내에 제소권을 행사하지 못하는 경우에 반환된다(TRIPs 협정 제53조 제2항).

영업비밀, 의장, 특허, 반도체 집적회로의 배치를 침해하고 있는 물품에 대해서만 이렇게 담보납부에 의한 통관을 할 수 있는 방법을 부여한 것은 이러한 권리에 대한 침해판단이 상표권이나 저작권의 침해판단 보다도 곤란한 경우가 많으며 잘못이 발생하기 쉽기 때문이다.324) 또한 법원이나 독립된 행정기관이 결정을 행한 경우를 제외하고 있는 이유는 이러한 기관은 일반적으로 자의적, 남용적인 결정을 하지 않는다고 신뢰하기 때문이다. 이 조항은 행정당국에 의한 잘못된 결정이나 절차의 남용으로부터 피고를 구제하는 것을 중시한 규정이기 때문에 협정 제53조 제1항과는 다르며, 수입자 등에게는 정해진 담보를 납부하는 경우에 반드시 통관할 수 있도록 하는 권리를 부여하여야 한다.325)

이와 관련하여 우리나라에서는 세관의 지식재산권 침해 물품의 국경조치에 관한 담보제도에 관하여 규정하고 있으며 특별한 경우를 제외하고는 의무사항으로 되어 있다. 또한 한국 관세청 「지적재산권 보호를 위한 수출입통관사무처리에관한고시」 제4 - 1326)조에서 "역

---

324) 김순석, 전게학위논문, 191면.

325) 尾島 明, "ウルグアイラウソド協定の解說", 『米國通商關聯知的財産權情報』Vol.2 No.1, 日本輸出機械組合, 1993.5, 35〜36面.

326) 제4 - 1조(통관허용요청) ① 수출입자가 통관보류된 물품에 대하여 통관허용을 요청하고자 하는 경우에는 통관허용요청서를 세관장에게 제출하여야 한다. ② 제

담보"를 통한 통관허용요청을 규정하고 있다. 이에 반해 일본의 관세정률법 제21조의 3에서 담보에 관하여 의무사항이 아니라 세관장의 재량에 따라 그 공탁 여부가 결정되는 사안으로 되어 있어 사안에 따라서 자국 권리자를 과도하게 보호하는 결과를 초래할 수도 있다. 담보제도는 제도의 오남용을 방지하기 위한 것인바 반드시 준수되어야 함에도 불구하고 일본 관세정률법은 동 규정의 취지에 부합되지 않는 측면이 있다.

라. 반출정지의 기간

신청인이 반출정지조치의 통지를 받은 후 10일의 근무일을 초과하지 아니하는 기간 이내에 본안 판단에 이르는 절차가 피고인 이외의 자에 의해서 개시된 것이 관세당국에 통보되지 아니하거나, 또는 정당하게 권한을 가진 당국이 상품의 반출정지기간을 연장하는 잠정조치를 취하였다는 것이 관세당국에 통보되지 않는 경우에는 수입 또는 수출에 대한 다른 모든 조건이 충족되면 당해 상품은 반출되어야 한다. 적절한 경우 이 기간은 다시 10일의 근무일 동안 연장될 수 있다(TRIPs 협정 제55조).

1항의 규정에 의한 통관허용 요청자는 제공한 담보를 법원의 판결에 따라 통관보류를 요청한 자가 입은 손해의 배상에 사용하여도 좋다는 내용의 각서를 첨부하여 담보로서 제3-1조 제4항의 규정에 의한 통관보류 요청인이 제공하는 금액에 100분의 25를 가산한 금액을 법 제24조 제1항 제1호 내지 제4호의 규정에 의한 금전 등으로 세관장에게 제공하여야 한다. ③ 수출입자가 제2-3조 및 제3-2조의 규정에 의하여 통관보류된 물품에 대하여 제2-1조의 규정에 의한 상표권자 및 제3-1조의 규정에 의한 보류 요청인의 서면 동의에 의거 통관허용을 요청하고자 하는 경우에는 다음 각 호의 서류를 세관장에게 제출하여야 하며, 이 경우 제2항의 규정에 의한 담보는 제공하지 아니한다.

마. 수입자와 상품소유자의 구상

관계당국은 상품의 부당한 유지 또는 TRIPs 협정 제55조에 따라
반출되는 상품의 경우 그 유치로 인해 피해를 입은 수입자·수탁자
및 상품의 소유자에게 적절한 배상을 하도록 신청인에게 명령할 수
있는 권한을 갖는다(TRIPs 협정 제56조).

바. 검사 및 정보권

비밀정보의 보호를 저해하지 않는 범위 내에서 회원국은 권한 있
는 당국이 권리자에게 그의 주장을 입증하기 위해 관세당국에 의해
유치된 상품을 검사할 충분한 기회를 부여할 수 있는 권한을 부여한
다. 권한 있는 당국은 또한 수입업자에게도 이러한 상품을 조사할
수 있는 동등한 기회를 부여하는 권한을 가진다. 본안에 대해 긍정
적인 결정이 난 경우 회원국은 권한 있는 당국에 당해상품의 화주,
수입자의 이름과 주소, 침해상품의 수량 등을 권리자에게 통지하는
권한을 부여할 수 있다(TRIPs 협정 제57조).

사. 직권조치

회원국이 권한 있는 당국에 직권으로 조치를 취하도록 요구하는
경우와 지식재산권이 침해되고 있다는 명백한 증거가 입수된 상품을
반출정지 시키도록 요구하는 경우에는 ⅰ) 권한 있는 당국은 그 권한
행사에 도움이 될 수 있는 모든 정보를 언제든지 권리자에게 요구할
수 있으며 ⅱ) 수입자와 권리자에게 그 정지조치가 신속하게 통보되
어야 한다. 수입자가 이러한 정지조치에 대하여 이의를 제기한 경우
에는 당해 정지조치에는 제55조에 규정되어 있는 조건이 준용되며
ⅲ) 회원국은 조치가 성실하게 취해지거나 선의로 의도된 경우에 한

하여 정부당국과 공무원 쌍방을 적절한 구제조치의 책임으로부터 면제한다(TRIPs 협정 제59조).

아. 구 제

권리자에게 허용되는 여타의 청구권을 저해하지 않고, 사법당국에 의한 재심사를 청구할 수 있는 피고의 권리 존재를 조건으로 하여, 권한 있는 당국은 TRIPs 협정 제46조에 규정된 원칙에 따라 침해상품의 폐기 또는 처분을 명령할 권한을 갖는다. 위조 상표 제품의 경우, 당국은 예외적인 상황을 제외하고는 변경되지 않는 상태로 또는 다른 통관절차에 의해 침해상품을 재수출하는 것을 허용하지 않는다.

이와 같은 규정은 권한 있는 당국은 권리침해물품의 폐기 등의 조치를 취할 권한을 가져야 함을 의미한다. 예외적인 경우를 제외하고는 단순히 반환하는 것은 인정되지 않으며, 침해물품을 반환하는 것은 침해물품이 타국으로 재유입한다는 것을 의미하며 공정한 국제무역을 위해 정당화될 수 없기 때문이다.

자. 소량수입의 예외

회원국은 여행자의 개인적 휴대품에 포함되거나 소규모 화물로 송부하는 소량의 비상업적 성격의 상품은 국경조치의 적용대상에서 배제할 수 있다(TRIPs 협정 제60조).

5) 형사절차

TRIPs 협정은 회원국들에게 상표권 또는 저작권을 상업적인 규모로 고의적으로 침해하는 사건에 대하여 적용할 형사절차와 형벌을

규정하여야 한다. 이러한 제재조치는 동등한 정도의 다른 범죄에 적
용하는 형벌수준과 일치하여야 하며 지식재산권의 침해를 억제하기
에 충분한 정도의 구금 또는 벌금형이어야 한다. 형사제재조치는 침
해물품뿐만 아니라 오로지 침해행위에 사용되는 일체의 물건 또는
장치에 대한 압수·몰수 및 폐기처분을 포함하여야 한다. 상표권과
저작권 이외의 다른 지식재산권을 침해한 경우에도 그 침해행위가
고의적으로 영업상의 이득을 얻을 수 있는 규모로 행하여지고 있다
면 형사처벌 절차를 적용할 수 있으나(TRIPs 협정 제61조), 이 부분
은 강행 의무규정이 아닌 임의규정이기 때문에 각국의 법 제도에 위
임되어 있다.[327]

(5) 영업비밀보호의 관리규정

1) 분쟁예방 및 해결

TRIPs 협정 체결배경은 기존 조약의 불완전한 분쟁 예방과 해결
장치를 들 수 있다. 파리협약이나 베른협약은 분쟁의 예방과 해결을
위해서 매우 불완전한 규정을 담고 있었다.[328] 파리협약 제28조와
베른협약 제33조에 의하면 협약의 해석이나 적용에 관한 분쟁은 "협
의에 의하여 해결되지 아니한 경우에 관계 당사국이 다른 해결방법
에 합의하지 아니하는 한 어느 관계 당사국에 의하여 국제사법재판
소 규정에 따라 국제사법재판소에 회부될 수 있다"고 규정하였다.

---

327) 최경수, 전게서, 295면.

328) J. Jackson, W. Davey, and A. Sykes, *Legal Problems of International
Economic Relations*, West, 1995, p.291.

이 경우 분쟁을 회부한 국가는 국제사무국에 이를 통고하고 국제사무국은 이를 다른 동맹국에 알리도록 되어 있다. 그런가 하면 각 동맹국은 이 규정에 구속되지 않는다고 선언할 수도 있다.

물론 협의에 의한 해결이 1차적인 분쟁해결 방법으로 국제법이나 국내법이냐를 불문하고 유효한 것이나 최후의 수단에 대한 장치를 가지고 있지 않을 경우 분쟁해결 절차 전체가 무력화될 수 있다는 점을 간과해서는 안될 것이다. 파리협약이나 베른협약에 의한 분쟁 사례도 보고되지 않고 있다. 기술선진국은 지식재산권이 무역과 일정한 관계를 맺고 있음을 빌미로 이 문제를 UR에 편입시켰다. 따라서 기존 GATT의 분쟁해결 절차를 개선하면서 이를 TRIPs 협정에 반영하려 했던 것이다. 이로 인하여 지식재산권 분쟁이 무역 분쟁의 하나로 다뤄지면서 분쟁 사례가 증가할 것으로 예상되며, 이는 각국의 사법제도에도 적지 않은 영향을 미칠 것이다. 이하에서는 TRIPs 협정에서 지식재산권 분쟁예방과 해결을 위한 규정들을 살펴보고자 한다.

가. 분쟁예방

① 법령의 공표

TRIPs 협정 제63조는 협정의 대상에 관하여 회원국이 시행하는 법령, 최종적인 사법상의 결정 그리고 일반적으로 적용되는 행정결정은, 회원국의 정부 및 권리자가 그 내용을 알 수 있도록 하는 방법으로 자국의 언어로 공표된다. 이러한 공표가 실제적으로 가능하지 아니한 경우에는 공개적으로 입수 가능하도록 한다. 이 협정의 대상에 관해 회원국의 정부 또는 정부기관 간에 시행되는 협정도 공표되어야 할 것이다(TRIPs 협정 제63조 제1항).

이는 국제적인 기업 활동의 예측가능성을 높이고 회원국 간의 분쟁을 예방하기 위하여 지식재산권에 관한 회원국의 법령이나 판례 등의 정보공개의무에 대해 규정하고 각국의 지식재산권제도의 투명성을 확보하고자 하는 데에 목적이 있다. 또한 이 조항이 대상으로 하는 것은 어디까지나 제정된 법령 등에 한하며 아직 법안 등의 단계로부터 정보를 다른 회원국에게 공개하여야 하는 의무를 부과하고 있는 것은 아니다.329)

② TRIPs 위원회에 대한 통보의무

회원국은 TRIPs 위원회가 이 협정의 운영을 검토하는 데에 도움이 되도록 이러한 법령들을 TRIPs 위원회에 통보하여야 한다. 이에 TRIPs 위원회는 회원국의 부담을 최소화하도록 노력하여야 하며 이러한 법령에 대한 공동의 등록 제도를 마련하는 데 있어서 WIPO와 합의가 성립한 경우에는 당해 법령을 위원회에 직접 통보하는 의무를 면제할 수 있다(TRIPs 협정 제63조 제2항).

③ 회원국에 대한 정보제공의무

각 회원국은 다른 회원국의 서면요청에 따라 협정 제63조 제1항에서 언급된 종류의 정보를 제공할 준비가 되어 있어야 한다. 지식재산권 분야에 있어서의 특정한 사법판결이나 행정결정 또는 양자협정이 TRIPs협정상의 자국의 권리에 영향을 미친다고 믿을 만한 이유가 있는 회원국은 이러한 판결, 행정결정, 또는 양자 협정에 대한

---

329) 김순석, 전게학위논문, 204면.

접근이나 상세한 정보제공을 당해 회원국에게 서면으로 요청할 수 있다(TRIPs 협정 제63조 제3항).

④ 비밀정보의 보호

지식재산권 분쟁예방을 위해 TRIPs 협정은 각 회원국에게 투명성을 요구하고 있지만 비밀정보의 공개까지 요구하는 것은 아니다. 즉 TRIPs 협정 제63조 제4항에서는 법 집행을 방해하거나, 공익에 반하거나, 특정한 기업에 정당한 상업적 이익을 침해하는 성격의 비밀정보에 대해서는 공개의무가 없는 것으로 규정하고 있다.

나. 분쟁해결

최근 국제 간에 있어 지식재산권에 관한 분쟁이 빈발하고 있다.[330] 바이오 기술이나 의약품, 정보 기술의 특허를 둘러싼 분쟁, 브랜드 제품에 대한 위조품 상품의 분쟁이 대표적인 사례이다.[331] 이러한 각 국가 간 지식재산권 분쟁은 향후에 더욱더 빈번하게 발생할 것으로 생각된다. 이에 WTO 설립협정은 상품의 교역을 규율하는 GATT, 서비스무역을 규율하는 GATs(General Agreement on the Trade in Services: 이하 GATs라 칭함) 및 지식재산권의 무역 관련 측면을 규율하는 TRIPs 협정 등의 실체적 규정에 관한 분쟁을 WTO의 장에서 해결하는 때에 적용되는 절차규정으로서 분쟁해결양

---

330) 국가 간 혹은 기업들 간 국제지식재산권 분쟁이 발생하는 주요 원인은 국가 간에서 지식재산권 제도의 격차 때문이다. 국내에서는 각각 독립적인 지적재산권제도가 존재하고 있고, 또 국제 간에 있어서도 그러한 조화가 도모되고 있지만, 실제로 이를 예방하기에는 현실적인 어려움이 있다[金野 和弘, "國際知財紛爭の現狀分析", 『第10回 公共選擇學會 學術發表資料』, 公共選擇學會, 2006. 6, 1面].

331) 金野 和弘, 上揭論文, 1面.

해(DSU)를 창설하였다.332)

TRIPs 협정 제64조 제1항은 협정에서 특별히 정하지 않는 한, TRIPs 협정상의 권리의무를 둘러싼 분쟁해결에 관해서는 GATT 제22조와 제23조 및 전술한 분쟁해결양해를 적용한다는 취지를 규정하고 있다. DSU 제1조 제1항 및 DSU의 부속서1에서도 이 절차가 TRIPs 협정상의 협의(Consultation) 및 분쟁해결의 규정에 기초하여 제기된 분쟁에 대해 적용되는 것으로 규정되어 있다.

지식재산권에 관한 분쟁에 대해 GATT의 분쟁해결절차를 이용하는 것이야말로 선진국이 UR협상에서 지식재산권의 보호문제를 포함하여야 한다고 강력하게 주장해 왔던 중요한 이유였다. 즉 경제선진국은 파리조약이나 베른조약 등 기존의 WIPO 소관의 지식재산권조약의 경우에 그 위반에 대해서 제재조치를 취할 수 있는 규정이 없기 때문에 실효성 있는 이행수단을 결여하고 있다고 보았다. 따라서 지식재산권 보호의 문제를 GATT의 일부로 포함시킴으로써 그 위반에 대해 GATT 제23조 제2항의 무역제재조치의 발동을 할 수 있도록 함으로써 협정의 실행수단을 확보하고자 한 것이다.333) 개도국이

---

332) WTO의 DSU는 회원국들이 WTO의 규범을 준수하도록 하고, 그 위반에 따른 제재와 관련이 있다[Wifred J. Ethier, "Intellectual Property Right and Dispute Settlement in the World Trade Organization", Cambridge University Press, 2005, p.854]. DSU는 회원국이 의무를 준수하지 않을 경우 보복적 양허의 철회가 가능하다. 따라서 최소한 정책적 측면에서 볼 때 무역협정 위반을 지연시킬 수 있는 제재를 도모하여 협정의 준수를 확보하는 것이라고 볼 수 있다. 이러한 제재는 자국의 무역이익이 무효화되거나 침해되었을 때 피해의 정도만큼 보복적 제재를 이행할 수 있음을 의미한다[Eric W. Bond & Staiger, *The Economics of International Trade Agreements and Dispute Settlement with Intellectual Property Rights*", Cambridge University Press, 2005, pp.838~839].

333) 왜냐하면 분쟁해결기구에 의해서 사실 확인을 포함한 '재심리'를 통해 시정되지 않을 경우 TRIPs 협정 전체에 예측가능성과 신뢰성에 부정적인 영향을 미치게 된다. 이로부터 발생하는 구체적인 문제점에 관해서는 Joost Pauwelyn,

당초 UR협상에서 지식재산권 보호의 문제를 논의하는 데에 반대하였던 가장 큰 이유도 결국 GATT의 분쟁해결절차가 적용되게 되면 위반에 대해서 무역제재조치가 부과되는 것을 우려하였기 때문이다.334) 최종적으로 TRIPs 협정 제64조가 포함되게 되었으며 선진국이 추구했던 것처럼 TRIPs 협정에 관한 분쟁에 GATT 제22조와 제23조를 적용할 수 있게 되었다.335) 이러한 의미에서 TRIPs 협정 제64조 제1항은 협정 가운데 핵심조항이기도 하다.336)

2) 경과조치

개도국은 TRIPs 협정 발효 후 1년 동안의 일반적인 유예기간 이외에 추가로 4년간의 시행유예기간을 갖는다.337) 따라서 개도국의 경우에는 WTO 설립협정 발효 후 최대한 5년간의 시행유예기간을 갖게 되어 2000년 1월부터 적용되게 되는 것이다.

협상 중에 개도국은 10년간의 경과기간을 요구하였는데, 그 근거는 섬유 협정 중에 경제선진국에 10년간의 경과기간을 부여하는 규

“Options for Implementing a Remand Process in the WTO Dispute Settlement, International Centre for Trade and Sustainable Development”, *ICTSD Working Paper,* 2006, pp.6~15. 참조.

334) 실제로 TRIPs는 최소보호수준(Minimum Standards of Protection)을 기본원칙으로 함에 따라, 주로 개도국의 국내법 개정을 요구하는 경우로 이어지기 때문에 개도국의 협정위반 여부에 관한 지식재산권분쟁이 많다는 것이 특징이다 [성재호, “WTO체제하의 지적재산권분쟁”, 『국제법학회논총』 제82호, 대한국제법학회, 1997.12, 86면].

335) 김순석, 전게학위논문, 207면.

336) 최경수, 전게서, 299면.

337) 尾島 明, “ウルグアイラウソド協定の解說”, 『米國通商關聯知的財産權情報』 Vol.2 No.3, 日本輸出機械組合, 1993.9, 47面.

정이 있었기 때문에 **TRIPs** 협정에서도 10년간의 경과기간을 부여하
여야 한다는 것이었다. 그러나 섬유 협정과 **TRIPs** 협정과는 어떠한
논리적인 연관성이 있었던 것은 아니며 정치적 균형의 관점에서 주
장되었다. 선진국들은 10년은 너무 장기간이라고 하는 데에 의견을
일치하였다.338)

이와 더불어 개도국은 아니지만 경제체제가 전환과정에 있는 국가
의 경우에도 개도국과 마찬가지로 5년간의 유예기간을 적용 받기 때
문에 개도국과 동일한 적용을 받도록 하고 있다. 다만 이들 국가의
경우는 다음의 세 가지 조건을 만족시켜야 한다. 첫째, 중앙계획경제
에서 자유시장경제체제로 전환 중이어야 하며 둘째, 지식재산권제도
의 구조적 변혁을 시행 중이어야 하고 셋째, 지식재산권법의 준비·시
행에 있어서 특별한 문제에 직면하고 있어야 한다는 것으로서 동유
럽 국가들을 염두에 두고 설치된 규정이다.339)

3) 기존 대상물의 보호

가. 법률불소급의 원칙

법률은 소급해 민사상의 손해배상이나 형사 제재를 가하지 않는
것이 원칙이다. 이러한 원칙은 일정한 경우 예외가 허용된다. 이해당
사자에게 이익이 되는 예외는 민사법이나 형사법에서 모두 인정하고
있는 것이다. **TRIPs**협정에서도 법률불소급의 원칙을 그대로 수용하

---

338) 개도국에 대한 경과규정은 다분히 추상적이고 선언적인 성격을 가지며, 지식재
　　산권의 보호수준 등에 관한 실체법적 권리의무를 개도국에 달리 적용하는 것
　　이 아니라 단순히 일정기간 동안 협정의 적용을 연기하도록 한 것에 불과하다
　　는 비판이 있다[함정민, 전게논문, 95면].

339) 김순석, 전게학위논문, 202면.

고 있다. 즉 당해 회원국에 대한 협정 적용일 이전에 발생한 행위에 대하여 의무를 발생시키지 않는다는 것이다.340) 특정행위가 협정 적용일 이후에도 계속된다면 그 이후의 행위에 대하여는 이 조항이 적용되지 않는다고 할 수 있다. 다만 TRIPs 협정 제70조 제4항은 협정 적용일 전의 행위가 계속되어 적용일 이후 침해행위가 되는 경우 이를 위하여 WTO 협정 발효일 이전에 상당한 투자를 한 때에는 그 행위를 계속하더라도 그 침해행위에 대한 구제 방법에 제한을 가할 수 있다. 구제 방법을 제한하더라도 정당한 보상은 하도록 규정하고 있다(TRIPs 협정 제70조 제4항).

나. 소급보호

소급보호는 협정 적용일 당시에 이미 존재하고 있는 보호대상에 대한 처리 문제라 할 수 있다. 즉 어느 회원국이든 다른 회원국에서 보호되고 있는 특허 발명이나 저작물 등에 대하여 그 다른 회원국에서와 마찬가지로 아니면 적어도 협정에서 예정하고 있는 내국민대우와 최혜국대우의 원칙에 따라 보호하여야 하는 여부에 관한 것이다. 이것은 어느 회원국에서는 종전에 보호하지 않던 특허 발명이나 저작물 등에 대하여 새로이 보호를 해주어야 하는 독특한 의미의 소급보호라 할 수 있다.341)

---

340) 협정 규정은 특정행위가 침해이기는 하나 구제방법을 제한하고 있는바, 이 보다는, 정당한 보상을 통해 면책하도록 규정하는 것이 이론적으로 바람직한 것 같다[최경수, 전게서, 304면].

341) 소급보호와 소급효는 다른 의미이다. 법률은 시행일 이후에 적용되는 것이 원칙이고 이것이 법률불소급의 원칙인 것이다. 소급효는 이러한 법률불소급의 원칙과 관련된 용어로서, 법률의 소급효라 할 때 법률 전체의 규정을 법률 시행 전으로 거슬러 올라가 효력이 생기도록 하는 것을 말하며 법률불소급 원칙의 예외인 것이다. 반면, 소급보호(Retroactive Protection)란 주로 저작권 분야에

다. 선의의 투자자 보호

TRIPs 협정에 의해 정비된 새로운 국내법에 의해 특정한 행위가 침해행위로 되는 경우에 있어서 그러한 행위가 계속적인 것으로서 당해 회원국이 WTO 설립협정을 수락하기 이전에 이루어진 것이거나 이미 상당한 투자가 행하여진 경우에 회원국은 TRIPs 협정의 적용으로 인한 구제방법을 제한할 수 있다. 다만 이때에도 회원국은 권리자에게 적어도 적절한 보상액을 지불하도록 규정하여야 한다 (TRIPs 협정 제70조 제4항).

4) TRIPs 위원회

TRIPs 위원회는 WTO설립협정 제4조 제5항에 의해 설치된 WTO의 필요적 기관이다. WTO의 일반이사회(General Council)의 지침에 따라 활동하며 TRIPs협정 시행을 감독하고, TRIPs 협정에 의해 부여된 임무를 수행한다. 또한 TRIPs 위원회 구성원의 지위는 모든 회원국의 대표에 대하여 개방되어 있다.

TRIPs 위원회의 권한과 기능은 제68조에서 규정하고 있다. 즉 TRIPs 이사회는 협정의 운영 및 회원국의 의무 준수를 감시하고 지식재산권의 무역관련 측면에 관한 문제에 대하여 회원국에게 협의의 기회를 제공한다. 이사회는 회원국이 부여한 다른 책무를 수행하고 특히 분쟁해결 절차와 관련하여 회원국이 요청하는 지원을 제공한다. 이사회는 그 기능을 수행하기 위하여 적절하다고 보는 어느 곳과도

서 사용하는 용어로서 법률이나 협약에 의하여 그 법률이나 협약의 효력 발생일 당시에 존재하는 보호대상을 '소급적으로' 보호해주느냐 여부에 관한 문제라고 할 수 있다. TRIPs 협정에서 '기존 대상물의 보호'라는 제목을 붙인 것은 소급보호의 다른 표현이라 할 수 있다.

협의하고 그곳에 정보를 요청할 수 있다. 이사회는 WIPO와 협의하는 경우 최초 회기 후 1년 내에 그 기구의 기관과의 협력을 위한 적절한 약정을 체결하도록 노력한다.342)

5) 국제협력과 기술협력

회원국은 지식재산권을 침해하는 상품의 국제적 교역을 저지하기 위하여 상호 협력하여야 한다. 이를 위하여 회원국은 국내의 행정기관에 연락소를 설치하고 이를 통보하여야 하며 침해상품의 교역에 대한 정보를 교환할 수 있도록 준비하여야 한다. 특히 회원국은 상표권 및 저작권 침해상품의 교역에 대한 관세당국 간의 정보교환과 상호협력을 촉진하여야 한다(TRIPs 협정 제69조). 여기서 상표권과 저작권을 침해하는 제품에 한정시킨 것은 TRIPs 제51조에 의해 국경에서 이러한 제품에 대해 통관정지조치를 취하는 것이 의무로 되어 있기 때문이다.

이와 더불어 TRIPs 협정은 협정의 시행을 촉진하기 위하여 경제선진국은 개도국과 최빈국을 위해 요청에 응하거나 상호 합의된 조건에 따라 기술과 재정상의 협력을 제공하도록 하고 있다. 이러한 협력은 지식재산권의 남용의 방지뿐만 아니라 지식재산권의 보호와 시행 등에 관한 법령의 정비에 대한 지원, 인력의 훈련 및 지식재산권 문제와 관련된 국내기관의 설립 또는 강화에 관한 지원을 포함한다(TRIPs 협정 제67조). 이는 선진국이 개도국과 최빈국에 대하여 지식재산권 분야에 있어서 기술적 · 재정적으로 지원하여야 하는 의

---

342) TRIPs는 1995년 WIPO와 상호협조에 관한 협정을 체결한 바 있다.

무를 부과한 규정이다. 개도국은 UR협상을 하면서 TRIPs협정은 단지 선진국의 이익을 위한 협상이라는 인식이 있었지만 최종적인 UR의 제협정을 전체적으로 보면 개도국에게도 유익한 점이 많기 때문에 WTO설립 협정을 포괄적인 것으로 수용하기에 이른 것이다.

6) 국가안보를 위한 예외조치

국가의 존립은 주권 국가의 기본적인 권리이다. 주권의 독립이니 자결권이니 하는 것도 국가의 존립을 전제로 한다. 국제무역은 이러한 국가의 존재이유에 배치해서는 안 된다. GATT 제21조는 국가안보에 대한 예외를 인정하고 있는바 TRIPs 협정 제73조는 이를 수용하고 있다. 따라서 회원국은 ⅰ) 본질적으로 안보상의 이익에 반하는 정보를 공개하지 않은 경우, ⅱ) 핵분열 물질 혹은 이에서 추출되는 물질에 관련된 조치, 무기 거래에 관련된 조치 및 전시나 국가비상사태에 따른 조치를 취하는 경우, ⅲ) 국제평화와 안전의 목적으로 UN헌장에 따른 의무 이행을 위한 조치를 취하는 경우 등 세 가지는 TRIPs 협정 위반이 되지 않는다(TRIPs 협정 제73조).

7) TRIPs 협정의 검토와 개정

가. TRIPs 협정의 검토

TRIPs 위원회는 WTO 설립협정의 발효일로부터 개도국의 경과기간인 5년이 지난 2000년 1월 1일부터 TRIPs 협정의 이행상황을 검토해 오고 있다. TRIPs 위원회는 동 협정의 이행과정에서의 경험을 고려하여 그 이후 매 2년마다 TRIPs 협정을 검토하여야 한다. 또한

TRIPs 위원회는 TRIPs협정의 수정이나 개정을 정당화하는 새로운 진전사항을 고려하여 협정을 검토할 수 있다(TRIPs 협정 제71조 제 1항). 이는 회원국에 의한 TRIPs 협정의 이행상황을 검토하고 또한 협정의 제규정이 그 동안의 상황의 변화에 대응하고 있는가 여부를 검토하고자 하는 취지이다. 뿐만 아니라 협정의 개정을 요하는 새로운 기술의 진전이나 사회상황의 변화가 있는 경우 협정을 개정할 수 있도록 규정하고 있는데 이는 매 2년마다 이루어지는 정기적인 검토작업과는 별개로 이루어질 수도 있을 것이다.343)

나. TRIPs 협정의 개정

TRIPs 협정은 WTO 설립협정의 부속서로 규정되어 있기 때문에 그 개정절차는 WTO 설립협정의 개정절차에 따라야 한다. 즉 WTO 설립협정 제10조에 규정되어 있는 개정절차에 의거하여야 한다. 먼저 회원국 내지 TRIPs 이사회에 의해서 개정안이 각료회의에 제출되면 각료회의에서는 개정안이 회원국에 대하여 수락되기 위하여 송부되었다는 취지의 결정을 한다. 이 결정은 개정안이 각료회의에 제출된 후 원칙적으로 90일 이내에 컨센서스(Consensus)방식344)으로 행해진다. 이 기간 내에 컨센서스에 도달하지 못하는 경우에는 각료회의에 의해 회원국의 3분의 2 이상의 다수에 의한 의결로써 개정안을 회원국에 대하여 수락하기 위해 송부할 것인지 여부를 결정하는 것으로 이루어진다. 마지막으로 송부하기로 결정이 된 경우에는 회

---

343) 尾島 明, 前揭論文, 2面.

344) 컨센서스(Consensus) 방식이란 WTO설립협정 제9조 제1항의 각주에 정의되어 있는 것으로 "회의에 출석하고 있는 어떠한 회원국도 그 결정안에 정식으로 반대하지 아니하는 경우"라고 규정하고 있다.

원국에 의해 개정안이 수락되어 효력이 발생되는 절차로서 회원국의 권리의무를 변경하는 개정인 경우에는 회원국의 3분의 2가 수락한 때에 수락한 회원국에서 효력이 발생한다. 그 이외 회원국에 대해서는 각각 수락한 때에 효력이 발생하며 TRIPs 협정 제4조(최혜국 대우)의 개정은 모든 회원국이 수락하여야만 효력을 발생한다. 그리고 회원국의 권리의무를 변경하지 않는 개정의 경우에는 회원국의 3분의 2가 수락한 때에 모든 회원국에서 효력을 발생한다.345)

그러나 이러한 원칙적인 개정절차와는 별도로 TRIPs 협정 제71조 제2항에서는 일정한 요건을 만족시키는 경우에는 정식 개정 절차를 거치지 아니하고 개정할 수 있도록 하고 있다. 즉 지식재산권의 보호수준을 높이는 것만을 목적으로 하여 개정하는 경우, 다른 다자간 협정에서 달성되고 또는 그 협정이 발효되고 있는 경우, 그 협정이 모든 WTO 회원국에 의해 수락된 경우, TRIPs 위원회가 컨센서스 방식에 의해 각료회의에 회부하기로 결정한 경우 등 네 가지 요건을 만족시키는 경우이다.

(6) TRIPs 협정의 의미와 과제

TRIPs 협정은 기존의 지식재산권협약과 달리 영업비밀을 포함한 새로운 지식재산권에 대한 일반적인 쟁점들을 취급하는 것이 아니라 국제무역제도의 근본적인 변화를 반영한 것이라는 측면에서 의의가 있다.346) 그러나 WTO 체제 내에서의 영업비밀 보호는 조약상의 의무위반에 대해 일방적 보복조치를 취하는 것을 가능하게 함으로써

---

345) 특허청 국제협력담당관실, 전게서, 371면.
346) 김성준, 『WTO법의 형성과 전망』, 삼성출판사, 1996, 454면.

결국 미국과 같은 기술선진국의 국내기준에 따라 각국의 국내법을 통일시키는 결과를 초래하는 측면이 있을 수 있다. 둘째, TRIPs 협정은 '국제협약 플러스' 방식을 채택함으로써 기존의 지식재산권협약들과 일관성을 유지하고자 한다는 점에서 의미가 있다. 셋째, TRIPs 협정에서 채택된 기본원칙들과 최소한의 기준들은 국내법과 조화롭게 통일됨으로써 국내정책을 위한 적극적 기준을 제시하고 자유무역의 확대에 기여한다는 점에서 의미가 있다.347) 최소한의 기준보장은 각국의 입법재량을 제한하는 것을 의미하나 최소한의 기준이상의 보호는 각국의 재량사항이다. 그러나 경제적·기술적 여건이 상이한 국가들에 대해 통일된 기준을 적용하는 것이 바람직한가에 대해서는 신중한 검토가 있어야 할 것이다. 넷째, TRIPs협정은 회원국의 지식재산권 보호수준을 높임으로써 결과적으로 공정무역을 지향한다는 데에 의미가 있다. 그러나 경제 및 사회개발이 절실히 요구되는 개도국 또는 후진국의 경우에는 경제적인 여건차이와 무관하게 지식재산권 보호수준을 강화하는 것은 실질적인 공정성에 반한다는 문제가 있다.348) 다섯째, 지식재산권은 개인의 권리, 즉 사권(私權)으로서의 특징을 갖는데 TRIPs협정은 외국인의 권리를 조약으로 보장하는 데 의미가 있다. 여섯째, 반경쟁행위 또는 경쟁제한행위의 통제에 관한 TRIPs협정 규정은 국제공정무역을 위한 경쟁법 또는 독점금지법의 적용문제를 포함하고 있다. 지식재산권분야에 관한 TRIPs 협정상의 공정경쟁규범은 다자 간 무역체제의 중심이 자유무역에서 공정무역

---

347) Jagdish N. Bhagwati and Robert Hudec, *Fair Trade and Harmonization*, Vol. 2, MIT Press, 1996, p.42.

348) 미국, 일본, EU 등 각국에 입장에 관한 논의는 高倉成男, 『知的財産權法制と國際政策』, 有斐閣, 2001, 153~154面 참조.

으로 이전되고 있는 추세를 반영하고 있음을 의미한다.349) 이렇듯 TRIPs 협정은 지식재산권의 국제적 조화의 관점에서나 무역 통상적인 관점에서나 획기적인 것임에 틀림이 없다.350) 이로써 TRIPs 협정의 성립은 영업비밀을 비롯한 지식재산권 전반을 보완할 수 있는 중요한 규범이 되었다. 그럼에도 불구하고 TRIPs 협정 자체는 물론 영업비밀 보호와 관련하여서도 여전히 여러 가지 산적한 문제점이 남아 있다.

먼저 TRIPs 협정의 성립으로 WIPO와의 관계 정립이 요구되었을 뿐만 아니라 상호 간의 조화적인 적용 문제가 중요한 문제 중 하나이다. WIPO는 정부 간 국제기구이자 국제연합의 전문기관으로 국제적인 보호를 설정하는 조약,351) 국제적인 보호를 용이하게 하는 조약,352) 분류제도와 이를 개선하고 갱신하기 위한 조약353) 등을 관장한다. 다만, WIPO 관련조약의 기본적인 입장은 지식재산권에 관한 법제의 방침은 각 가맹국이 결정하고 국제조약이나 국제기관은 각 가맹국에 있어 지식재산권 법제의 방침에 관해서는 간섭하지 않는다고 하는 것이었다. 이 점에 비추어 볼 때 국제조약만으로 가맹국의 지식재산권에 대한 법적 보호수준의 차이를 감소시키고 조화를 꾀한다고 하는 것은 불충분하다.354) 또한 종래의 국제조약에서 가맹국이

---

349) 함정민, "무역관련지적재산권협정", 『국제법평론』 통권 제2호, 삼우사, 1994, 95면; 최승환, 『국제경제법』, 법영사, 2006, 455~456면.
350) 김성준, 전게서, 453면.
351) 상품의 출처허위표시 방지를 위한 마드리드협정과 원산지 명칭의 보호를 위한 리스본협정이 해당된다.
352) 표장의 국제등록에 관한 마드리드협정, 원산지명칭의 보호와 국제등록을 위한 리스본 협정, 부다페스트조약, 산업디자인에 관한 헤이그 협정 등이 해당된다.
353) 상표의 도형요소의 국제분류 확립에 관한 비엔나협정 및 산업디자인의 국제분류 확립에 관한 로카르노협정이 해당된다.

그 법률을 준수하지 않는 경우에 이를 제재할 규율내용을 준수하게 할 집행력, 즉 강제성이 불충분하다는 지적이 있다.355) 이에 반해 WTO/TRIPs 협정은 파리협약과 베른협약 등 주요 국제규범을 준수하도록 의무화하거나 특정규정을 준용한다는 규정을 두고 있다(TRIPs 협정 제2조). 그러나 이에 대해 개도국은 WIPO하의 기존 지식재산권 관련 협약을 준수하도록 하는 의무만을 부과하면 충분하다는 입장이었던 반면 경제선진국은 TRIPs 협정이 기존 조약의 불충분한 부분을 보완할 필요가 있다고 주장하였기 때문이다. 이로 인하여 TRIPs 협정과 WIPO의 관계는 협상 과정에서부터 문제가 되었다. 1994년 4월 15일 협정문은 선진국의 입장을 따른 것인데 TRIPs 협정문에 따르면 WTO법은 현존하는 WIPO 협약보다 우월적 지위를 차지한다. 만약 두 제도 간에 충돌이 일어난다면 비엔나 조약법 협약 제30조(동일한 주제에 관한 승계적 조약의 적용)의 규정에 따라야 할 것이다. 한편 TRIPs 협정은 "국제 협약 플러스 방식"을 따르고 있기 때문에 양 제도의 상호협조와 의존은 불가피할 것으로 보인다.

그러나 WTO체제 내에서의 지식재산권 보호는 조약상 의무를 위반한 체약국에 대하여 경제적 손실을 입었다고 주장하는 미국 등이 일방적 통상보복조치를 취할 수 있도록 허용함으로써 결과적으로 WIPO중심의 기존 국제규범의 대원칙으로 되어 있는 내국민대우원칙을 침해할 수 있다는 비판이 제기될 수 있다. 한편 100여 년 전부터 WIPO를 중심으로 지식재산권의 국제적 보호를 주도해 온 유럽

---

354) 松下滿雄, 『國際經濟法』, 有斐閣, 1996, 153面.

355) 박철수 · 이영수 · 권순국, "지적재산권 관련 국제기구에 관한 고찰", 『논문집』 제4집, 경북외국어테크노대학, 1998. 12, 159면.

선진국들은 지식재산권보호에 관한 WTO중심의 새로운 국제규범의
마련이 WIPO의 지식재산권보호와 중복된 작업이며 지식재산권에
대한 전문지식과 전문가를 충분히 확보하고 있는 WIPO를 중심으로
국제규범을 운영해 나가는 것이 바람직하다는 입장도 밝힌바 있
다.356) 그러나 TRIPs 협상의 채택으로 지식재산권보호에 관한 국제
법상 관할권이 WTO와 WIPO로 크게 양분된 것은 사실이지만 이들
두 국제기구가 상호 간에 배타적이라고는 할 수 없다. TRIPs 협상의
서문에서 "GATT와 다른 관련 국제기구뿐만 아니라 WIPO와의 상
호 협력하는 관계를 확립하기를 희망하며"라고 기술하고 있듯이 동
협정은 지식재산권에 대해 WIPO가 그 동안 수행한 업적을 인정하
면서 WIPO가 가진 결함을 보완하고 있으나 이의 모든 결함은 체계
적으로 보완하는 새로운 체계는 아닌 것이다. 결국 TRIPs 협상은
WIPO관할 각 조약을 혼합한 것이라고 할 수 있고 TRIPs 협상의
성립으로 WIPO의 권위가 훼손된 것으로 볼 수 없다.

TRIPs 협상을 통한 WTO체제에서의 지식재산권보호는 무역관련
지식재산권에 국한되어 있기 때문에 지식재산권보호에 관해 보다 일
반적인 WIPO체제에 대한 특별관계로 인정될 수 있을 것이다. 적어
도 지식재산권 보호가 기술개발과 기술이전357)을 촉진함으로써 개발
도상국을 포함한 모든 회원국에게 이익이 되는 것이라면 지식재산권
의 보호에 있어서 두 국제기구는 상호보완적인 경쟁관계를 유지하여

---

356) 임순철, 「국제지적재산권 보호체제의 변화와 분쟁해결에 관한 연구」, 청주대학
교 박사학위논문, 1999, 92면.

357) 기술선진국과 개도국 등과의 기술이전에 관한 자세한 논의는 北川善太郎,『技
術革新と知的財産權法制』, 有斐閣, 1992, 96~124面; 박형래·박건영,
"국가별 지적재산권 보호 수준 결정 요인에 대한 실증분석", 『국제통상연구』
제12권 제1호, 한국국제통상학회, 2007, 65면 이하 참조.

야 할 것이다.358) TRIPs 협정이 영업비밀 보호를 포함한 지식재산권에 관하여 큰 발전을 이룩하였다고 하는 것도 실제로는 WIPO가 그 동안 수행한 업적에 근거하기 때문이다. TRIPs협정의 발전과 이에 관한 WTO의 역할 수행에도 불구하고 WIPO는 지식재산권의 실체법적 발전에 중요한 역할을 계속 수행하여야 할 것으로 생각된다. TRIPs 협정은 과거에 존재한 파리협약 등 국제조약들의 한계를 극복하고 지식재산권 보호의 새로운 기준을 제시했다는 점에서 의의가 있다. 즉 TRIPs 협정은 지식재산권의 국제적 조화의 관점에서나 통상정책의 관점에서 획기적이라고 할 것이다. 그러나 TRIPs 협정이 가지고 있는 산적한 문제들이 존재하는 것도 사실이다. 국제적 조화의 관점에서 보면 TRIPs 협정은 지식재산권의 권리수준에 관해 지켜야 할 국제적 표준을 확립하고 또한 권리행사의 법적 절차에 관해서도 각국이 지켜야할 기준이 필요하다.359) 이는 지식재산권제도의 국제적 조화의 움직임이지만 장래 WTO에서 행해질 것으로 전망되는 다른 면에서 경제제도의 조화의 선례가 될 것으로 생각된다. WTO의 큰 관심사이지만 논의에서 벗어나 있는 영업비밀 보호는 지식재산권 제도의 조화 문제 이상의 곤란한 문제일 것이나 지식재산권분야에서 어느 정도 조화가 이루어졌다는 사실은 다른 분야의 조화의 지침이 되는 것이다. 더구나 TRIPs 협상과 관련하여 영업비밀 보호를 비롯한 여러 분야에서 경제선진국인 미국과 EU의 주도로 진행되었다. 이는 미국과 EU는 넓은 시장과 강한 권력을 토대로 WTO의 운영에 상당한 영향력을 발휘할 수 있었다. 이러한 경제 강대국들의 힘의 발휘는 국제레짐(Global Regime) 운영의 시초인 새로운

---

358) 박철수 · 이영수 · 권순국, 전게논문, 159면.
359) 김성준, 전게서, 453면.

의제를 선정(Agenda Setting)할 때 가장 크게 나타났다.360) 개도국
으로서는 영업비밀 보호 규정과 관련하여 불만족이 있을 것이나 농
업 등 기타 다른 분야에서 자국에게 유리한 조건을 획득한다면 영업
비밀 보호에 대해서 양보가 가능할 것이다. 따라서 다른 분야에서의
조화를 행하는 경우에도 UR에서처럼 포괄적 협상과 일괄수락방식이
필요할 것이다. 특히 영업비밀 보호와 관련해서는 미국이 역외에서
의 적용을 입법화함으로써 TRIPs 협정의 본연의 의미와 배치된다는
비판이 있으나, 영업비밀 보호 강화를 위한 규정의 필요성이 요구되
는 것이 사실이다. 한편 TRIPs 협정의 결과 기술선진국의 일방조치
제한, 제도국의 협상참여 동기를 구성하던 기술이전의 촉진, 국내 지
식재산권 보호와 협정시행의 조화 등이 과제로 떠오르고 있다. 추후
과제와 관련하여 WTO체제가 TRIPs 협정의 미해결 과제뿐만 아니
라 전반적인 추후과제인 무역과 환경, 무역과 노동, 영업비밀과 경쟁
법 등 다수의 문제들의 해결이 필요하나, 아직 처리하지 못한 것도
사실이다. 따라서 앞으로는 WTO 이외에도 WIPO나 OECD 등 기
타 적절한 장(Forum)을 통하여 영업비밀 보호 등 핵심사안을 중심
으로 논의되어야 할 것이라고 생각된다.

---

360) Steinberg, Richard H., "In the Shadow of Law Power?: Consensus - Based
 Bargaining and Outcomes in the GATT/WTO", *International Organization*,
 Vol.56, No.2, 2002, pp.339~374.

Ⅱ. 영업비밀보호에 관한 각국의 입법례

영업비밀 보호의 방법에 관한 법제는 크게 두 갈래로 나눌 수 있다. 첫째는 영업비밀의 재산권성을 부정하되 비밀침해의 부정성을 이유로 침해행위의 금지와 침해로 인한 손해의 배상을 인정하는 경쟁법적 접근방식이고 다른 하나는 영업비밀을 새로운 지식재산권의 하나로 인정하여 이를 배타적으로 보호하는 지식재산권법적 접근방식이 존재한다.361) 뿐만 아니라 각국은 영업비밀 보호를 위해 다양한 법제를 가지고 있다. 부정경쟁방지법, 통일영업비밀법(Uniform Trade Secret Act), 부정경쟁방지 및 영업비밀보호에 관한 법률 등 특별법에 의하여 영업비밀을 강하게 보호하고 있는 국가는 독일을 비롯하여 미국 · 스위스 · 오스트리아 · 캐나다 · 스웨덴 · 일본 · 한국 등이다.362) 성문법이 아닌 보통법(Common Law), 즉 판례법 등에 의하여 보호하고 있는 국가는 영국을 비롯한 오스트레일리아 · 남아공 · 뉴질랜드 등이 있으며, 민법과 형법 등 일반법에 의하여 보호하고 있는 국가도 프랑스를 비롯한 이탈리아 · 스페인 등이 있다. 또한 형법만으로 영업비밀을 보호하고 있는 국가도 상당수에 이르고 있는데 중남미의 멕시코 · 아르헨티나 · 브라질 등과 러시아 등이 이에 해당한다.

이와 더불어 시장경제체제를 받아들여 급속하게 발전하고 있는 중국의 경우 1993년에 제정된 반 부정당 경쟁법(反 不正當 競爭法)

---

361) 정호열, "미국 통일영업비밀법에 관한 연구", 『아주사회과학논총』 제7호, 사회과학연구소, 1994. 2, 200면.

362) 황의창 · 황광연, 『부정경쟁방지 및 영업비밀보호법』, 세창출판사, 2006, 113면.

을 통해 영업비밀을 보호하고 있다. 각국의 영업비밀 보호에 관한 법 형식은 위와 같이 다양하다고 할 것이나, 무엇보다도 중요한 것은 영업비밀을 보호하기 위한 구제수단이다. TRIPs 협정 이후 많은 국가들은 핵심기술 등 영업비밀 유출에 대하여 신속하고 효율적으로 대처하기 위하여 형사처벌을 도입하는 한편 강화하고 있는 실정이다. 특히 미국 등과 같은 일부 국가들은 역외적용까지 규제하는 상태까지 이르고 있다.

1. 미국

(1) 연혁

미국의 영업비밀의 보호는 19세기 중반부터 형성되기 시작하여, 이후 각 주(州)의 판례법에 의하여 복잡하게 전개되었다.363) 이러한 영업비밀 보호에 관한 판례의 원칙은 특허법이나 저작권법 등이 연방법인 것과는 다르게 불법행위법에서 규정하고 있다. 1939년 민간 법률가단체인 미국법조협회(America Law Institute: ALI)가 많은 판례를 기초로 제1차 불법행위 리스테이트먼트(Restatement Frist of Law of Torts)를 제정하였다. 제1차 불법행위 리스테이트먼트는 통일되지 않은 기존의 판례로부터 비교적 명확한 법리를 추출해 냈고 이후 연방과 각 주(州)의 판례에 많은 영향을 끼쳤다.364)

---

363) 김재봉, "미국의 경제스파이법", 『법학연구』 제12권 제1호, 충남대학교 법학연구소, 2001, 183면.

364) Robert G. Bone, "A New Look at Trade Secret Law", *Columbia Law*

제1차 불법행위 리스테이트는 미국법원에서 가장 광범위하게 사용되는 정의이지만 이는 제정법이 아니어서 각주의 법원을 구속하지는 못한다. 따라서 각 주마다 그 주의 실정에 맞는 판례에 의하여 영업비밀을 보호함으로써 각 주마다 적용하는 판례법이 상이하여 적용상 어려움이 발생하였다. 이를 해소하기 위해 주로 상사법 분야를 중심으로 하여 통일화하려는 경향이 있었다. 이를 위해 설치된 것이 바로 통일주법위원회 전국회의이고 여기서 마련한 법안이 통일영업비밀 법안(Uniform Trade Secret Act: UTSA)이다.[365] 1979년 8월 통일영업비밀 법안이 확정 발표됨으로써 각 주에 이를 모델로 한 주법의 제정을 권고하기에 이르렀다.[366] 이에 따라 대다수의 주(州)가 1979년 모델법인 통일 영업비밀법(UTSA)을 채택하고 있었지만 기업들은 영업비밀 침해에 대하여 민사적인 구제방법을 꺼렸다. 그 이유는 민사소송은 많은 비용의 부담과 승소가능성, 그리고 침해사실에 대한 입증의 곤란함에 직면했기 때문이다.[367] 이와 더불어 1990년대 이후 기술의 혁신적 발전과 유출로 인한 피해가 발생함에 따라 보다 강력하고 두터운 보호 대책이 필요하게 되었다.[368] 뿐만 아니

Review, Vol. 86, No. 2, Columbia Law Review Association, 1998. p.241.

365) 이상정, "영업비밀의 보호", 『인권과 정의』제191호, 대한변호사협회, 1992.7, 94면.

366) Frank J. Bozzo, "The Failure of the Uniform Trade Secrets Act to Clarify the Doubtful confused State of Common Law Trade Secret principles", *Arkansas Law Review,* 2000, p.687.

367) Pooley, James HA/Lemley, Mark A/Toren, Peter, J, "Understanding the Economic Espionage act of 1996", *Texas Intellectual Property Journal,* Vol.5, 1997, p.186.

368) 미국의 많은 기업들은 자사의 영업비밀 보호를 위해 생산제품과 부정인력스카웃에 많은 노력을 하고 있다[Michael ahrens, "The mystery of the wisconsin supreme court's decison in burbank grease services v. sokolowski and its Effect upon the uniform Trade Secrets Act, Litigation, and Employee Mobility",

라 TRIPs 협정이 시행되면서 이에 대응하는 법률의 필요성을 절감하게 되었다. 이로써 1996년 10월 미국의 클린턴 대통령은 산업스파이의 활동을 연방범죄로 취급해 처벌을 크게 강화하는 내용을 담은 경제스파이법(EEA)에 서명하였다.369) 경제스파이법은 미연방법전 1831조에서 1839조까지의 경제스파이 관련 규정을 지칭한다. 여기서는 먼저 영업비밀 침해행위 또는 영업비밀에 대한 부정행위(Misappropriation) 중 처벌의 대상이 되는 행위로서 두 가지를 설정하고 있는데, 그 하나는 외국을 위한 경제스파이행위(Economic Espionage)이고 다른 하나는 개인을 위한 영업비밀침해행위(Theft of Trade Secret)이다. 이 밖에 경제스파이법은 미연방이나 주의 행위에 대한 금지의 예외(Exceptions to Prohitions), 형사몰수(Criminal Forfeiture), 영업비밀 보존명령(Orders to Preserve Confidentiality), 민사적 구제방법의 일종으로서 침해금지청구(Civil Proceedings to Enjoin Violations), 역외관할권(Conduct Outside the United States), 민·형사사상 구제수단의 허용 등 다른 법률과의 관계(Construction with other Laws), 경제스파이법에 규정된 주요 개념에 대해서 규정하고 있다.370) 이와 같이 미국의 영업비밀은 통일 영업비밀법과 경제스파이법으로 양분되고 있으므로 이하에서는 이 두 가지 법률을 분석하고자 한다.

Wisconsin Law review, 2007. 6, p.1271(http://hosted.law.wisc.edu/lawreview/issues/2007 - 6/ahrens.pdf)].

369) 이윤제, "미국 경제스파이법 연구", 『법제』 제589호, 법제처, 2007.1, 147~167면.

370) Desmet. Thierry Olivivier, "The Economic Espionage Act of 1996", *Houston Journal of international Law,* Vol. 22, 1999. 11, p.94.

(2) 영업비밀의 성립요건

1) 통일 영업비밀법

통일 영업비밀법에서는 영업비밀은 공개 또는 사용에 의해 경제적 가치를 얻을 수 있는 자에게 일반적으로 알려져 있지 않고 또 정당한 수단에 의해서는 용이하게 입수할 수 없기 때문에 현실적 또는 잠재적으로 독자적인 재산적 가치를 가지며 비밀유지를 위해 그 상황에서 합리적인 노력이 가해진 것을 의미한다.[371] 이러한 영업비밀에는 제조법, 공식, 패턴(양식·정형), 데이터의 편집, 프로그램, 도구, 제조방법, 기술 또는 공정 등을 포괄하는 정보라고 정의하고 있다(UTSA 제1조 제4항). 즉 영업비밀은 길고 값비싼 연구의 결과와 같은 상업적 가치가 있는 정보뿐만 아니라 단순한 정보까지도 포함하는 광범위한 개념인 것이다.[372] 이에 대해 영업비밀의 요건으로 첫째, 그 정보가 공개 또는 사용에 의해 경제적 가치를 얻을 수 있는 자에게 일반적으로 알려져 있지 않아야 한다는 의미에서의 신규성(비공지성)이 있어야 한다. 즉 당해 영업비밀이 공연히 알려져 있지 않아 제3자의 입장에서 볼 때 그 영업비밀이 이미 공지되었거나 공연히 실시된 것이 아니라는 뜻에서의 신규성을 의미한다.[373] 둘째, 영업비밀을 공개 또는 사용에 의해 경제적 가치를 얻을 수 있는 자

---

371) Deborah E. Bouchoux, op. cit, p.394.

372) 하홍순·서전석, "부정경쟁방지 및 영업비밀보호법 최신동향", 『연구보고서』 2003 - 4, 한국발명진흥원 지식재산권연구센터, 2003. 12, 15~16면.

373) Michael Craig Budden, *Protecting Trade Secrets Under the Uniform Trade Secrets Act : Practical Advice for Executives,* Greenwood Publishing Group, 1996, pp.95~102.

가 그 정보를 정당한 수단에 의해서는 용이하게 입수할 수 없기 때
문에 현실적 또는 잠재적으로 독자적인 경제적 가치를 가져야 한다
는 의미에서 경제성(유용성)이 있어야 한다(UTSA 제1조 제4항 제1
호). 즉 영업비밀의 보유자가 그 정보를 수행함으로써 생산비를 절감
하거나 판매를 보다 효과적으로 수행하는 등의 경제적인 이익을 얻
거나 혹은 상대방 경쟁자에 대하여 자신의 경쟁상의 지위를 제고함
에 도움이 될 때(Advantage Over Competitors), 또는 그 정보의 취
득, 사용에 있어 대가나 사용료를 지급하거나 혹은 그 정보의 독자
적인 개발을 위해서 상당한 노력과 비용이 필요할 때, 문제의 정보
는 경제성이 있다고 말할 수 있다.374) 셋째, 영업비밀을 공개 또는
사용에 의해 경제적 가치를 얻을 수 있는 자에게 그 정보의 비밀을
유지하기 위한 합리적인 노력의 대상이어야 한다는 의미에서 비밀성
(비밀관리성)이 있어야 한다. 즉 비밀관리성은 구체적인 경우의 개별
적인 정황 예컨대 당해 산업의 일반적인 지식수준, 비밀보유자의 사
전적인 예방조치, 문제의 입수곤란성, 침해행위의 부정성의 정도 등
제반 여건을 고려하여 그 충족 여부를 판단하여야 한다.375) 이러한
사정들은 서로 관련되어 있다. 예를 들면 미흡한 예방조치는 어느

---

374) 정호열, 전게논문, 205~206면.

375) Washington 주 대법원은 Ed Nowogroski Insurance Inc. v. Rucker 판결에서
워싱턴 주법에 따라 고객명부를 보호대상으로 판시하였다. 즉 고객명부는 그것
이 편집된 정보인지 여부, 그것이 타인에게 알려지지 않았기 때문에 가치 있는
것인지 여부, 소유권자가 그 정보를 비밀로 지키기 위하여 합리적인 노력을 하
였는지 여부에 따라 영업비밀로서의 보호가치를 판단하여야 한다고 하였다. 이
는 통일 영업비밀법상에서 발생하는 고객명부관련 사건들은 일반적으로 접근
이 용이하지 않은 명부일 것이라는 요건을 충족하는 것으로 보이며, 명부는 그
것이 단지 쉽게 접근 가능한 정보가 아닌 고객에 대한 특별한 정보를 포함하
고 있을 때 보호대상이 되는데, 고객의 취미, 성격, 소비성향 등 접근이 용이하
지 않은 정보가 이러한 특별 정보에 해당된다.

정보가 당해 산업 내에서 일반적으로 알려지는데 기여할 것이고, 어느 산업의 일반적인 지식수준은 비밀인 정보의 입수곤란성을 결정짓는 요인이 되는 것과 같다.376) 영업비밀에 대한 비밀로서의 관리는 결국 보유자에게 당해 비밀을 비밀로 유지하려는 의사가 있고, 비밀을 특정, 표시하여 제3자의 불필요한 접근을 제한하는 보안조치와 비밀을 사용, 관리하거나 기타 접근이 허용된 자에 대해 비밀유지의무를 부과하는 조치로 표현된다.377)378) 그러나 영업비밀에 대한 비밀로서의 관리의 형태나 정도는 천차만별일 수밖에 없으므로 비밀성은 상대적인 개념(Relative Concept)으로 된다고 생각된다. 이와 같이 미국의 통일 영업비밀법상 신규성, 경제성, 비밀성이라는 세 가지 요건을 충족할 때 법적 보호를 받을 수 있는 것이다.379)

2) 경제스파이법

경제스파이법에서의 영업비밀380)은 유형·무형인지 여부와 어떻

---

376) 정호열, 전게논문, 205면.

377) 이와 관련해서 Religious Technology Center v. Lerma 판결에서 연방지방법원은 인터넷에 정보를 공개하는 것이 영업비밀 침해행위가 성립하려면 어느 정도의 공개가 되어야 하는가에 대해 판시하였다. 자신이 다니던 교회에 불만을 품은 사람이 그 교회의 영업비밀을 인터넷에 이틀간 공개한 사건에서 연방항소법원은 교회는 그 정보를 보호하기 위해 특별한 노력을 기울였고, 그럼에도 불구하고 그 정보가 인터넷에 게시됨으로써 일반에게 적어도 새로 다니는 교회의 관련자들에게 공개되었다. 따라서 교회의 비밀정보를 인터넷에 공개한 사람은 영업비밀 침해행위를 한 것으로 보인다. 그러나 인터넷 이용 자체가 부당행위는 아니므로 단순히 그 정보를 다운로드 받은 사람에게는 책임이 없다고 판시했다.

378) Chisum. D, & Jacobs. M, *Understanding Intellectual Property Law*, Matthew Bender, 1992, pp.3~21.

379) 김문환, 전게논문, 126~127면.

게 보장·보존되거나 물리적·전자적 도표·사진 및 문서로 기록되어 있는지 여부를 불문하고 소유자가 당해 정보의 비밀을 지키는 적합한 방법을 가지고 당해 정보가 독립적인 경제적 가치를 가지며 실질적 또는 잠정적으로 일반인에게 알려져 있지 아니하고 공중에게 적절한 방법으로 확인되지 아니한 것으로써 원형·계획·편집·프로그램 장치·공식·디자인·시제품·기술·공정·과정·코드 등을 포함하는 모든 형태나 유형의 재무·사업·과학·기술·경제 등에 관한 정보라고 정의하고 있다.381) 예를 들면 기업이 영업상 비밀로 관리되고 있는 사업전략, 시장전망, 공급자 리스트, 소비자 리스트 등이 대표적인 영업비밀에 해당한다고 보고 있다.

종업원의 일반적 지식, 기술, 능력은 영업비밀에 포함되지 않는다.382) 따라서 종업원의 개인적 지식, 기술, 능력에 의해 새로운 직장에 고용된 경우에는 경제스파이법이 적용되지 않는다.383) 이 법은

---

380) 경제스파이법에서의 영업비밀의 범위가 통일영업비밀법에서의 영업비밀의 범위보다 넓게 정의되고 있는 점이 차이다[Robin J. Efron, "Secrets and Spies: Extraterritorial Application of the Economic Espionage Act and the TRIPs Agreement", New York University law Review Vol.78, No.4, 2003. 9, p.1488(http://www1.law.nyu.edu/journals/lawrview/issues/vol78/no4/NYU406. pdf) 이하 참조].

381) 류병운, 전게논문, 204면.

382) 여기서 문제되는 것은 무엇이 종업원의 일반지식과 통상적인 기술이고 어디에서부터가 영업비밀에 해당되는가의 문제이다. 종업원의 일반지식과 기술은 종업원의 교육과 경험에 비추어 통상적으로 갖추고 있다고 간주되는 지식과 기술을 말한다. 종업원이 그 직무를 수행하는 과정에서 새롭게 획득한 기술과 정보는 영업비밀로서 보호의 대상이 될 수 있다. 종업원이 직무 수행상 획득한 기술과 정보가 기존의 일반지식과 기술을 토대로 해서 획득한 것인 경우에도 논리필연적으로 종업원에 귀속된다고 볼 수는 없다.

383) 경제스파이법의 영업비밀에 대한 포괄적 정의는 특히 추가적인 구성요건 없이 무형의 재산권을 보호할 수 있도록 하고 있다. 경제스파이법 하에서 특히 유의할 만한 예의는 비록 이 법이 전자적 형태나 순전히 머리로 기억을 하여 절취된 정보까지 포함하고 있기는 하나, 종업원들이 동종 업계로 전직할 경우에 전

전 직장에서 고용된 기간 동안 습득한 일반적인 지식과 기술을 이용
하여 고용주를 바꾸거나 새로운 사업을 시작하고자 하는 종업원들을
처벌할 의도로 제정된 것이 아니다. 전고용주가 비록 이로 인한 경
쟁의 직접적 대상이 된다고 하더라도 경쟁자체를 처벌할 수는 없다.
그러나 종업원이나 이 종업원을 고용하려는 자가 그 종업원이 고용
된 기간 동안 취득, 발견, 복사한 비밀정보를 이용할 수는 없다. 결국
경제스파이법이 적용되기 위해서는 고용 과정에서 경험과 지식을 쌓았
다는 것이나 영업비밀을 알게 되었다는 것만으로는 부족하고 특정한
영업비밀이 절취되거나 부정 이용되었다는 것을 입증하여야 한다.384)

가. 신규성

신규성은 영업비밀이 기존에 알려지지 않았거나 일반적으로 알려
진 것과는 구별되는 어떤 요소를 가지고 있다는 것을 말한다. 높은
정도의 신규성을 요구하는 특허권이나 저작권과는 달리 영업비밀은
최소한의 신규성을 요구한다. 따라서 영업비밀이 엄격한 정도의 참
신성이나 창조성을 요구하는 것은 아니나 일반적인 지식, 기술, 경험
은 아니어야 한다.385)

나. 비밀성

문제가 되는 정보는 대중에게 일반적으로 알려지지 않았고 대중이
적절한 방법에 의해서 쉽게 확인하는 것이 어려워야 한다. 여기서

직장에서 습득한 일반적 지식이나 기술을 대상으로 하지는 않는다는 것이다.

384) 이윤제, 전게논문 151면.

385) 원고의 음식물 조리법은 필요한 신규성을 결하여 영업비밀로 볼 수 없다
[Buffets, Inc. v. Klinke, 73 F. 3d 965, 968].

대중은 일반대중을 말하는 것은 아니다. 여기서의 대중은 정보의 잠재적 사용자들이나 이들과 동등하게 정보를 찾아낼 수 있는 능력을 가진 자들을 염두에 둔 개념이다. 따라서 일반대중이 이를 쉽게 알아낼 수 없다는 이유만으로 그 정보가 영업비밀이 되는 것은 아니며 그 계통의 전문가들에 의해 쉽게 확인될 수 있다면 영업비밀이 아니다.

만약 어떤 과학자가 출판물로부터 정보를 조금씩 수집하고 많은 시간동안 실험실에서 실험과 분석을 하여 어떤 영업비밀을 이루는 공식을 확인했다면 그 과학자의 노력에 비추어 이를 대중이 쉽게 확인할 수 있는 정도라고 볼 수 없기 때문에 이러한 출판물들의 존재로 인하여 그 공식의 영업비밀성이 부정되지 않는다. 그러나 만약 그 공식이 상대적으로 짧은 시간 안에 확인되거나 역설계될 수 있었다면 영업비밀이라고 볼 수 없다.

영업비밀 중의 일부가 이미 공개된 것이라고 하더라도 대중에 공개된 부분을 독특하고 효과적인 방법으로 결합하여 가치 창출에 성공하였다면 이를 영업비밀로 볼 수 있다. 이미 공개된 특질이나 구성부분들이라도 이들을 독특한 방식으로 결합하여 만들어진 통합된 공정, 디자인, 작동이 경쟁력 있는 개선점을 만들어 내었다면 이것은 영업비밀로 보호된다.386)

다. 독립된 경제적 가치

영업비밀은 일반적으로 알려지지 않았고 대중이 이를 쉽게 확인할 수 없다는 사실로부터 발생하는 독립된 경제적 가치를 가지고 있어

---

386) 야금산업에서 회사가 일반적으로 알려진 아연재생공정을 수정한 경우에 비록 원래의 공정과 기술이 대중에게 알려진 것이라도 수정된 방식의 구체적 내용이 알려진 것은 아니기 때문에 영업비밀성이 인정된다[Metallurgical Indus. Inc. v. Fourtek, Inc., 790 F. 2d 1195].

야 한다. 경제스파이법이 특정 정도의 가치를 입증할 때까지 요구하는 것은 아니지만 검사는 비밀이 일정한 가치를 가지고 있다는 것을 입증해야 한다.[387] 영업비밀의 경제적 가치는 그 정보의 가치를 인정한 피고인의 진술, 피고인이 지급하려고 했던 가격, 피고인으로부터 이를 구입한 자들이 그 정보를 얻기 위해 지출했었을 돈, 시간과 같은 정황 사정에 의해 입증될 수 있다. 회사가 재산적 가치가 있다고 생각하는 정보라고 할지라도 영업비밀이 아닌 경우가 있다.[388]

(3) 영업비밀의 침해유형

1) 통일 영업비밀법

통일 영업비밀법에서는 영업비밀의 침해행위의 기본적인 유형이 크게 두 가지로 나뉜다. 부정취득행위와 비밀유지의무 위반행위의 두 가지이고 이 두 가지 기본형의 침해행위에 따르는 사후적 관여행위를 추가하여 규정하고 있다. 즉 제3자가 부정취득행위나 비밀유지의무 위반행위가 있었다는 사실을 취득 당시에 알았거나 알 수 있었음에도 당해 영업비밀을 취득, 사용, 공개하는 행위와 취득 당시에는 알지 못하였으나 취득 후 알게 되었음에도 당해 영업비밀을 사용 또는 공개하는 행위를 규정하고 있다(UTSA 제1조 제2항). 구체적으로 설명하자면 영업비밀 침해행위, 즉 ⅰ) 당해 영업비밀이 절도, 매수,

---

387) 경쟁자에게 유용하고 복제를 하는 데 비용, 시간, 노력이 들며 비밀로 유지된 정보는 경제적 가치가 있다.

388) 예를 들어 고객명단은 그 고객들이 다른 업체들에게는 알려지지 않았고 아주 특별한 노력에 의해서 찾아질 수 있으며, 그 명단이 상당한 시간과 돈을 투자하여 형성된 것인 경우에 영업비밀로 인정될 수 있다.

부실개시, 전자적 기타 스파이 행위 등 부정한 수단에 의하여 타인의 영업비밀을 취득하거나 사용 또는 공개하는 행위, ⅱ) 당해 영업비밀이 부정한 수단에 의하여 취득된 것임을 알고 있는 자 또는 공개하는 행위,[389] ⅲ) 영업비밀 유지의무나 사용제한 의무가 부과된 상황하에서 비밀유지 의무 등을 위반하여 그 취득한 영업비밀을 사용 또는 공개하는 행위, ⅳ) 영업비밀유지 위반 등에 의하여 공개된 영업비밀임을 알면서도 이를 취득하거나 사용 또는 공개하는 행위, ⅴ) 자신의 지위가 실질적으로 변동하기 전에 당해 영업비밀을 선의로 취득한 후 타인의 영업비밀을 알고도 이를 계속 사용 또는 공개하는 행위 등이 해당된다.

2) 경제스파이법

가. 부정이용행위의 태양

피고인은 경제스파이법 제1831조 및 제1832조에 의해 금지된 행위를 함으로써 영업비밀을 부정 이용하였어야 한다. 부정 이용은 영업비밀을 소유자의 관리로부터 물질적으로 탈취하는 전통적인 절취 방법뿐만 아니라 복사, 복제, 도안, 사전, 다운로드, 변경, 파괴, 사진촬영, 모사, 발송, 전달, 전송, 의사교환을 하거나 의사를 전하는 행위, 파괴와 같은 새로운 방법들도 포함한다. 부정이용은 또한 부정이용된 영업비밀을 알면서 구입, 수령, 보유하는 행위도 포함한다.[390]

---

389) 영업비밀을 취득하는 방법으로 부정성은 그 행위가 위법(illegal)하거나 불법침해(trespass)나 타인의 계약관계에 대한 침해(interference)를 구성하는 것에 한해 인정되는 것은 아니다[McManis, Charles R, *Unfair Trade Practices*, West Publishing Co., 1993, p.323].

390) 영업비밀의 일부분의 부정이용도 그것이 비밀이라면 역시 처벌 가능한 부정이

나. 기억에 의한 부정행위

위와 같은 부정이용의 유형은 물질적인 상태의 영업비밀을 다루는 것뿐만 아니라 머릿속으로 기억한 무형의 정보를 전달, 사용하는 것을 포함한다. 경제스파이법은 절도, 취득, 취거와 같이 유체물로 표현된 영업비밀을 대상으로 하는 행위를 금지하고 있음은 물론 도안, 다운로드, 업로드, 전달, 의사교환, 의사전달과 같이 비물질적으로 기억된 영업비밀을 대상으로 하는 행위도 금지하고 있다. 그러나 사업에 관하여 기억된 어떤 정보도 영업비밀이 된다는 것은 아니다.[391]

다. 권한 없는 행위

부정이용행위의 핵심은 피고인이 영업비밀소유자의 허락을 받지 않았다는 것이다. 필요한 권한은 영업비밀의 획득, 파괴, 전달에 대한 영업비밀 소유자의 허락, 인정, 동의, 인가이다. 종업원이 그의 고용기간 동안 영업비밀을 보관할 수 있도록 허락을 받았다고 하더라도 그가 고용주의 허락 없이 경쟁업체에 그것을 전달하였다면 경제스파이법 위반이 될 것이다.

용이다. 절취된 30개의 상업용 기술적 조경과 관개 도면들을 수령하였다는 혐의로 기소된 피고인에 대하여 이 도면들이 완전하지 않아 가치가 없다는 피고인의 주장을 도면들의 일부가 완성이 되지 않았을지라도 개발업자에게 유용성이 있고, 개발업자가 미완성의 정도에 맞추어 가격을 조정했을 것이라는 이유로 이를 받아들이지 않고 유죄를 선고한 바 있다.

391) 이윤제, 전게논문, 158면.

(4) 영업비밀 침해에 대한 구제

1) 통일 영업비밀법의 구제

가. 손해배상

영업비밀 침해의 성립요건이 충족되면 손해배상이 가능하다. 손해액 기산점은 침해발생 시까지 거슬러 올라가는데 이는 침해행위로부터 회복하는 데 걸리는 시간을 고려한 것이다. 피고의 행위가 고의적이고 이유 없다면 피고는 실제 손해액의 2배까지 배상받을 수 있다. 즉 통일 영업비밀법은 보상 가능한 순수손해액의 상한선을 둘 수 있는 것이다.

손해배상은 원고의 매출 손실에만 제한되지 않는다. 통일 영업비밀법에 따르면 원고의 실제 손해액은 일실이익을 말한다. 다시 말해 손해는 침해행위자에게 빼앗긴 매출액, 침해행위로 인해 증가한 비용, 침해행위자와의 경쟁을 위한 가격 인하 등이 요인이 될 수 있다. 즉 매출 손실액만이 그것이 결정하는 것은 아닌 것이다. 그 밖에 원고가 미래에 잃게 될 이익 역시 손해배상의 대상이 된다.

나. 금지명령

통일 영업비밀법에 의하면 영업비밀소송에서 원고가 승소할 경우 피고에게 금지명령이 부과될 수 있다.[392] 이 금지명령은 침해행위가

---

[392] 영미의 형평법에서 전개되어 나온 금지명령은 일정한 행위를 하지 못하도록 부작위의무를 부과하는 법원의 명령을 의미하며, 그 유형으로는 위법한 행위를 하지 않도록 소극적인 부작위의무를 과하는 금지적 금지명령(Prohibitory Injunction)과 부작위의무의 위반으로 인해 조성된 위법한 상태의 제거를 위해 적극적으로 일정한 행위를 할 것을 명하는 강제적 금지명령(Mandatory Injunction)

일어나기 전의 상태와 같이 되돌리기 위한 것으로서 침해행위로 인해 피고가 얻은 이익을 추정하는 맥락에서 정보의 공개 후에도 부과될 수 있도록 하고 있다.

침해금지 가처분도 가능하다. 이러한 가처분을 부과하기 위해서는 원고에게 만회할 수 없는 손실이 발생하였어야 한다. 일단 영업비밀 소송의 성립요건이 충족되면 만회할 수 없는 손실이 증명된 것으로 본 판례도 있다. 통일 영업비밀법에 의하면 금지명령의 적합한 형태는 영구명령이다. 영구명령은 침해위협을 방지하기 위해 부과할 수 있는 것으로 이 명령이 부과되기 전에는 피고가 과거 침해행위에 대해 책임질 필요가 없다.

다. 문제점

통일 영업비밀법을 수용한 미국의 각 주의 법률은 다음과 같은 문제점을 가지고 있었다. 첫째, 위 법률은 사후의 금전적 배상을 주목적으로 할 뿐 법원들로 하여금 징역형이나 벌금과 같은 형법적 처벌을 부가하는 것을 허용하지 않는 한계를 가지고 있었다. 둘째, 이러한 법률에서 허용하는 금전적 배상을 받기 위해서는 피해자가 소송의 제기와 그들의 피해를 입증하여만 한다. 이러한 소송 절차는 피해자로 하여금 추가적으로 미묘하고 중요한 자료의 유출 위험성을 부담하도록 하는 것이다.393) 결과적으로 통일 영업비밀법은 많은 주(州)로 하여금 포괄적인 지침을 준 것은 사실이나 매우 효과적인 보호입법의 필요성이 제기되었다. 다만 통일영업비밀법의 침해행위로

으로 구분된다[정호열, 전게서, 215~216면].

393) 류병운, "경제스파이로부터 영업비밀의 법적 보호", 『외법논집』 제17집, 한국외국어대학교 외국학종합연구센터 법학연구소, 2004. 11, 216면.

인하여 그 침해행위 자체가 주(州)형법이나 연방형법의 형벌규정에 해당하는 경우에는 형사처벌도 가능하였다.394) 1979년 민사적 구제에 중점을 둔 통일 영업비밀법의 제정과 시행을 맞추어 영업비밀 침해자를 처벌하기 위해 주(州)형법이 정비되었는데, 그 유형은 세 가지로 나누어 볼 수 있다. 첫째, 영업비밀 절도죄를 별도로 규정하는 경우 둘째, 영업비밀 절도죄를 별도로 두지 않고 일반 절도죄에 포함시키고 있는 경우 셋째, 영업비밀 절도죄에 대해 특별한 규정을 두고 있지 않은 경우 등이다.395) 일반적으로 영업비밀의 절도죄에 대한 처벌은 주(州)형법이 적용되고 연방형법은 제한적으로만 적용되고 있다. 영업비밀에 관련된 연방형법규정을 살펴보면, 연방장물법(National Stolen Property Act), 컴퓨터 사기와 오용에 관한 법(Computer Fraud and Abuse Act), 우편 및 전신 사기법(Mail and Wire Fraud Statutes), 경제스파이법(EEA) 등이 있다.

2) 경제스파이법

가. 형사처벌 및 몰수

경제스파이법은 경제스파이 유형에 대하여 15년 이하의 징역이나 미화 50만 불 이하의 벌금에 처하거나 이를 병과할 수 있고 단체의 경우에는 미화 1,000만 불 이하의 벌금에 처하도록 하고 있다. 영업비밀절도 유형에 대하여 10년 이하의 징역이나 미화 25만 불 이하의 벌금에 처하거나 이를 병과할 수 있고 단체의 경우에는 미화 500만 불 이하의 벌금에 처하도록 하고 있다. 또한 경제스파이법 제

---

394) 김문환, 전게논문, 129면.
395) 황의창, 전게논문, 31면.

1834조는 형사몰수에 관한 규정이다. 본 규정은 위법행위를 행한 자에 대하여 형을 선고함에 있어서 달리 선고된 형을 부과하여 ⅰ) 위반행위로 인하여 직접, 간접으로 획득한 과실을 구성하거나 기인한 재산 또는 ⅱ) 법원이 재량으로 당해 위반행위에서 사용된 재산의 성질, 범위, 비례성을 고려하여 결정하는 경우, 그 위반행위자가 위반행위를 촉진하기 위하여 어떠한 방법으로 또는 부분적으로 사용하였거나 사용하려고 의도한 위반행위자의 재산을 미국연방에 몰수하도록 하고 있다. 다시 말해서 영업비밀 침해로 취득한 것과 이로부터 파생된 것은 법원이 형의 선고와 동시에 필요적으로 몰수를 선고하도록 하고 있다. 그 밖에 관련된 물건에 대하여는 임의적으로 선고하고 있다. 또한 본조에 의하여 몰수되는 재산, 동 재산의 압수 및 처분 그리고 이하 관련된 행정적, 사법적 절차를 규율하고 있다. 따라서 민사상이든 형사상이든 다른 구제수단에 우선하거나 이들을 대체하는 것이 아니므로 다른 구제수단이 동시에 적용될 여지가 있다. 벌금에 있어서 형사처벌은 실제 영업비밀의 침해자가 얻은 경제적 이득이나 소유자가 받은 손해액에 따라서 경제스파이죄나 영업비밀 절취죄에 규정된 벌금액보다 많은 벌금을 부과할 수도 있다는 점을 주의하여야 한다.396)

나. 미수와 공모

경제스파이 유형과 영업비밀절도 유형 모두 영업비밀의 부정이용에 대한 미수와 공모를 처벌하고 있다. 미수가 성립되기 위해서는 피고인은 첫째 경제스파이법에 규정된 범행에 필요한 고의를 가지고

---

396) 윤해성, 전게학위논문, 90~91면.

있어야 하고 둘째, 그 범행의 실행에 상당히 근접한 단계에 이르는 행위를 하여야 한다. 공모가 성립되기 위해서는 피고인은 범행을 하기로 1명 이상의 사람과 합의를 하고 공모자들 중 1명 이상이 공모의 대상에 영향을 주는 객관적 행위를 하여야 한다. 경제스파이법 위반의 미수나 공모는 그 정보가 실제로 영업비밀일 것을 요건으로 하지 않는다.[397]

다. 국외범

연방 형사법은 의회가 달리 규정하고 있지 않는 한 일반적으로 미국 영토 밖에서 일어난 행위에 대하여 적용되지 않는다고 추정된다. 의회는 경제스파이법에서 명시적으로 미국 영토 밖에서 행해진 행위일지라도 위반자가 미국시민, 영주권자 또는 미국법에 의해 조직된 단체이거나 계속된 범행이 미국에서 이루어진 경우에는 경제스파이법이 적용된다고 규정하였다.(경제스파이법 제1837조)

라. 소송절차상 비밀유지명령조치 및 민사적 금지청구

경제스파이법 제1835조에 의하면 법원은 연방형사절차 및 민사절

---

[397] 미수에 있어서 피고인의 책임은 그가 존재한다고 믿었던 상황으로부터 나오는 것이지 실제로 존재했던 상황으로부터 기인하는 것이 아니기 때문에 검사는 영업비밀의 존재를 입증할 필요 없이 피고인들이 그 정보가 영업비밀이라고 믿었다는 사실을 입증하면 족하다. 영업비밀의 부존재라는 법률상 불가능이 영업비밀 절도의 미수에 대한 항변이 된다면 정부는 함정수사에 있어서 실제의 영업비밀을 사용해야 하고 그 결과 영업비밀을 절취하려고 하고 있다고 의심되는 자들에게 영업비밀을 제공해야 하는 이상한 결과를 초래할 것이다. 또한 법률상 불가능의 항변의 경제스파이법위반의 공모에 대하여도 항변이 되지 못한다. 공모 책임은 범행의 합의 자체에 기초한 것이지 범행의 실행에 기초한 것이 아니기 때문에 공모의 목적을 달성하지 못한다는 사실은 처벌 여부와 무관하다.

차법, 연방증거법, 기타 적용 가능한 법에 부합하여 영업비밀을 유지하기 위하여 필요하고 적절한 명령, 기타 조치를 발하여야 한다. 이 조항에 의하면 기소 이후 영업비밀이 소송과정에서 공공연히 누설되는 것을 방지할 수 있는 조치들이 취해질 수 있다. 따라서 많은 기업들이 영업비밀 침해를 당하고도 해당 영업비밀 및 그와 관련된 정보의 보호를 위하여 소송을 꺼릴 수 있는 점을 보완하였다. 원래 미국에서 공개재판을 받을 권리는 미연방헌법 제6조에 규정되어 있으나 그 권리는 절대적인 것이 아니므로 일정한 제한이 가해진다. 그러나 제6차 수정헌법에 의하여 피고인은 재판에서 사용될 수 있는 중요한 정보에 대한 권리를 가지게 되었다. 이는 경제스파이법위반 사건의 재판절차에서는 피고인의 정보에 대한 영업비밀을 지키려는 피해자 측의 노력이 상충되는 문제에서 비롯되었다. 공개제한조치로는 방청의 제한, 소송자료의 공개제한 등을 들 수 있으나 미국 연방에 의한 소송 중의 이의신청은 영업비밀의 공개를 승인하거나 명하는 지방법원의 결정 또는 명령이 있어야 한다.[398]

제1836조는 법무부장관에게 민사소송상의 금지조치를 연방지방법원에 청구할 권한을 부여하고 있다. 금지청구를 통하여 초기에 영업비밀 침해행위가 더 이상 누설, 침해되는 것을 방지할 수 있는 장점이 있으며 다음으로 형사소추까지 이르기 어려운 사안에서도 민사적 금지청구를 통하여 영업비밀의 침해를 방지할 수 있게 되었다.

마. 문제점

경제스파이법을 제정한 의회의 목적은 국가전반의 경제적인 복지

---

398) 윤해성, 전게학위논문, 91면.

를 증진하는 데 있었다.399) 이를 위해 의회는 영업비밀을 통상의 재산권과 같이 다루고 이를 침해하는 행위를 모두 범죄화하려고 하였다. 이렇듯 영업비밀 침해를 금지하는 것을 강조하다 보면 법이 의도하지 않았던 경제성장이라는 목적에 장애를 초래하는 결과를 발생할 수 있다는 것이다.

경제스파이법은 지식재산을 창작하는 것을 촉진시킨다는 측면과 그러한 지식 산출물을 효과적으로 사용할 수 있어야 한다는 측면간의 균형을 유지해야 한다. 그러나 경제스파이법은 전자에 치중하여 부작용이 있을 수 있다는 점이 지적되어 왔다. 지적된 사항은 첫째, 피고용자가 다른 직장으로 일자리를 이직할 수 있는 기회를 제한하고 있으며 이것은 고용자로 하여금 경력자를 고용할 수 있는 기회를 제한하게 된다는 것이다. 그 결과 고용시장의 유연성 감소는 생산되는 창작품에 대한 생산량의 감소를 초래한다. 둘째, 형사처벌의 위험을 피하기 위하여 사람들은 기존의 정보가 영업비밀에 해당된다고 보이면 이를 이용한 2차적인 기술혁신 작업을 꺼리게 된다. 그 결과 기술혁신가들이 정보를 사용함에 있어서 대가를 치르지 아니한 경우 그 정보가 비록 영업비밀이 아닐지라도 영업비밀이라고 믿게 하도록 하여 기술혁신생산품의 감소를 초래하고 기술 혁신적인 아이디어와 창작물의 생산을 감소시킨다는 것이다. 따라서 이러한 점을 감안할 때 중대한 사건만을 소추하기 위한 방안을 마련해야 한다는 지적이 있다.400)

---

399) 경제스파이법의 제정은 미국이 자국의 높은 기준을 나머지 국가들로 전파하는 것이라는 비판을 받고 있다[Robin J. Efron, supra note, pp.1481~1492 (http://www1.law.nyu.edu/journals/lawrview/issues/vol78/no4/NYU406.pdf)].

400) 윤해성, 전게학위논문, 93면.

2. 독일

(1) 연혁

독일에서 영업비밀 보호는 비밀정보의 부정이용방지를 위한 형사 처벌을 중심으로 발전하였다는 데에 그 특색이 있다.[401] 독일의 경우 19세기 중엽에 처음으로 영업비밀에 대하여 형사법상 보호규정을 신설하였으나 그 당시에는 영업활동 전반에 걸친 규정을 마련하지 못하였다.[402] 그 명칭도 '공업비밀에 관한 보호'라고 하였다. 1895년 제국정부에 의해 부정경쟁의 대책에 대한 초안이 만들어진 후 여러 차례에 걸친 개정작업을 통해 영업비밀보호에 대한 '부정경쟁금지법 (Gesetz zur Bekampfung des unlauteren Wettbewerbs)'이 1896년 제국법으로서 제정되었다. 이후 영업비밀보호제도의 효시인 영미의 영향을 받아 1909년 제정되어 1932년 개정된 부정경쟁방지법과 민법에 의해 영업비밀이 보호되어 왔다. 그러나 이는 근로자를 대상으로 하는 것이어서 제3자 특히 산업스파이의 영업비밀탐지 행위 자체는 처벌되지 않았다. 이러한 문제점을 해결하기 위하여 1986년 독일 연방의회는 종래의 부정경쟁방지법상의 영업비밀보호조항을 개정·강화하는 개정법을 컴퓨터 범죄, 경제범죄의 일환으로 통과시켰다.[403] 이후 2004년 7월 8일 독일에서는 새로운 부정경쟁방지법이

---

401) 독일 부정경쟁방지법의 처벌규정은 Alexander, Christian, *"Die Strafbare Werbung in der UWG-Reform"*, WRP, 2004, S.407. 이하 참조.

402) Henning-Bodewig, *"Das neue Gesetz gegen den unlauteren Wettbewerb"*, GRUR 2004, Heft9, S.715: 윤해성, 전게학위논문, 101면에서 재인용.

403) 독일의 부정경쟁방지법은 유럽의 새로운 입법기술을 많이 참조되었다[Köhler, Helmut/Bornkamm, Joachim/Henning-Bodewig, Frauke, *"Vorschlag für eine*

시행되고 있다.404) 이는 TRIPs 협정 시행에 따른 후속조치이다. 특히 역외관할권의 신설과 미수범을 처벌하는 강한 형사처벌 규정을 마련한 것이다. 뿐만 아니라 가격할인법(Rabattgesetz)과 경품령(Zugabeverordnung)이 폐지되면서 법령 현대화에 대한 필요성이 제기되면서 개정된 것이다.405)

(2) 영업비밀의 성립요건

독일의 부정경쟁방지법(UWG)에는 영업비밀에 대한 개념이 명문화되어 있지 않은데 이는 독일의 입법자들이 영업비밀이라는 용어자체가 일반인들에게 이미 널리 알려져 있고 또한 판례를 통하여 밝혀져 있기 때문에 특별히 개념 정의를 규정할 필요가 없다고 판단한 이유에서였다.406) 연방최고재판소(BGB)의 판례를 통하여 영업비밀에 대한 개념요소를 제시하고 있는데 이는 일반적으로 ⅰ) 사업활동에 관한 것일 것, ⅱ) 엄격히 한정된 범위의 자에게만 알려지고 그 이외의 자에게는 알려지지 않을 것(비공지성), ⅲ) 영업자의 명확한 의사에 의해 비밀로 되어 있을 것, ⅳ) 영업자가 비밀유지에 의해

Richtlinie zum Lauterkeitsrecht und eine UWG-Reform", WER, 2002, S.1317: 심재한, "독일의 개정 부정경쟁방지법 고찰", 『경영법률』, 제16집 제1호, 한국경영법률학회, 2005.10, 679면 각주 7번에서 재인용].

404) 김재봉, "영업비밀의 형사법적 보호방안", 『형사정책』 제14권 제1호, 한국형사정책연구원, 2002, 171면.

405) Gesetzentwurf der Bundesregierung, "Entwurf eines Gesetzes gagen den unlauteren Wettbewerb", Drucksache 15/1487, vom 22, 2003, S.1; 심재한, 전게논문, 675~676면에서 재인용.

406) 남윤삼, "독일에서의 영업비밀보호와 민법 제826조", 『정보와 법연구』 제2호, 국민대학교 정보와 법연구소, 1999, 69면.

이익을 가질 것의 4가지 요건이 있다.407) 이와 더불어 독일의 부정
경쟁방지법의 보호대상은 '거래상 또는 영업상의 비밀'408)이다. '거
래상 또는 영업상의 비밀'이란 공지의 사실이 아니고 당해 사업자의
명시적 또는 묵시적 의사에 의하여 비밀로 유지되며 당해 사업자가
그 비밀유지에 대하여 정당한 경제적 이익을 가지고 있는 일체의 사
실을 말한다.

(3) 영업비밀의 침해유형

독일에서 영업비밀의 침해행위는 기본적으로 공정한 경쟁을 해치
는 행위로서 선량한 풍속에 반하는 것으로 보고 있다. 다시 말하면
부정경쟁방지법의 영업비밀 침해조항에서 보호하고자 하는 법익은
개별적 피해기업의 이익과 동시에 공정한 경쟁상태의 유지라는 일반
적 법익이다. 영업비밀 침해행위의 유형은 크게 세 가지로 나누어진
다.409) 첫 번째는 종업원의 비밀누설행위이다. 종업원이 고용관계의
계속 중에 경쟁, 자신이나 제3자의 이익 또는 사업자의 손해를 목적
으로 영업비밀 또는 거래비밀을 타인에게 누설하는 행위를 말한다
(독일 부정경쟁방지법 제17조 제1항). 두 번째로 비밀염탐행위가 있

---

407) 황의창, "독일의 영업비밀 제도 고찰", 『발명특허』 제272호, 한국발명진흥원,
    1998.11, 33면.

408) 독일 부정경쟁방지법상 Geschäftsgheimniss는 고객명단, 거래처 등과 같은 상
    업적 영역에 속하는 것이고, Betriebsgeimniss는 제조법 등과 같은 생산 기술
    석 측면에 속하는 것이지만, 그 구별이 반드시 명확한 것은 아니라고 한다
    [Krüger, *Der Strafrechtliche Schutz des Geschähts-und Betriebsgeheimniss
    im Wettbewerbsrecht*. S. 19f: 윤해성, 전게학위논문, 102면에서 재인용].

409) 김의성, "산업스파이방지법(가칭) 제정방향에 관한 연구", 『법제현안』 제98 - 6
    호, 국회사무처 법제예산실, 1998, 24면.

다. 기술적 수단의 이용, 비밀의 사본제조 및 비밀이 체화되어 있는 물건의 탈취의 방법을 통하여 경쟁, 자신이나 제3자의 이익 또는 사업자의 손해를 목적으로 권한 없이 타인의 영업비밀 또는 거래비밀을 취득하는 행위를 규정하고 있다. 끝으로 비밀이용행위로서 종업원이 비밀누설행위나 비밀염탐행위를 통하여 알게 되었거나 기타 권한 없이 취득한 영업비밀 또는 거래비밀을 경쟁, 자신이나 제3자의 이익 또는 사업자의 손해를 목적으로 권한 없이 사용하거나 제3자에게 누설하는 행위를 말한다(독일 부정경쟁방지법 제17조 제2항).

(4) 영업비밀 침해에 대한 구제

독일은 영업비밀의 침해행위에 대해 독일 부정경쟁방지법에서는 여러 가지 구제수단을 마련하고 있다.[410] 그 첫 번째로 영업비밀 또는 거래비밀의 소유자는 영업비밀 또는 거래비밀을 침해하거나 침해할 우려가 있는 자에 대하여 침해행위에 의하여 발생된 제거, 장래의 계속적인 침해행위의 금지 및 침해행위의 예방에 필요한 조치를 청구할 수 있는 방어청구권이 인정된다. 또한 영업비밀 또는 거래비밀을 침해당한 자는 본인의 귀책사유로 이를 침해한 자에 대하여 손해배상을 청구할 수 있다.[411] 이 경우 민법의 일반원칙에 따라 손해액을 산정하여야 하지만 영업비밀 또는 거래비밀의 침해로 인한 손해액을 계산하기가 곤란함으로 당해 영업비밀 또는 거래비밀의 사용

---

410) 中田邦博, "ドイシ不正競爭防止法の新たな展開", 『立命館法學』 第298
號, 立命館法學會, 2004. 273面.

411) F. Rittner, Wettbewers – und Kartellrecht, 5. Aufl., C.F.Muller, 1995, S.1.;
하헌주, "독일 경쟁법의 위상과 체계", 『비교사법』 제16집, 부산외국어대학교
비교법연구소, 2005, 70면에서 재인용.

으로 얻은 이익이나 당해 영업비밀 또는 거래비밀의 통상의 이용료를 손해액으로 산정할 수 있다. 다만 민사적 구제와 관련하여 정당하게 획득한 영업비밀까지 사용할 수 없는 것은 아니다. 그리고 공정한 경쟁에 반하는 경우 민법에 의한 손해배상이 제한되는 것은 아니며 민법에 의한 손해배상도 가능하다(독일 민법 제826조).412) 또한 실제 소송에 있어서 중요한 영업상·경영상·발명 및 조세에 관한 비밀이 심리되고 이의 공개를 통하여 중대한 이익이 침해될 수 있다고 판단될 때는 법원이 심리를 비공개로 진행할 수 있도록 규정하는 등 비공개심리를 할 수 있는 경우를 규정하고 있다. 비공개심리에 참석한 자에 대해서는 비밀유지의무를 부과할 수 있도록 규정하고 있다(독일 민사소송법 제384조). 형사소송에서도 실체적 진실발견에 중점을 두어 영업비밀을 이유로 한 증인거부는 허용되지 않는다(독일 형사소송법 제384조). 다만 독일의 부정경쟁방지법은 역외적 용권에 대한 근거규정을 마련하고 있는 것이 특징이다.

한편 영업비밀 침해행위와 관련하여 독일 부정경쟁방지법은 종업원의 비밀누설행위를 한 자, 비밀염탐행위를 한 자 또는 비밀이용행위를 한 자는 3년 이하의 징역형 또는 벌금에 처하고, 이 죄는 친고죄로 한다(독일 부정경쟁방지법 제20조 제1항). 다만 특별한 공익을 위하여 필요하다고 인정할 때에는 직권으로 소추할 수 있다.413)

---

412) 독일 손해배상청구권에 관한 상세한 논의는 Köhler, Helmut, "UWG-Reform und Verbraucherschutz", GRUR, 2003, S.265. 이하 참조.
413) 김재봉, 전게논문, 173면.

3. 일본

(1) 연혁

일본은 다른 국가들보다 영업비밀에 관한 법률 내용이 늦게 도입되었다.[414] 부정경쟁방지법 개정 이전에는 영업비밀에 관한 별도의 입법 없이 민법상의 불법행위법 및 계약법과 상법의 규정을 통하여 영업비밀을 보호하고 그 침해행위가 형법상의 형벌규정에 해당하는 경우 형사 처벌하는 형태로 보호되어 왔다. 즉 회사의 임원, 종업원, 기술협정 당사자 등 계약관계에 있는 자와의 관계에 대해서 영업비밀이 침해된 경우 민법, 상법에 의해 계약위반행위의 금지 및 손해배상이 가능하고 제3자의 부정행위에 대한 구제로서는 불법행위법에 의해 손해배상을 청구할 수 있었다. 이 후 1986년 UR의 지식재산권 문제가 대두되면서 1990년 6월 부정경쟁방지법을 개정하고 영업비밀보호에 관한 규정을 포함하게 되었다.[415] 이는 국제적으로 영업비밀의 보호가 요구되었고 일본의 산업기술이 발달하여 이에 대한 보호가 필요하였기 때문이었다.[416] 그러나 부정경쟁방지법에 영업비밀에 대한 형사처벌에 대해서는 규정되지 않은 채 형법에 의하여 규율되었다.[417] 이후 **TRIPs** 협정의 시행에 따라 영업비밀 보호 강화에

---

414) 일본 부정경쟁방지법에 제정 및 개정에 대한 상세한 내용은 千野直郎, 前揭書, 127∼142面. 참조.

415) 金春陽, 『營業秘密の法的保護』, 成文堂, 2007, 135面.

416) 일본은 미국의 통상압력에 영업비밀조항을 신설하여 미국의 통일영업비밀비법과 거의 유사한 내용을 규정하고 있다.

417) 고영수, "일본에 있어서의 영업비밀의 침해행위에 대한 법적 보호", 『지적소유권법연구』 제4호, 한국지적소유권학회, 2000. 6, 227면.

대한 필요성이 커지게 되었다. 이로써 TRIPs 협정 이후인 2003년에
이르러 영업비밀 침해행위에 대한 형벌 벌칙 조항을 신설하였다. 또
한 2005년 6월 29일 부정경쟁법의 추가 개정을 통해 영업비밀의 국
외유출과 퇴직자를 통한 영업비밀의 유출처벌, 영업비밀을 부정 취
득한 법인의 처벌(양벌규정), 처벌형량의 강화(징역 3년에서 5년으로
상향조정) 등을 2005년 11월 1일부터 시행하고 있다.[418] 이것은 최
근 산업스파이 행위 또는 컴퓨터 해킹 범죄 등 네트워크를 통한 정
보를 부정 취득하는 사례가 증가함에 따라 이루어진 조치이다.

(2) 영업비밀의 성립요건

일본 부정경쟁방지법에서 영업비밀의 성립요건은 크게 세 가지로
규정하고 있다. 구체적으로 비밀로 관리되는 생산방법·판매방법 기
타 사업활동에 유용한 기술상 또는 영업상의 정보로서 공연히 알려
지지 아니한 것이라고 정의하고 있다(일본 부정경쟁방지법 제2조 제
4항). 즉 ⅰ) 비밀로써 관리되고 있을 것(비밀관리), ⅱ) 생산방법,
판매방법 기타 사업활동에 유용한 기술상 또는 영업상의 정보일 것
(유용성), ⅲ) 공연히 알려져 있지 않을 것(비공지성)이라는 요건을
개념요소로 하고 있다.[419]

이와 같이 일본의 부정경쟁방지법에 의하여 영업비밀을 보호받기
위한 세 가지 요건 가운데 유용성과 비공시성의 요건은 당해 영업비
밀이 가지고 있는 가치 자체에 대한 평가에 의하여 판단된다고 볼

---

418) 백영준, "부정경쟁방지법상 영업비밀보호제도 비교와 적용에 관하여", 『창작과
　　권리』제43호, 세창, 2006, 47면.

419) 金春陽, 前揭書, 137面.

수 있다.[420] 즉 개별기업이 보유하고 있는 정보가 외부적·객관적으로 어떻게 평가되는지의 문제이다. 따라서 개별기업이 보유하고 있는 보호가치가 있는 정보로서 유용성과 공지성의 요건을 겸비한 정보가 영업비밀로 보호받기 위해서는 해당기업이 이를 비밀로 관리하는 노력이 필요하다.[421] 이처럼 일본의 영업비밀 성립요건은 미국의 영업비밀보호법과 독일의 부정경쟁방지법을 모범으로 영업비밀이라는 요건을 조정한 것이다.

(3) 영업비밀의 침해유형

영업비밀의 침해행위는 다음과 같이 구분될 수 있다.[422] 첫째, 절취, 사기, 강박 기타 부정한 수단에 의해 영업비밀을 취득하는 행위 또는 부정취득행위에 의해 취득한 영업비밀을 사용하거나 혹은 개시하는 행위이다(일본 부정경쟁방지법 제2조 제1항 제4호). 여기서 '기타 부정한 수단'은 절취, 사기, 강박 등의 형벌법규위반에 준하는 사회질서에 반하는 방법을 말하는 바, 주거에 침입하여 복사하는 행위, 해커행위, 도청행위 등이 이에 해당한다. 둘째, 보유자로부터 드러난 영업비밀을 부정한 경업, 기타 부정한 이익을 꾀하는 행위를 할 목적 혹은 보유자에게 손해를 가할 목적으로 사용하는 행위 또는 그 목적으로 이를 개시하는 행위이다(일본 부정경쟁방지법 제2조 제1항 제7호). 이는 신의칙 위반 유형이다. 보유자로부터 영업비밀을 보게

---

420) 松本重敏, "實務からみた營業秘密保護立法の意義と問題點"『ジュリスト』第962號, 有斐閣, 1990, 58~59面.

421) 金春陽, 前揭書, 138面.

422) 末吉 瓦, "營業秘密の侵害について",『不正競爭防止法の新論点』, 商事法務, 2006, 103面.

된 종업원 임원 등의 경우423)에는 부정한 경업 기타 부정한 이익을 꾀하는 행위를 할 목적 혹은 보유자에게 손해를 가할 목적이란 주관적 요건을 부가하여 보통의 전직활동이나 영업활동 등에 지장이 없게 배려한 것이다. 셋째, 부정행위가 개입하고 있음을 알거나 알지 못하는 것에 대해서 중대한 과실이 있으면서 영업비밀을 취득하는 행위 또는 그 취득에 관련된 영업비밀을 사용하는 행위 또는 이것을 개시하는 행위이다(일본 부정경쟁방지법 제2조 제1항 제5호). 넷째, 영업비밀을 취득하는 시점에서 부정행위가 개입하고 있음을 알거나 혹은 알지 못하는 것에 대해서 중대한 과실이 있는 경우뿐만 아니라 취득한 후에 부정행위가 개입하고 있음을 알거나 혹은 알지 못하는 것에 대해서 중대한 과실이 있는 경우인 사후적 악의자 유형에 대해서도 같다(일본 부정경쟁방지법 제2조 제1항 제6호). 다만, 거래의 안정을 위해서 부정행위가 개입하고 있었던 것을 알지 못하고 또는 알지 못한 것에 중대한 과실이 없이 영업비밀을 취득한 자에 대해서는 선의자 보호의 규정을 두고 있다.424)

---

423) 종업원과 회사간의 영업비밀 보호에 관해 자세히 설명된 문헌으로는 林いづみ, "營業秘密の保有をめぐ從業員・會社間の法律關係", 『不正競爭防止法研究』, Lexis Nexis, 2007, 361〜382面. 참조.

424) 영업비밀의 귀속문제에 관한 논의는 中山信弘, "營業秘密の保護の必要性と問題點" 『ゾュリスト』第962號, 有斐閣, 1990, 15面 ; 田村善之, 『不正競爭防止法槪說』, 有斐閣, 2003, 342〜345面.

(4) 영업비밀 침해에 대한 구제

1) 침해 예방 및 정지청구권

일본 부정경쟁방지법은 영업비밀 침해행위에 대한 구제책을 마련하고 있다.425) 먼저 민사적으로는 손해배상청구와 더불어 침해의 정지를 청구할 수 있다.426) 즉 부정경쟁으로 영업상 이익을 침해받거나 침해받을 우려가 있는 자는 영업상 이익을 침해하거나 침해할 우려가 있는 자에 대하여 침해의 정지 또는 예방을 청구할 수 있다.427) 이 청구를 할 때에는 침해행위를 조성한 물건의 폐기, 침해행위에 제공된 설비의 제거, 기타 침해의 정지 또는 예방을 위하여 필요한 행위를 함께 청구할 수 있다. 다만 예방적 정지청구권이 인정되기 위해서는 ⅰ) 그 영업비밀이 성공의 실질적 가능성이 있어야 하고 ⅱ) 정지처분이 없을 경우 회복불능의 피해가 실제로 발생할 가능성이 있어야 하며 ⅲ) 정지청구인의 피해가 피청구인이 입은 손실보다 커야 하며 ⅳ) 정지명령이 공익에 손해를 주지 않아야 할 것 등이다.428)

2) 손해배상청구권

영업비밀이 침해되었을 경우 일본 부정경쟁방지법 제4조에서 민사

---

425) 영업비밀의 민사상 보호에 대한 구체적 내용은 茶園成樹, "營業秘密の民事上の保護", 『日本工業所有權法學會年報』第28號, 日本工業所有權法學會, 2004, 37面. 이하 참조.

426) 青山繡一, 『不正競爭防止法』, 法學書院, 2006, 173~174面.

427) 金春陽, 前揭書, 137~138面.

428) 한상훈, 전게논문, 88면.

상 구제조치로 손해배상청구권을 인정하고 있다. 고의 또는 과실로 인한 부정경쟁으로 타인의 영업상 이익을 침해한 자는 당해 행위로 발생한 손해를 배상할 책임을 진다. 이 경우 영업상 이익을 침해한 자가 침해행위로부터 얻은 이익이나 이익액을 영업상 이익을 침해받은 자가 받은 손해액으로 추정하고, 영업비밀의 사용에 대하여 통상 받을 수 있는 금전 가액에 상당하는 가액의 금전을 자기가 받은 손해액으로 하여 배상을 청구할 수 있다.[429]

3) 신용회복 조치권

영업비밀 침해행위로 인한 자는 신용회복 조치권을 행사할 수 있다 (일본 부정경쟁방지법 제14조). 즉 고의 또는 과실로 인한 부정경쟁으로 타인의 영업상 신용을 침해한 자에 대해서는 재판소는 영업상 신용을 침해받은 자의 청구에 의하여 손해배상에 갈음하거나 손해배상과 함께 영업상 신용회복을 위하여 필요한 조치를 명할 수 있다.[430]

4) 비밀유지명령제도

일본 부정경쟁방지법은 비밀유지명령제도를 도입하고 있다.[431] 즉 재판소는 영업비밀이 기재된 서면이 소송 당사자에게 공개된 경우에는 결정으로 타인에게 공개해서는 안된다는 것을 명령할 수 있다는

---

429) 靑山纘一, 前揭 不正競爭防止法, 184面.
430) 靑山纘一, 上揭 不正競爭防止法, 213面.
431) 苗村 博子, "營業秘密の企業內管理", 『企業活動における知的財産』, 大阪大學出版會, 2006, 73面.

규정으로 영업비밀의 특성을 배려한 사법적 정책으로 평가할 수 있다.432) 비밀유지명령제도는 영업비밀 관련 소송은 특성상 손해배상 유무를 떠나 비밀의 원칙은 유지되어야 하나 통상 재판과정에서 준비서면, 증거제시, 감정 등을 통해 공개되는 경우가 있고 당해 영업비밀이 공개됨으로써 당해 영업비밀에 기초한 당사자의 사업활동에 지장을 초래할 경우가 많은데 이를 예방하기 위해 이해 당사자의 신청에 의하여 당사자, 소송대리인 또는 보좌인 등에게 법적으로 비밀유지의무를 부과할 수 있도록 하는 제도이다.433) 그리고 일본은 부정경쟁에 의한 영업상 이익의 침해에 관한 소송에 있어서 당사자 등이 그 침해 유무에 관해서 판단의 기초로 되는 사항이다. 당사자가 보유하는 영업비밀에 해당하는 경우에 관해서 당사자 본인 혹은 법정대리인 또는 증인으로서 심문을 받을 경우에 있어서는 재판소는 당해 영업비밀이 당사자의 사업 활동에 현저한 지장을 초래할 것이 명확하기 때문에 당해사항에 관해서 충분한 진술을 할 수가 없다. 당해 진술을 결하고 다른 증거만으로는 당해 사항을 판단의 기초로 해야 하는 부정경쟁에 의한 영업상의 이익침해의 유무에 관해서 적정한 재판을 할 수 없다고 인정되는 경우에 재판관 전원일치에 의해 당사자 심문을 공개하지 않을 수 있다는 제도이다.434)

---

432) 백영준, 전게논문, 50면.

433) 우리나라에는 아직 도입되지 않은 제도이다.

434) 이 규정은 입법당시에도 헌법 제82조에 정한 재판의 공개원칙에 위배된다는 논란이 있었으나 영업비밀의 비공개가 동조 제2항에 규정되어 있는 공개제한 규정, 즉 공공의 질서 또는 선량한 풍속을 해할 우려가 있는 경우에 해당될 수 있다고 보았다. 다시 말해 재판을 통한 영업비밀의 공개가 오히려 적정한 재판을 훼손한다고 하는 극한적인 경우에 관해서까지 헌법이 재판의 공개를 요구하고 있다고 해석할 수 없다는 의견이 지배적이어서 특허법과 마찬가지로 당사자 심문의 비공개를 재판관 전원 일치의 요건을 전제로 2004년도 개정 시 신설하였다.

4. 중국

(1) 연혁

중국은 1978년 개혁개방정책 실시 이후 사회주의 시장경제 건설의 기치아래 외국의 신기술을 도입하고 자국의 경제발전을 위한 수많은 지식재산법[435]관련 입법과 개정작업을 추진하였다.[436] 또한 2001년 11월 WTO 가입 이후 자국기업의 영업비밀[437]을 보호하기 위한 논의를 한창 진행 중에 있다.[438] 지난날 중국은 국내외의 요청에 의해 영업비밀보호에 관한 입법 모델에 어떠한 것을 원용할 것인가가 문제되었다. 당시에 중국에서는 영업비밀의 보호를 어떤 형태로 입법화할 것인가에 대하여 첫째, 일반법(민법, 형법 등)의 개정에 의해서 영업비밀 보호의 조항을 두자는 것, 둘째 영업비밀을 보호하는 특별법을 제정하자는 것, 셋째 영업비밀의 보호를 반 부정당 경쟁법(反 不正當 競爭法)의 일부로서 입법화하는 방법에서 중국입법 담당기관에서 독일, 일본, 한국 등의 입법례를 참고하여 반 부정당 경쟁법(反 不正當 競爭法)에 규정을 두게 되었다.[439] 중국의 영업비밀 보호제도는 반 부정당 경쟁법(反 不正當 競爭法)의 일부로서

---

435) 중국의 특허법과 저작권법 등 지식재산권법제의 제정과 개정 연혁을 비롯한 문제점 등이 자세히 소개되어 있는 문헌으로는 吳 斌, "中國の知的財産權法制度に關す一考察", 新潟大學校 博士學位論文, 2006, 9面 이하 참조 바람.

436) 小口彦太·木間正道·田中信行·國谷知史,『中國法入門』, 三省堂 , 1998, 139面.

437) 중국에서는 영업비밀을 상업비밀(商業秘密)이라고 하나, 이하에서는 영업비밀로 통일하여 사용하고자 한다.

438) 정덕배,『중국의 영업비밀 보호제도와 현황』, 특허청 산업재산과, 2004. 6, 3면.

439) 黃勤男,『反不正當競爭法實務全書』, 中國政法大學出版社, 1994, 178面.

성립된 것으로 영업비밀 보호의 입법요청은 당연히 반 부정당 경쟁법(反 不正當 競爭法)의 성립의 요인이 되었다. 또한 경제가 고도로 성장하면서 계획경제에서 시장경제로의 이행기에 있는 중국의 경우 유명상품의 위조행위 등의 부정경쟁행위가 나타나게 되나 당시의 법제도는 부정경쟁행위에 대해서 불비된 것을 볼 수 있는바,440) 그리하여 부정경쟁행위의 횡행에 대해 그 근절을 위하여 반 부정당 경쟁법(反 不正當 競爭法)의 제정이 시급한 과제로 대두되었다.441)

현재 중국에서의 영업비밀 규정은 반부정당경쟁법에 영업비밀의 정의, 침해유형, 민사책임에 대한 규정이 비교적 간단하게 언급되어 있다.442) 이외에도 민법통칙, 계약법, 회사법, 노동법, 민사소송법, 과학기술성과전환촉진법, 컴퓨터소프트웨어보호조례 등이 영업비밀과 관련된 사항을 규율하고 있다. 또한 중국형법 제219조는 영업비밀 침해죄를 규정하고 있다

최근 중국에서도 국가의 경제안전과 더불어 영업비밀보호에 대한 인식이 증대되면서 미국, 프랑스, 독일, 일본 등 선진국 유형의 영업비밀보호법을 제정해야 한다는 목소리가 높아지고 있다.

---

440) 유명한 문등(文登)양주회사사건은 중국의 부정경쟁행위를 규제하는 법률의 상황을 표현하고 있는데 피고 문등양주회사는 원고 산동성(山東省)의 양주회사의 등록상표와 유사한 문자 및 도형을 무단히 자사제품의 디자인으로 사용한 사건이다. 당시에는 반부정당경쟁법이 존재하지 않았으므로 법원은 민법통칙 제118조의 일반조항을 운용하여 원고의 금지청구권과 손해배상청구권을 인정한 바 있다[高言 · 黃富, 『商標法理解適用興案例評釋』, 人民法院出版社, 1996, 290面].

441) 김태한 · 김의화, "영업비밀보호법의 연혁적 고찰 - 한국 · 중국 · 대만을 중심으로", 『사회과학연구』제20집, 호서대학교 사회과학연구소, 2001. 12, 47면.

442) 광동(廣東), 복건(福建), 요녕(遼寧), 천진(天津), 강소(江蘇), 산동(山東)등 지역별로 반 부정당 경쟁법을 구체적으로 적용 및 실시할 데 관한 규정들을 별도로 두고 있다.

(2) 영업비밀의 성립요건

중국에서 영업비밀이라 함은 공연히 알려지지 않고 보유자에게 경제적 이익을 주는 실용성을 가지는 것으로서 보유자가 비밀을 유지하기 위한 조치를 강구하는 기술상 또는 영업상의 정보를 말한다(반부정당경쟁법 제10조 2항). 따라서 중국에서 영업비밀의 성립요건은 이하 세 가지로 정리할 수 있는바, 즉 공연히 알려져 있지 않으면서(비공지성), 경제적 이익을 주는 실용성을 구비하며(경제적 실용성), 상당한 노력에 의하여 비밀로 유지된 것(비밀관리성)이라고 할 수 있다.[443]

또한 중국 반 부정당 경쟁법은 기술적 정보뿐 아니라 영업상의 정보도 영업비밀 보호의 대상으로 규정하고 있다.[444] 영업비밀의 구체적인 예로서 통상 가공방법, 화학공정, 설계도, 관리방법, 생산 또는 판매계획, 고객명부 등을 들고 있으나 이는 예시적인 규정으로서 영업비밀의 성립요건을 충족시키는 모든 정보는 영업비밀로서 반 부정당 경쟁법에 의한 보호를 받을 수 있다.

1) 비공지성

반 부정당 경쟁법으로 보호되어야 하는 정보는 공연히 알려져 있지 않을 것(비공지성)이 요구된다.[445] 불특정 다수인이 그 정보를 알

---

443) 金春陽, 前揭書, 8面.

444) 공지성과 관련하여 중국에서는 외국에서 이미 공지된 기술의 경우, 중국의 기술수입 기업이 기술도입 후 개량없이 그대로 사용했다면 기술유통에는 국경이 없기 때문에 영업비밀에 속하지 않는다고 보고 있다[孔祥俊, 『商業秘密保護法原理』, 中國法制出版社, 1999, 35面].

445) 孔祥俊, 前揭書, 44~49面; 金春陽, 前揭書, 10面.

고 있거나 또는 알 수 있는 상태에 있지 아니한 비공지성은 유지된다. 영업비밀의 공지성은 절대적인 것일 필요는 없고, 상대적인 비밀성으로 충분하다. 따라서 보유자 이외의 제3자가 영업비밀을 알고 있어도 그 자가 보유자에 대하여 비밀유지를 부담하고 있는 경우는 비공지성이 인정된다고 하겠으며 나아가 상호 간에 비밀유지의무를 부담하지 않는 복수의 자가 독자적으로 동일한 정보를 보유하고 있는 경우라 할지라도 비밀보유자에 의해 일정의 한정된 인적 범위가 형성되고 대상 비밀정보가 공개되지 않는 한 그 인적 범위가 확대되어도 비밀성이 인정된다. 그러나 영업비밀의 대상은 특허법의 신규성과 같이 절대적인 신규일 필요는 없다.446)

2) 경제적 실용성

비밀로 관리되고 있는 비공지정보가 현실적으로 또는 잠재적으로 사업활동에 유용한 기술상 또는 영업상의 정보이어야 하며 구체적인 응용력을 가지고 있어야 한다.447) 만일 기술이 생산능률을 저하시키거나 생산비용을 상승시킨다면 이 정보가 비밀성을 가지고 있더라도 영업비밀에 해당하지 않는다. 한편 기업의 제품개발계획 등과 같이 그 자체는 직접적으로 생산·판매활동 등의 사업활동에 연결되지 않지만 상대방과의 경쟁관계에 있어 유용하게 활용할 수 있는 정보라면 그 실용성을 인정할 수 있을 것이다.

---

446) 김의석, 「영업비밀보호법제에 대한 비교연구」, 상지대학교 박사학위논문, 2001, 51면.
447) 孔祥俊, 『不競法新論』, 人民法院出版社, 2001, 717面; 金春陽, 上揭書, 10面.

3) 비밀관리성

부정이용행위로부터 보호받는 영업비밀이 되기 위해서는 당해 재산적 정보가 비밀로써 관리되어야 한다.[448] 즉 당해 정보가 비공지 상태에 있다는 것만으로는 부족하고 당해 정보의 보유자 자신이 비밀로써 유지하기 위한 합리적인 조치를 강구하고 부정한 수단에 의하지 않으면 알지 못할 정도로 비밀로써 관리를 행하고 있을 필요가 있다. 이는 영업비밀보유자와 제3자와 이해를 조정하고 정보거래의 원활화를 도모하기 위해서는 보유자의 비밀관리 노력으로 인해 제3자로서도 영업비밀이란 사실을 인식하거나 인식할 가능성이 있는 경우에만 보호해 줄 필요가 있기 때문에 규정한 것이다. 법이 요구되는 비밀유지조치는 크게 비밀유지계약과 비밀유지요구로 구분된다. '합리적'인 비밀유지조치란 정보의 특징 및 불법행위의 특성에 기초하여 보유자의 정보를 유효하게 보호하는 조치를 말한다.[449] 한편 비밀관리는 반드시 엄중하게 이루어질 필요는 없으며 침해자가 인식 가능한 정도로 비밀유지를 위한 조치를 취하면 족하다. 따라서 영업비밀로써 보호받기 위한 유지 관리의 정도는 구체적 정황을 고려하여 사안마다 개별적으로 판단하여야 한다.

---

448) 金春陽, 前揭書, 8面.

449) 예를 들면, 외부인 또는 내부의 비밀과 무관한 자에 대하여 비밀자료가 용이하게 접근할 수 없는 장소에 비밀정보에 관한 자료를 보관하는 것은 합리적인 비밀조치를 취한 것으로 볼 수 있다.

(3) 영업비밀의 침해유형

　영업비밀의 침해행위의 주체는 경영자와 제3자이다.450) 여기서 경영자는 상품경영 또는 영리성 사업에 종사하는 법인, 기타 경제조직과 개인을 말한다(중국 반 부정당 경쟁법 제2조 제3항). 다만 형법과 기타 영업비밀 관련 규정들에는 침해행위의 주체에 대한 제한이 없다. 즉 침해행위의 주체를 특정하지 않고 있다. 이와는 별도로 반 부정당 경쟁법 제10조에 규정된 침해유형은 1997년 개정된 중국 형법 제219조의 영업비밀 침해행위 유형과 완전히 일치하며 침해행위 유형은 다음과 같다. 첫째, 부정당한 수단을 사용하여 영업비밀을 취득하는 행위이다(중국 반 부정당 경쟁법 제10조 제1항 제1호). 절취, 유혹, 협박 또는 기타 부정당한 수단을 사용하여 권리자의 영업비밀을 취득하는 행위는 영업비밀 침해행위에 속한다. 여기서 절취란 불법적 수단을 사용하여 몰래 영업비밀을 취득하는 행위이고 유혹은 물질 또는 기타 조건을 이용하여 영업비밀을 알고 있는 종업원, 업무관계자 등을 유혹하는 행위이다. 협박은 영업비밀 권리자 또는 영업비밀을 알고 있는 사람에게 재산 또는 신체상의 손해를 가할 목적으로 위협하여 강제하는 행위이며, 기타 부정한 수단이란 절도, 유혹, 협박 등과 유사한 수단을 사용하는 것을 말한다.451) 둘째, 부정당한 수단을 사용하여 취득한 영업비밀을 폭로하거나 사용 또는 타인에게 사용을 허락하는 행위이다(중국 반 부정당 경쟁법 제10조 제1항 제2호). 이 조항은 일반 부정당한 수단을 이용하여 정당권리자의 영업비밀을 취득한 후의 행위라고 할 수 있다. 여기서 폭로한 특정인 또는

---

450) 武建英 外 2人 共著, 『反不正當競爭法』, 淸華大出版社, 2006, 18面.
451) 정덕배, 전게서, 7면.

불특정인에게 영업비밀을 공개하는 행위이며, 그 원인, 형식, 목적
등은 불문이다. 사용은 생산, 경영활동에 사용하는 것을 말하고, 취
득 이익이 있었는지 여부는 불문이고 타인에게 사용을 허락하는 행
위란 제3자에게 영업비밀 사용을 허락하는 행위로서 사용대가 유무
역시 불문이다.452) 셋째, 계약 또는 비밀유지 요구에 위반하여 폭로,
사용 또는 타인에게 자기가 알고 있는 영업비밀의 사용을 허락하는
행위이다(중국 반 부정당 경쟁법 제10조 제1항 제3호). 이 조항은
정당하게 영업비밀을 취득 또는 알고 있으나 계약·신뢰관계 또는
영업비밀 관리자의 비밀유지 요구에 위반하여 비밀유지 의무가 있는
자 또는 비밀유지 요구를 받은 자가, 권리자의 허가를 얻지 않고 임
의로 특정인 또는 불특정인에게 권리자의 영업비밀을 공개하거나,
자기가 사용하거나 또는 제3자에게 사용을 허락하는 행위에 대한 규
정이다.453)

　여기에서 주의할 점은 비밀유지 의무가 있는 자란 고용계약 또는
기술개발 및 양도·허가계약에서 쌍방 간 또는 일방이 계약상 비밀
유지 의무를 부과한 경우이다. 비밀유지를 요구받은 자란 영업비밀
권리자가 상대방에게 구두 또는 서면으로 당해 정보의 영업비밀을
요구받은 사람을 의미한다. 따라서 비밀유지 의무가 있는 자는 그
요구사항을 당연히 준수해야 할 의무가 생긴다는 점이다.454) 넷째,
제3자가 앞에서 설명한 첫째에서 셋째까지의 위법행위를 알거나 또
는 중대한 과실로 인하여 모르고 타인의 영업비밀을 취득하여 사용

---

452) 정덕배, 전게서, 8면.
453) 張玉瑞,『商業秘密法學』, 中國法制出版社, 2000, 523面 ; 金春陽, 前揭
　　　書, 16～18面.
454) 정덕배, 상게서, 8면.

하거나 폭로하는 행위도 영업비밀 침해행위로 간주된다(중국 반 부정당 경쟁법 제10조 제2항). 이 규정은 영업비밀 침해행위에 대한 범위 확장이다. 제3자란 부정한 수단을 사용하여 영업비밀을 취득한 자 또는 정당하게 영업비밀을 취득한 자 이외의 자로서 악의의 제3자를 말한다. 이 조항은 우리나라의 부정경쟁방지 및 영업비밀보호에 관한 법률 제1조 제3호 나목 및 마목에 해당된다고 할 수 있다.

(4) 영업비밀 침해에 대한 구제

1) 민사적 구제

가. 금지청구권

반 부정당 경쟁법은 영업비밀침해에 대한 금지청구에 관하여 명시적으로 규정하고 있지는 않다. 이 점에 대해서 입법담당자는 "부정경쟁행위의 민사책임으로서 금지청구권 등의 책임을 배제하는 것이 아니고 손해배상책임이 주된 책임이다"라고 설명하고 있다.455) 이는 중국의 특성상 침해행위에 대한 행정적 제재로서 공상행정관리국(工商行政管理局)에 의한 침해정지명령이 부정경쟁행위에 대한 금지청구권보다 훨씬 더 효율적이기 때문이다. 따라서 인민법원은 영업비밀 침해행위를 금지하는 청구권을 인정할 권한이 없다. 다만 법원은 침해자에 대하여 민법통칙 제134조에 의한 민사책임을 물을 수 있다. 이 민사적 구제에는 침해행위의 금지,456) 침해행위를 조성한 물

---

455) 國家工商行政管理局條法司 編, 『反不正當競爭法釋義』, 河北人民出版社, 1993, 90面.

456) 이 경우 우리나라 법과는 달리 예방청구권이 인정되지 않고 있다. 왜냐하면 중

건의 폐기 및 침해행위에 제동된 설비의 제거와 신용회복을 위한 조치457) 등이 해당된다.

나. 손해배상청구권

영업비밀 침해로 인한 손해배상청구에 있어서 권리자는 ⅰ) 영업비밀의 존재, ⅱ) 위법행위의 존재, ⅲ) 손해사실의 존재, ⅳ) 침해행위와 손해사이의 인과관계와 손해액을 입증하여야 한다. 영업비밀 침해행위에 대한 민사적 책임에 대하여 반 부정당 경쟁법 제20조에 의하면 사업자는 이 법률의 규정에 위반해서 권리자에게 손해를 주는 경우에 손해배상 및 부정경쟁행위를 조사하기 위하여 지출한 합리적 비용에 대한 책임을 진다. 반 부정당 경쟁법 제20조는 손해배상액의 산정에 관한 특칙을 규정하고 있다. 즉 우선 영업비밀보유자가 침해행위에 의하여 받을 손실을 기준으로 하여 손해배상액을 산정한다. 또한 이 방법에 의한 산정이 곤란한 경우에는 침해자가 영업비밀을 부정사용에 의해 얻은 이익을 기준으로 하여 산출한다.458)

2) 형사적 구제

중국 반 부정당 경쟁법에는 영업비밀을 직접적으로 보호하는 형사규정이 존재하지 않는다. 반 부정당 경쟁법의 입법당시에 형사벌을 두는 데 대하여 논의가 있었으나 시기상조라는 이유로 결국 규정을

국에는 고용안정이 중시되기 때문이며, 특허권 침해의 경우와 마찬가지로 예방청구가 인정된 사례는 아직까지 없다.

457) 신용회복은 사죄광고가 일반적이다.

458) 김의석, 전게학위논문, 158면.

두지 않았다. 왜냐하면 입법 시 중국은 시장경제시스템이 형성되는 시기로 시장경제에 대한 법률의 의식이 낮고 상관행이 충분하지 않아서 어떤 상행위가 부정경쟁행위인가 인식되지 않았기 때문이다. 이러한 상황을 감안하여 일부의 악질인 것을 제외하고 부정경쟁행위에 있어서의 구제는 형사법보다 민사적 또는 행정적인 수단이 바람직하다고 입법담당자가 판단하였기 때문이다. 따라서 영업비밀을 직접적으로 보호하는 형사적 규정이 존재하지 않기 때문에 악질인 영업비밀 침해사건의 경우에 대하여 절도죄 또는 수뢰죄에 해당하는 경우에만 처벌할 수 있었다.

3) 문제점

중국의 영업비밀제도는 여러 가지 문제점을 안고 있다.[459] 먼저 영업비밀을 보호하는 구체적인 제도가 완전히 확립되어 있지 않기 때문에 여러 문제가 아직 법에 의하여 해결되고 있지 않다.[460] 예를 들면 영업비밀 유지계약 또는 비밀유지조항의 내용 및 효력문제, 경업금지계약 또는 조항의 내용 및 효력의 문제, 영업비밀의 권리의 귀속 및 이익의 향유문제, 과실로 영업비밀을 취득한 후에 고의로 그것을 공개 또는 그 사용을 이전하는 문제 등을 들 수 있다. 둘째, 현행 영업비밀을 보호하는 법규범은 매우 원칙적이며 관련개념 및 행위의 표준과 한계를 구체적으로 규정할 수 없기 때문에 법원에서 그 적용이 매우 어려우며 많은 영업비밀 사건이 심리되더라도 구체

---

459) 중국 영업비밀 보호제도의 문제점에 대해서는 金春陽, 前揭書, 20~24面.
460) 김병일·김의석, "중국의 영업비밀 보호제도에 관한 연구", 『산업재산권』 제10호, 한국산업재산권법학회, 2001, 116~117면.

적인 판결을 이끌어 내지 못하고 있는 실정이다. 뿐만 아니라 현행 법률에는 영업비밀에 관한 규정이 통일성 및 연관성이 부족하여 사법적 적용에 불편이 많다. 중국은 경제관련 법령 대부분이 입법 시에는 간단한 법조문을 작성한 이후에 운영행정기관이 상세한 시행세칙을 정하여 행정기관이 과도한 재량을 부여받고 있는 특징으로 법률체계가 불균형을 이루어 있는 부분이 존재한다. 따라서 이와 같은 문제점을 해결하기 위해서는 현행 반부정당경쟁법을 체계적으로 개정하여 보완하거나 별도로 영업비밀보호법을 제정해야 할 것이다.

5. 외국법제의 시사점과 한국법제의 문제점

(1) 외국법제의 시사점

영업비밀 보호와 관련하여 TRIPs 협정을 기하여 많은 국가들은 자국의 이익을 위한 규정들을 만들어 시행하고 있다. 일본의 경우에는 2004년 부정경쟁방지법 개정을 통해 소송당사자의 비밀유지의무, 소송당사자와 대리인만 열람하게 하는 심리제도의 개선과 재판의 공개정지 등을 추가하는 영업비밀 보호 강화규정을 마련하였다. 이러한 개정을 통해 재판과정에서 영업비밀이 유출될 위험성을 대폭 감소시킨 효과를 얻을 수 있다. 미국의 경우에서는 TRIPs 협정의 시행을 기점으로 형사처벌이 포함된 강력한 영업비밀보호 규정을 확립하고 있다. 즉 1996년 경제스파이법(EEA)의 제정을 통해 국내뿐 아니라 국외에서 발생한 영업비밀 침해행위를 처벌할 수 있는 역외관할

권 조항을 신설한 것이다. 이는 미국의 경제스파이법과 같은 역외적
용의 규정은 많은 비판에도 불구하고 자국의 영업비밀을 보호하려는
미국의 의지가 녹아있는 것이다. 또한 영업비밀 침해자에 대한 몰수
제도와 유출 신고자에 대한 포상금 제도를 마련하여 영업비밀을 한
층 더 두텁게 보호하고 있다. 더불어 산업기밀 등 중요 영업비밀의
보호를 위해 FBI에서는 함정수사제도를 도입하여 국외로의 유출을
방지하고 있다. 이러한 보호 강화 규정을 마련한 국가들의 경우 실
제로 영업비밀 침해를 예방하는 효과가 큰 것으로 나타나고 있다.
독일의 경우에도 TRIPs 협정 시행 이후인 2004년 부정경쟁방지법의
개정을 통해 영업비밀을 국회로 유출한 자에 대한 처벌을 강화하기
위해 역외관한권을 신설하였다. 뿐만 아니라 영업비밀의 유출 미수
에 그친 자들까지 강력히 제재할 수 있는 형사처벌조항을 마련하였
다. 이렇듯 미국, 일본을 비롯한 많은 경제선진국들은 자국의 영업비
밀 보호를 위한 법제도 개선을 진행하고 있다. 이러한 움직임은 우
리나라의 입법 개선방향을 확립하는 데 많은 지침이 될 것이다. 따
라서 우리나라에서도 영업비밀 보호에 취약한 부분을 중심으로 주요
국들의 입법동향 등을 철저히 분석·검토하여 영업비밀 보호에 도움
이 되는 부분을 적극 수용해야 할 것이다.

한편 우리나라에 맞는 영업비밀 보호법의 체계를 바로 세우는 작
업도 병행되어야 한다. 현재 영업비밀에 대한 보호는 부정경쟁방지
및 영업비밀보호에 관한 법률을 통해 이루어지고 있으나 이 법령은
TRIPs 협정 시행에 따라 급하게 마련된 규정들이 대부분이여서 충
분한 논의 없이 외국법을 모방한 부분이 상당수 존재한다. 이로 인
하여 현재의 부정경쟁방지법내의 규정을 통하여 영업비밀보호규정을
둔 것에 대하여 부정경쟁행위와 영업비밀의 보호규정이 일체를 이루

고 있지 않고 병렬적으로 규정하고 있어 비밀침해행위를 불법행위법의 연장선상에 서 있는 부정경쟁방지법을 통해서 보호한다는 취지와 일치하지 않는 측면이 존재한다.461) 따라서 현행 법령을 우리나라 법체계에 맞게 전면적인 개정 내지 독자적인 법제정을 할 것인지에 대한 심도 있는 논의가 필요한 상황이므로 이에 대한 논의가 필요하다.

(2) 한국법제의 문제점

우리나라는 1991년 12월 부정경쟁방지법에 영업비밀 보호를 규정하는 조항을 신설하였다. 이후 1998년 12월 '부정경쟁방지 및 영업비밀보호에 관한 법률'로 법명을 변경한 이후 9차례의 개정을 거쳐 오늘에 이르고 있다. 또한 국외로의 최첨단산업기술 유출 방지를 위해 2006년 산업기술의 유출 방지 및 보호에 관한 법률 등이 제정되어 위 법률을 보완하고 있다. 그럼에도 불구하고 우리나라 영업비밀 관련법의 경우 재판 절차상 재판의 공개 여부, 소송기록물의 열람범위, 증언 거부 등이 불명확하여 영업비밀 침해의 우려가 높다. 뿐만 아니라 영업비밀 유출 신고자에 대한 포상금 제도의 확충이 미비한 실정이다. 영업비밀의 침해는 국외로의 직접적인 유출뿐 아니라 국내의 유통을 거쳐 유출되는 경우도 많기 때문이다. 그리고 산업스파이 행위가 많이 지능적이고 은밀하게 이루어지므로 사전에 예방하지 않으면 그 효용성이 없다. 이에 현행 법제에서는 이처럼 은밀히 이루어지는 산업기술 등 중요 영업비밀의 유출에 미흡한 실정이다. 또한 영업비밀 침해가 발생하는 이유는 침해로 인한 막대한 수익을 얻

---

461) 이상정, 전게논문, 97면, 각주21.

기 위해서이다. 따라서 부당하게 취득한 수익을 철저하게 환수하는 방안이 요구된다. 이에 현행 법제에서 환수규정을 두고 있으나 영업비밀은 물론 국가 핵심기술까지도 몰수 목록에 포함되어 있지 않아 영업비밀 보호에 많이 미흡하다. 끝으로 TRIPs 협정에서는 신규 화학물질을 이용한 의약품 또는 농약품의 판매를 허가하는 조건으로 작성되어 제출된 경우 이를 보호하도록 규정하고 있으나 비료관리법 등에서는 이들 제출자료에 대한 보호규정을 마련하지 못하고 있어 관련 업계의 영업비밀이 침해될 우려가 높다. 이러한 피해 유출에 대해 일본, 미국을 비롯한 국가에서는 TRIPs 협정 시행을 기점으로 자국의 영업비밀 보호를 위한 규정들을 마련하였다. 이는 선진국들이 TRIPs 협정에서 영업비밀 보호의 시행과 집행에 대해 임의규정을 잘 활용하고 있음을 보여준다.

제6장 한국 영업비밀보호법제의 개선방안

Ⅰ. 영업비밀 유출의 사전 예방책 마련

1. 등급분류제의 시행[462]

영업비밀의 비밀성, 즉 비밀관리성과 관련하여 미국과 일본 등에서는 해당정보가 영업비밀이라는 사실이 객관적으로 인식될 수 있어야만 영업비밀로 인정되고 있다. 비밀로 되기 위해서는 주관적으로 비밀로 할 것을 원하는 사실과 객관적으로 비밀로서 보호해야 할 이익이 있는 것을 말하므로 외부에 알려지는 것을 차단하고자 하는 의지의 외부적 표현이 없는 비밀은 일반적으로 비밀이라고 부르지 않는다. 예를 들면, 봉인되지 않은 채 공무원의 공개된 책상 위에 펼쳐져 있는 비밀서류의 내용을 우연히 지득한 경우 이를 비밀서류의 비밀을 침해했다고 볼 수 없는 것이다. 즉 최소한 비밀서류라는 객관적 인식의 근거가 전혀 존재하지 않는 상태에서 이를 비밀서류라고 지칭하는 것은 상당한 무리가 따르기 때문이다.

이와 같이 객관적인 사실을 등급으로 분류하거나 일정한 사항 중 영업비밀로 분류된 것에 한하여 범위를 좁게 할 필요성이 있다고 생각한다. 즉 유출되거나 기업에 매우 중요한 영업비밀은 1급 비밀로 하여 법정형에 차등을 둔다면 행위자에 대한 판단과 법정형 그리고 비밀의 범위를 축소할 수 있는 대안이 될 수 있을 것이라고 판단된다. 나아가 영업비밀의 분류와 그에 준하는 힙딩한 조치를 제시함으로써 법원에 객관적인 기준을 제기하게 된다. 이는 영업비밀을 분류

---

462) 윤해성, 전게학위논문, 226면 이하 참조

하는 주체가 합리적 타당성을 가지고 있고 빠르게 변화하는 과학기술에 맞추어 탄력적으로 분류할 수 있다면 이로 인하여 영업비밀은 쉽게 특정 지울 수 있다고 생각한다. 더불어 소송경제에도 이바지할 수 있을 것이라고 생각한다. 따라서 영업비밀의 등급 분류제를 제정 · 시행하는 논의와 절차가 필요하다고 판단된다.

2. 정부기관에 제출된 자료의 보호 규정 신설

영업비밀의 보호와 관련해서는 법령상 정부에 제출이 강제되는 정보의 보호가 문제된다. 즉 기업들이 정부 또는 정부기관과의 계약이나 입찰 등과 관련하여 자신들의 영업비밀을 정부에 제출하여야만 하는 경우가 많아지고 있다. 뿐만 아니라 정부는 정부가 보유하고 있는 정보를 국민의 알권리라는 차원에서 개인이나 기업들에게 공개하고 있는 상태이다. 그 결과 정부의 자료공개제도는 영업비밀 경쟁업체들이 합법적으로 경쟁기업의 영업비밀을 얻을 수 있는 창구가되고 있는 실정이다. 예컨대 미국의 경우 개인이나 기업은 정보공개법을 이용하여 정당한 법적 절차를 통해 정부에 제출된 정보의 복사를 신청하여 원하는 정보에 접근할 수가 있다. 이 때 정부는 국민의 알권리와 기업의 영업비밀이라는 두 가지 이익 속에서 국가나 정부기관 등 공공기관에 제출하는 기업의 영업비밀을 어느 정도의 차원에서 조화 있게 보호해야만 하는가 하는 문제가 발생한다. 이에 TRIPs 협정에서도 정부제출 자료 공개에 의한 영업비밀 보호를 규정하고 있다. 특히 TRIPs 협정 제39조 제3항에서도 신규 화학물질을 이용한 의약품 또는 농약품의 판매를 허가하는 조건으로 작성에 상당한 노력이 소요된 미공개 실험결과 또는 기타 자료의 제출을 요구하는 경우 이러한 자료를 불공정한 상업적 사용으로부터 보호한다는 규정을 두고 있다. 또한 회원국은 대중을 보호하기 위해 필요한 경우 이외에 또는 불공정한 상업적 사용으로부터 동 자료의 보호를 보장하기 위한 조치가 취하여지지 않을 경우 이러한 자료가 공개되는 것으로부터 보호해야 한다고 규정하고 있다. 즉 신규의약품 또는 신규 화학물질을 이용한 농약의 제조허가를 정부에 신청할 경우 정부는 국민건강 및 환경보호 등을 이유로 독성, 안전성 검사 등 임상실험 자료를 제출하도록 하고 있다. 만약 이러한 자료들이 공개되거나 뒤늦게 제조 신청한 업자가 같은 자료를 원용할 수 있게 된다면 먼저 제조 신청한 선발업자는 상대적인 손실을 얻게 되므로 이를 방지하기 위한 규정으로 본 조항이 도입되었다.463) 이와 같은 조항은 선발약품 생산영업이 그 의약품의 승인을 얻기 위하여 한 시점과 그 자료는 선발영업의 지식재산권에 귀속되므로 후발 영업 의약품의 심사에 이용될 수 없을 뿐만 아니라 비밀이 지켜져야 한다는 것으로 생각된다.

그러나 신약이나 농약을 개발할 수 있거나 임상실험을 할 수 있는 능력이 있는 국가는 극소수에 불과하기 때문에 동 규정을 엄격히 적용한다면 개도국의 제조업자들은 독자적인 임상실험 자료를 제출할 수 없는 문제점이 발생한다. 이로 인하여 일반의약품이나 카피(Copy) 농약 등을 생산할 수 없게 되어 결국 선진 제약업계 및 농약제조업계의 독점을 초래할 가능성이 있다. 이로 인하여 오히려 영업비밀을 보호한다는 명목하에 후진국 등에 질병 확산 및 식량난 등의 부정적

---

463) 특허청 국제협력담당관실, 전게서, 230~231면.

환경을 제공함으로써 결국에는 전세계적인 문제로 대두될 가능성도
있으므로 그 한계성을 내포하고 있다. 그러나 이와 관련된 우리나라
비료관리법 등에는 정부당국에 제출된 시험자료공개에 대한 규정 및
원본 자료를 다른 사람이 열람하거나 참고할 수 있다는 규정이 존재
하지 않는 실정이다. 이러한 규정의 미비는 우리나라가 지득할 수
없는 영업비밀을 포함한 정보, 즉 외국에 필요한 정보 등을 요구할
수 없는 근거가 될 수 있으며 한편으로 외국의 정부 및 기업 등 외
부기관이 자료를 요구할 경우 자료 거부에 대한 명확한 근거를 제시
하지 못함으로써 법적 허점을 나타내는 것이다. 따라서 비료관리법
에 있어서 정부자료 제출에 따른 자료 보호규정의 신설과 공개, 열
람 등에 대한 세부적 규정의 논의와 검토가 필요하다고 생각된다.

Ⅱ. 소송관련제도의 정비

1. 재판공개의 제한규정 신설

오늘날 재판공개의 요구가 점차 거세지고 있지만 영업비밀이 재판
에 의하여 공개되는 것은 영업비밀의 보호를 위해서는 바람직하지
않으며 재판을 공개하면서 영업비밀보유자의 권익을 보호한다는 것
은 부정경쟁방지법의 제정취지의 흐름과 배치되는 것이다. 즉 소송
을 제기함으로써 오히려 영업비밀이 침해당한다면 소송을 통한 구제

를 포기하는 경우가 발생할 것이며 이는 또 하나의 기본권 보장의 흠결이라고 할 것이다.464) 뿐만 아니라 재판공개의 원칙을 형식적으로 적용하면 사회 또는 개인의 이익에 반하거나 소송의 형식화에 빠질 위험성이 있다. 이에 우리나라 민사소송법에 따를 경우 영업비밀의 보호소송은 오히려 제3자에게 비밀을 알릴 가능성이 높고 원고는 피고에 대해서 피고가 현재 알고 있는 정보보다 더 상세한 정보를 알려주는 결과를 초래할 가능성이 많다. 왜냐하면 우리나라의 경우 재판공개의 제한사유를 국가안전보장(헌법 제37조 및 제76조), 안녕질서(헌법 제37조, 제76조, 77조), 선량한 풍속유지의 경우에만 법원의 결정에 의해 공개하지 않을 수 있다고 제한적으로 인정하고 있기 때문이다.

그러나 많은 국가들에서는 사회이익의 보장이라는 측면에서 재판공개의 제한을 인정하고 있는 추세이다. 즉 재판을 공개하는 이익과 재판을 받을 권리라는 이익의 충돌에서 미국이나 독일 등에서는 후자의 이익을 더 중시하는 조치를 강구하고 있는 실정이다.

미국 통일영업비밀법 제5조에서는 재판부는 합리적인 수단에 의해 주장되는 원고의 영업비밀을 보호하는 조치를 취하도록 되어 있다.465) 즉 소송 전에 철저한 증거공개제도(Discovery Proceeding)가 있고, 보존명령(Protective Order)을 내리는 것, 비밀심리(Holding In - Camera hearings)를 가질 것, 소송기록을 봉인하는 것, 그리고 법원의 사전승인 없이는 문제된 영업비밀을 공개하지 말 것을 소송 관

---

464) 杉井嚴一, "民事裁判の近代變質かせら秘密保護規定", 『資産の正義』 Vo.143, No.12, 1992, 55～56面.

465) 미국민사소송법제상 영업비밀보호에 관한 상세한 내용은 이규호, "영업비밀보호를 위한 미국민사소송법제", 『연세법학연구』 제6호 제2권, 연세대학교 연세법학연구회, 1999.12, 263면 이하 참조.

계인에게 명령하는 것이 포함된다는 규정을 두고 있다.466) 뿐만 아
니라 미국 경제스파이법(EEA)에서도 재판과정 시 영업비밀 노출방
지를 위해 제1835조에서 법원은 영업비밀을 유지하기 위하여 적절
한 명령, 기타 조치를 취하여야 한다고 규정하고 있다. 이는 영업비
밀의 추가 유출가능성으로 인하여 기업의 손해가 증가될 수 있고 피
해기업이 법적 구제절차를 밟는 것을 꺼려할 것을 방지하는 차원에
서 이루어진 조치이다.467)

　　재판의 공개원칙을 정하는 헌법의 명문규정이 존재하지 않는 독일
의 경우에도 재판의 공개는 헌법상의 원칙이 아니라고 해석한다.468)
그래서 독일의 법원 조직법 제169조에서 "수소법원에 있어서 변론은
판결 및 결정의 선고를 포함하여 공개한다"라고 민사소송절차의 공
개원칙을 선언하고 있으나 넓게는 제한을 두고 있다. 특히 영업비밀
과 관련하여 동법 제172조 제2호는 영업상, 사업상, 발명상 및 세무
상의 비밀이 언급되는 경우에 이에 대한 공개적인 진술을 통해서 보
호할 가치가 있는 중요한 법익이 침해될 우려가 있을 때에는 법원은
심리를 통하여 또는 사건에 관한 관공서의 문서로부터 알게 된 사실
에 관한 비밀유지 의무를 부과할 수 있도록 하고 있다.469)

　　따라서 우리나라 법제에서도 영업비밀에 관련된 재판을 요함에 있
어서 재판을 비공개로 할 수 있는 절차와 요건을 명확히 규정하는

---

466) 小橋擊, "營業秘密の保護と裁判公開制度", 『ゾュリスト』第962號, 有斐
　　閣, 1990, 41面; 윤선희 · 김지영, "영업비밀 보호와 재판의 공개", 『특허정보』
　　제39호, 1996.7, 특허청, 104면; 표호건, "특허소송에서의 영업비밀 보호", 『지
　　식재산 21』 제55호, 특허청, 1999. 7, 81면.

467) 류병운, 전게논문, 236면.

468) 윤선희 · 김지영, "재판공개로 인한 영업비밀누설의 방지에 관한 소고(1)", 『발
　　명특허』 제245호, 특허청, 1996. 8, 23면.

469) 김용진, 『민사소송법』, 신영사, 2004, 229면.

것이 요구된다.470) 재판공개제한의 규정을 부정경쟁방지 및 영업비밀보호에 관한 법률, 법원조직법 혹은 소송법을 개정하여 수용하고 처벌규정은 부정경쟁방지 및 영업비밀보호에 관한 법률이나 형법에 마련해야 할 것이다.471) 구체적으로는 현행 부정경쟁방지 및 영업비밀보호에 관한 법률에 '성폭력 범죄의 처벌 및 피해자 보호에 관한 법률' 제22조 제1항에 유사한 규정을 두는 것을 고려해 볼 수 있다.472)

2. 소송기록 열람의 제한

재판공개제도로 인한 피해를 효과적으로 막을 수 있는 방법은 소송기록의 공개를 적절하고 합리적으로 제한하는 것이다. 실제의 소송에 있어서는 소송의 심리보다는 소송의 기록에 의해 영업비밀의 내용이 외부에 누설될 위험성이 더 높기 때문이다.473) 이는 반대로 소송기록의 열람을 적절하게 제한할 수만 있다면 공개원칙에 의한 피해를 최소화할 수 있음을 의미한다. 미국의 경우 증거개시제도

---

470) 한상훈, 전게논문, 54면.

471) 윤해성, 전게학위논문, 230면.

472) 성폭력범죄의 처벌 및 피해자보호에 관한 법률 제22조(심리의 비공개) ① 성폭력에 대한 심리는 그 피해자의 사생활을 보유하기 위하여 결정으로 이를 공개하지 아니할 수 있다. ② 증인으로 소환 받은 성폭력범죄의 피해자와 그 가족은 사생활 보호 등의 사유로 증인신문의 비공개를 신청할 수 있다. ③ 재판장은 제2항의 신청이 있는 때에는 그 허가여부 및 공개, 법정회의 장소에서의 신문 등 증인의 신문방식 빛 상소에 관하여 결정할 수 있다. ④ 법원조직법 제57(재판의 공개) 제2항 및 제3항의 규정은 제1항 및 제3항의 경우에 이를 준용한다.

473) 松井茂記, "裁判の公開と秘密の保護(2)", 『民商法雜誌』 Vol.106, No.5, 有斐閣, 1992.8, 82面.

(Discovery)에 의하여 수집된 자료에 대해서는 열람을 엄격히 제한하고 있다. 특히 공개제한 명령에 의하여 영업비밀, 기타 비밀로서 취급되어야 할 조사연구 및 산업상의 정보가 공개되어서는 안 되고 또한 일정한 방법에 의해서만 공개되도록 함으로써 영업비밀누설을 광범위하게 제한하고 있다.474) 독일의 경우에도 제3자가 소송기록을 열람하고자 하는 경우에는 양당사자의 동의를 얻도록 하든지 또는 열람의 법적 이익을 소명하도록 하고 있다. 소송기록 열람 여부는 재판소장의 재량에 맡기고 있다.475)

이에 우리나라에서도 소송의 심리보다는 소송의 기록에 의해 영업비밀이 외부에 유출될 위험성이 더 높다는 것을 인식하여 소송기록의 열람을 제한해야 한다는 논의가 있었고476) 그 동안의 논의를 수용하여 2002년 개정 민사소송법에서는 영업비밀보호를 위한 열람제한 규정을 신설하였다. 다시 말하면 소송기록 중에 당사자의 영업비밀이 있는 때에는 법원은 당사자의 신청에 따라 결정으로 소송기록 중 비밀이 적혀있는 부분의 열람과 복사 등을 당사자에게만 한정하여 할 수 있게 한 것이다.477) 따라서 영업비밀의 경우에도 원칙적으로 소송당사자에 한정하여 소송기록의 열람을 허용하는 등 입법적인 개선이 필요하다. 이와 더불어 법원의 사전승인 없이는 문제된 영업비밀의 공개금지명령 등과 같은 공개심리주의에 관한 특례규정을 두

---

474) 최병규, "기업체 영업비밀의 효과적 보호를 위한 법적 검토", 『안암법학』 제10
    호, 안암법학회, 1999. 12, 195면.
475) 松井茂記, 前揭論文, 74面.
476) 곽경직, "영업비밀의 침해와 구제 및 소송상의 제문제", 『인권과 정의』 제250
    호, 대한변호사협회, 1996, 25면.
477) 곽경직, "영업비밀의 침해에 대한 형사적 보호", 『법조』 제504호, 법조협회,
    1998.9, 62면.

어야 하며 정식재판이 아닌 중재나 약식재판에 의한 해결방법을 강구할 필요도 있다고 생각한다. 뿐만 아니라 형사소송절차에서도 이와 유사한 규정을 신설하고 아울러 이러한 열람 제한규정을 위반한 행위에 대해서 처벌하는 규정도 마련되어야 할 것이다.478)

3. 증인거부권 신설

법원은 특별한 규정이 없으면 누구든지 증인으로 신문할 수 있으므로 당사자의 신청 혹은 법원의 직권에 의하여 증인으로 채택된 자는 법원에 출석하여 신문사항에 대하여 증언을 할 의무가 있다.479) 이에 대해 법률상 증언을 거부할 수 있는 경우는 여러 가지 경우가 있으나 민사소송법상 제315조 제1항 제2호가 기술 또는 직업의 비밀에 관한 사항의 신문을 받을 때에는 증언을 거부할 수 있다.480) 이에 부정경쟁방지 및 영업비밀보호에 관한 법률에 의거한 영업비밀도 포함된다는 견해481)가 있으나 이를 부정하는 견해482)도 있다. 후자의 견해는 증인거부에 대한 재판에 있어 동시에 검토해야 할 요소로써 보호되는 영업비밀의 성질, 증인과 당사자의 관계, 요증(要證) 사실과의 관련성과 상당성, 다른 증거에 의한 입증가능성 여부 등을 들고 있다.483)

---

478) 윤해성, 전게학위논문, 231면.

479) 민사소송법에 의하면 정당한 이유 없이 출석하지 아니한 자에 대하여는 과태료 및 비용부담과 구인을 명할 수 있다.

480) 고영수, 전게 영업비밀의 보호에 관한 소송법적 고찰, 942~943면.

481) 이시윤, 『민사소송법』, 박영사, 1995, 597면. 각주 83번.

482) 곽경직, 전게논문, 63면.

생각건대 영업비밀에 대한 두터운 보호를 위해서는 민사소송법에 관련 근거 규정을 명문으로 신설하는 것을 검토해 볼 수 있다고 생각한다.

Ⅲ. 영업비밀 유출에 대한 처벌기준 강화

1. 영업비밀의 복제 등에 대한 처벌규정신설

우리나라 부정경쟁방지 및 영업비밀보호에 관한 법률 제2조 제3호에서는 영업비밀의 침해유형으로 복제 등에 대한 기준이 없어 영업비밀 침해의 우려가 높다. 따라서 누설을 위한 준비행위로서 야기되는 영업비밀의 복제 등의 행위와 침해된 영업비밀을 그러한 사정을 알면서 취득하는 제3자에 대하여도 처벌규정을 신설하는 것이다. 이를 위해 영업비밀 침해유형에 복제 등의 행위를 삽입하는 것이다. 독일 부정경쟁방지법 제17조 b는 비밀이 화체된 복제물의 제작 또는 제17조 c는 비밀이 화체된 물건의 획득이라고 규정하고 있다. 일본 부정경쟁방지법 제14조 제1항 제4호와 제5호에서는 '보유자가 관리하는 영업비밀 기록매체 등의 기재 또는 기록을 복제하는 것'이라고 구체적인 행위를 규정하고 있다.

모든 침해행위를 처벌로서 다스리는 것이 능사는 아니나 민사적

---

483) 곽경직, 전게논문, 63면.

보호를 두텁게 하는 데도 필요하다. 뿐만 아니라 형사적 보호의 담보, 즉 예비에 있어서는 외국의 지령, 사주, 기타의 의사 연락하에 기업상의 영업사항 또는 도서, 물건 등 이에 준하는 영업비밀을 탐지·수집하는 행위 또는 아무런 의사 없이 편면적으로 영업비밀을 수집하였다면 영업비밀의 예비행위라고 해야 할 것이므로 이에 상응하는 입법 보완이 필요하다고 생각한다.[484]

2. 역외 적용권 규정의 신설[485]

우리나라 부정경쟁방지 및 영업비밀보호에 관한 법률 제19조에서 법인의 대표자, 대리인, 사용인, 그 밖의 종업원이 법인의 업무에 관하여 영업비밀 침해행위의 위반행위를 한 때에는 그 행위자를 벌할 뿐만 아니라 그 법인에도 해당 조문의 벌금형을 과할 수 있다고 규정하고 있다. 이처럼 영업비밀 침해행위에 대해서 단체도 처벌할 수 있도록 한 것은 진일보한 것이라고 할 수 있으나, 외국 정부가 지원하는 형태의 산업스파이에 대해서는 미흡하다고 할 수 있다. 미국 경제스파이법(EEA)의 경우 외국이 개입한 경우 그 기관이나 공무원을 처벌할 수 있도록 하는 역외 적용권[486]을 준다. 물론 역외적용에 대한 실효성에 대한 한계가 있다.[487] 다만, 역외 적용권 규정 신설을

---

484) 윤해성, 전게학위논문, 234면.

485) 윤해성, 상게학위논문, 236면 이하 참조.

486) 미국의 역외적용권과 관련된 자세한 내용은 Robin J. Efron, supra note, p.1475(http://www1.law.nyu.edu/journals/lawrview/issues/vol78/no4/NYU40 6.pdf) 이하 참조.

487) 미국은 실제로 경제스파이법(EEA) 제1831조에 따라 일본정부의 재정 지원을

통해 외국의 지원 등 개입 등에 의한 영업비밀 침해에 대해 간접적 예방의 효과가 있을 것이다.

3. 강력한 환수 규정의 신설

　영업비밀 및 기술유출범죄를 근원적으로 예방하기 위한 방법 중 하나는 범죄로 인해 취득하는 막대한 수익 자체를 철저히 박탈하는 것이다. 이미 미국의 경제스파이법(EEA)은 형사적 몰수 규정을 통해 경제스파이법의 위반행위에 의한 범죄수익을 필요적으로 몰수하도록 하고 있다. 한국의 경우에도 기술유출범죄로 취득한 범죄수익을 몰수할 수 있는 제도를 도입할 필요가 있다.[488) 한국은 이미 범죄수익 은닉의 규제 및 처벌 등에 관한 법률을 통해 특정범죄와 관련된 범죄수익 등을 가장 은닉하는 행위를 규제하고 범죄수익 등의 몰수 및 추징에 관한 특례를 규정함으로써 특정범죄를 조장하는 경제적 요인을 근원적으로 제거하기 위해 제정되었으나 영업비밀 특히 기술유출범죄는 위 특정범죄의 목록에서 누락되어 있다. 따라서 범죄수익 은닉의 규제 및 처벌 등에 관한 법률을 개정하여 기술유출범죄를 특정범죄로 규정하여 영업비밀과 밀접한 관련이 있는 중요기술유출범죄를 환수 대상으로 추가할 필요가 있다고 생각한다.

　받은 이화학연구소의 이익을 위해 영업비밀과 유전자료들을 빼낸 일본인 과학자들의 인도를 청구한 바 있으나, 일본이 이를 거절한 사건이 있다.
488) 이윤제, 전게논문, 168면.

Ⅳ. 영업비밀 유출 감시 시스템 마련

1. 국내 포상금 제도의 신설

영업비밀 등을 포함한 기술유출범죄는 은밀하게 이루어지기 때문에 내부에서 신고가 이루어지지 않을 경우에 적발하기가 쉽지 않은 게 사실이다. 영업비밀 등 중요 기술유출범죄가 회사 내 동료들과의 공모를 통해 이루어지는 경우에 이를 알아 챈 일부 직원의 적극적인 신고로 범죄가 사전에 예방될 수 있었음에도 불구하고 동료의 범죄 사실을 신고하는 것을 꺼려하는 경향 때문에 결국 사후적인 처벌에 그치는 경우가 많다.

따라서 영업비밀 등 중요 기술유출범죄의 적발을 강화하기 위해서는 신고자 포상금 제도를 정비할 필요가 있다. 즉 2006. 10. 27. 제정된 산업기술의 유출방지 및 보호에 관한 법률 제21조 1항[489]에서는 동법상 '산업기술'을 해외로 유출한 사실을 신고한 자 등에 대한 보상 근거조항을 마련하고 있으나 기술유출사범 일반에 적용되는 신고자 보상제도는 아직 마련되지 못하고 있다.[490] 따라서 해외로 유

---

489) 제21조 (산업기술보호 포상 및 보호 등) ①정부는 산업보안기술의 개발 등 산업기술의 유출방지 및 보호에 기여한 공이 큰 자 또는 이 법의 규정을 위반하여 산업기술을 해외로 유출한 사실을 신고한 자 등에 대하여 포상 및 포상금을 지급할 수 있다.

490) 미국의 FBI에서도 기술유출범죄에 대한 신고자 포상금 제도를 운용하고 있다고 한다[봉욱, "우리나라의 기술유출범죄 실태와 효과적 대응방안의 모색", 서울대학교 공과대학원 최고산업전략과정 논문집, 2006, 14면]. 그러나 포상금을 지급할 경우 기술유출범죄의 대상에 관해 어디까지로 할 것인지, 그 기금의 조성은 어떻게 할 것인지 등에 대한 세부적 사항은 좀 더 깊은 연구와 논의가 필

출되는 경우뿐만 아니라 국내에서 나타나는 경우에도 신고자 보상
제도를 마련하는 것이 필요하다고 생각한다.

2. 산업스파이 예방을 위한 함정수사제도의 도입

오늘날 산업스파이 행위는 매우 지능적이고 은밀하게 이루어질 뿐
만 아니라 경쟁기업이나 외국정부의 기술적 지원하에 이루어지는 경
우까지 있어서 그 적발이 쉽지 않다. 이에 한국은 형사소송법상 함
정수사에 대한 근거조항을 가지고 있지 않을 뿐만 아니라 학설도 함
정수사제도에 대해서 부정적이다.[491] 그러나 적발이 용이하지 않은
산업스파이행위에 대해서만큼은 한정적으로 함정수사제도를 도입하
는 것이 검토되어야 한다.[492] 이는 형사소송법에 관련규정을 신설하
거나 통신비밀보호법 등을 통해 가능할 것이다. 특히 통신비밀보호
법을 개정하여 효과적인 수사 활동을 위해 기술유출범죄에 대해서도
통신제한조치가 가능하도록 조치할 필요가 있다.[493] 특히, 국가의 핵
심기술과 국책연구 개발사업 등 국가의 경쟁력과 국익에 절대적으로
필요한 경우에 대한 고려가 있어야 한다. 실제로 미국의 경우에도
경제스파이법 위반 사건의 상당수는 함정수사를 통한 사전 예방 활
동을 통해 이루어지고 있는 점[494]을 볼 때, 내사 단계에서의 감청에

요하다고 생각한다. 따라서 이에 대한 구체적인 개정안을 제시하지 않기로 한다.

491) 이재상, 『형사소송법』, 박영사, 1996, 178~179면.

492) 류병운, 전게논문, 236면.

493) 이윤제, 전게논문, 169면.

494) 미국 법무부 형사국 소속 컴퓨터범죄 및 지적재산과(CCIPS)는의 자료에 의하
    면, 경제스파법 위반 사건 33건중 4건이 FBI의 함정수사(Sting)에 의해 적발

대한 필요성이 크다는 것을 알 수 있다.495) 따라서 통신비밀보호법
개정을 통하여 통신제한조치가 가능한 대상 범죄에 기술유출범죄를
추가하여야 할 것이다.

됨을 알 수 있다(http://www.usdoj.gov/criminal/cybercrime/eeapub.htm.)

495) 통신비밀보호법은 2001. 12. 29. 개정을 통해 동법의 적용과정에서 그 필요성
이 많지 않다고 인식되어 온 범죄를 대상범죄에서 제외하고, 일선 수사기관에
서 필요성이 있다고 주장된 일부 죄명이 추가되는 등 합리적인 조정 과정을
거쳤으나 당시 기술유출범죄는 대상범죄에 포함되지 못했다. 한국의 첨단산업
의 발전으로 인해 기술유출범죄에 대한 통신제한조치의 필요성이 증가한 만큼
기술유출범죄를 통신제한조치의 대상범죄에 추가할 필요성도 커졌다고 할 것
이다[대검찰청, 『통신비밀보호법 해설』, 대검찰청, 2005, 4~6면].

제7장 영업비밀의 관리대책

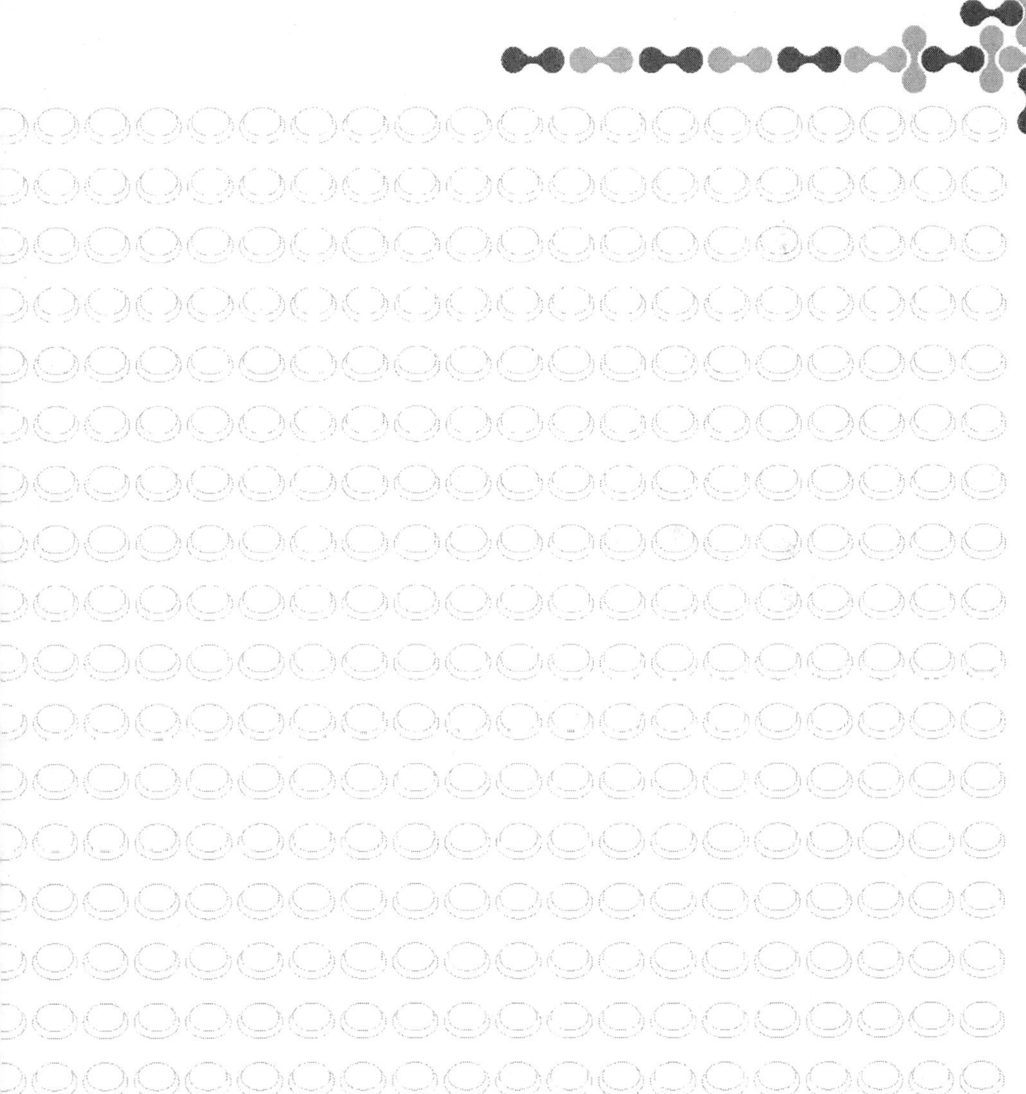

Ⅰ. 의의

최근 기업들은 독자기술개발의 필요에 따라 동종업체와 공동연구
개발·인력교류·기업합병과 매수 등으로 인한 구조조정과 기술교류
가 활발하게 진행되고 있다. 뿐만 아니라 정보통신의 급속한 발전과
관련 상품들의 빠른 패턴의 변화는 영업비밀의 침해의 위험성을 높
이고 있다. 그럼에도 불구하고 아직까지 영업비밀 유출에 대한 관리
체계가 완전하지 못해 그 피해규모, 유출건수, 유출경위, 피해액 등
에 관한 정확한 통계를 산출하는 것이 어려운 실정이다. 다만, 정부
기관과 유관기관 등의 통계 수치를 통해 영업비밀의 유출빈도 및 해
외유출비율 그리고 유출로 인한 피해 등을 종합하여 짐작할 뿐이다.
이러한 통계자료에 의하더라도 영업비밀을 포함한 산업기밀의 유출
현상이 꾸준히 늘어나고 있는 것으로 조사되고 있다. 따라서 영업비
밀 보호에 대한 중요성과 보호전략은 아무리 강조해도 지나침이 없
다고 할 것이다.

Ⅱ. 영업비밀의 유출현황

1. 영업비밀의 유출실태

(1) 국가정보원에 의한 유출 적발 현황

영업비밀의 중요성이 날로 증대되고 있는 가운데 영업비밀을 포함한 중요 정보와 산업기술 등의 유출이 날로 심각해지고 있는 것으로 조사됐다. 국가정보원 산업기밀보호센터의 자료에 의하면, 2004년부터 2009년까지 국내의 영업비밀이 포함된 첨단산업기술의 불법 유출건수가 203건에 달하는 것으로 조사됐다. 연도별로는 2003년 6건에 불과하던 유출건수가 2004년 26건을 돌파하였고 2007년 32건, 2009년에는 43건에 이르고 있다.

[표-5] 영업비밀의 연도별 유출추이

건 수	26건	29건	31건	32건	42건	43건	203건
구 분	2004년	2005년	2006년	2007년	2008년	2009년	합 계

그 유출분야는 전기전자와 정보통신분야가 63.1%(128건), 정밀기계 분야가 14.3%(29건)에 이르는 것으로 조사되는 한편, 정밀화학 5.4%(11건), 생명공학 3.9%(8건)으로 나타났다. 이렇듯 영업비밀이 포함된 첨단산업기술의 경우 전기전자와 정보통신분야에서 자동차 · 조선 · 기계 · 화학 등 거의 모든 분야로 확대되는 경향을 보이고 있다.

또한 영업비밀 등 산업기술을 유출하는 이유로는 개인적인 영리와 금전유혹이 78.8%(160건)에 이르는 것으로 조사됐다. 아울러 영업비밀의 유출 주체는 전·현직 직원이 80.8%(164건)로서 대부분이 기업관계자를 중심으로 이루어지는 것으로 나타났다.[496]

(2) 중소기업청의 조사에 의한 유출현황

영업비밀이 포함된 산업기술 유출은 정보통신의 발달에 따른 속도와 더불어 더욱더 가속화 되고 있다. 이는 치열한 기업경쟁과 짧아진 기술수명이 밑바닥에 자리잡고 있으며 대기업에서 중소·벤처기업으로까지 점차 확대되고 있는 실정이다. 이러한 현상은 중소기업청이 조사한 영업비밀의 유출현황 조사에서 상세히 나타나고 있다.[497] 위 조사에 의하면, 2008년 영업비밀 유출피해를 입은 경험이 있는 중소기업은 15.3%로 나타났다. 유출기업의 유형별로는 혁신형 중소기업의 16.6%가 영업비밀의 유출로 피해를 입은 것으로 조사되어 일반 중소기업 13.1%에 비해 높게 나타내는 특징을 보였다. 또한 업종별로는 화학섬유와 기계소재가 20.2%와 19.2%로 영업비밀 유출비율이 높게 나타났으며, 전기전자 13.2%, 정보통신 13.8% 등 첨단산업의 경우 영업비밀이 유출된 것으로 조사됐다. 이렇듯 전기전자와 정보통신분야보다 화학섬유 부문이 유출률이 상대적으로 높은

---

496) 이러한 영업비밀이 포함된 산업기술이 해외로 유출됐을 경우 253조 4천 500억 원이라는 경제적 손실이 발생하는 것으로 분석됐다[연합뉴스 2009.4.25 기사 참조].

497) 중소기업청의 주관으로 한국산업기술진흥협회는 2008.4.29부터 6.30일까지 1,500개 중소기업을 대상으로 중소기업 산업기밀(영업비밀과 동일하게 정의) 관리 실태를 조사하였다.

것은 첨단산업의 경우 일반 업종보다 영업비밀 유출방지에 대한 노력을 활발히 추진하고 있기 때문인 것으로 파악된다.

위와 같은 중소기업의 영업비밀 유출은 해당 기업들에게 많은 피해를 끼치는 것으로 조사됐다. 즉 영업비밀이 유출된 경험이 있는 중소기업의 1건당 평균 피해금액은 9.1억 원이며, 해당기업들은 영업비밀 1건이 유출됨에 따라 연매출액 대비 7.5%가 피해를 입는 것으로 나타났다. 기업유형별로는 혁신형 중소기업의 경우 1건당 평균 9.7억 원으로 매출액 대비 8.7%의 피해를 입은 것으로 나타났으며, 일반 중소기업의 경우 1건당 7.7억 원으로 매출액 대비 5.5%의 피해를 입은 것으로 조사됐다.[498] 또한 사업장의 종업원의 수가 적을수록 그 피해의 비율이 높은 것으로 나타났다.[499] 이는 대기업에 비해 영업비밀 보호에 대한 인식의 부재와 관리시스템의 미비에 따른 것으로 생각된다. 따라서 영업비밀 보호에 대한 각별한 예방과 관리대책이 필요한 것으로 판단된다.

---

498) 한국산업기술협회, "중소기업 산업기밀관리 실태조사 보고서", 중소기업청, 2008. 7, 18~19면 참조.

499) 종업원 수별 영업비밀 유출피해 현황을 보면, 50인 미만 사업장 16%, 50인 이상 99인 이하 사업장 14.4%, 100인 이상 사업장 14.1%로 조사됐대[한국산업기술진흥협회, 전게보고서, 20면].

2. 영업비밀의 유출사례

(1) 전직 직원에 의한 영업비밀 유출사례

인터넷 S/W 개발업체인 전직 직원들에 의해 영업비밀 침해를 보게 된 사례이다. 사건은 당시 국책과제를 연구하고 있던 연구소 직원 A, B가 2주 간격으로 그만 두었고 핵심 개발자인 C 연구원(책임급)이 개인적인 사정을 들어 사직한 이후 경쟁업체를 설립하였습니다. 얼마 지나지 않아 정부과제 선정 시 A, B, C가 전직회사의 것과 거의 동일한 내용을 가지고 경쟁업체 대표로 참여하여 이들이 정부과제에 선정되게 되었다. 인터넷 S/W 개발업체는 A, B, C가 전직회사에서 유출한 영업비밀로 인해 10억 원에 달하는 피해를 보게 되었다.[500]

(2) 전·현직 직원 공모에 의한 영업비밀 유출사례

국내 H·K자동차의 전직 직원 5명이 자동차 기술컨설팅 회사에 근무하면서 현직 직원 2명과 공모하여 자동차 생산 핵심기술[501]을 빼낸 후 중국으로 유출하려다 적발된 사례이다. 국가정보원 산업기술보호센터의 확인결과에 따르면, 자동차 컨설팅업체인 A사 직원 Y씨는 2006년 11월부터 2007년 4월까지 H·K자동차에 근무하는 후

---

500) 중소기업청, 2007년 7월 12일자 보도자료 참조.

501) 자동차 자체의 용접 및 조립기술은 자동차의 소음·진동·안전성·내구성 등에 결정적 영향을 미치는 자동차 제조의 핵심기술 중 하나로서 현재 한국은 일본과 더불어 세계 최고 수준의 차체조립 기술을 보유하고 있다.

배 L씨 등을 통해 신차의 차체조립 및 검사기준과 관련한 보증시스템 등의 영업비밀 자료를 유출하여 중국자동차 업체로 유출하려한 것이다. L씨 등은 사내에 있는 컴퓨터에서 휴대용 저장장치인 USB를 이용해 정보를 빼낸 뒤, E-mail을 통해 A사에 근무 중인 선배들에게 넘겨주었다. 이들이 빼낸 기술의 주요내용은 H·K자동차가 25년간 축적해온 영업비밀 57건이 포함된 것으로 알려졌다. H·K자동차는 이번 영업비밀 유출이 중국으로 유출되었을 경우 2010년까지 중국 자동차 시장에서만 4조 7천억 원의 시장 잠식이 있고, 중국 자동차사의 기술력 축적에 따른 시장 잠식으로 세계시장에서는 22조 3천억 원의 매출 손상이 예상된다고 하였다[502].

(3) 처우불만에 의한 영업비밀 유출사례

국내 최고의 메모리 반도체업체인 H사의 연구원이 낮은 연봉으로 인한 불만과 해외 선진기업에 대한 동경으로 회사의 핵심기술을 유출한 사례이다. A씨는 현직 회사에 불만을 품고 전직 후 영업비밀을 활용하기 위해 사내 주서버에 접속하여 512M DDR램, 검사장비 운용을 위한 핵심 기술자료 등을 무단으로 다운로드 받은 후 자신의 E-mail을 통해 외부로 유출하였다. A씨는 2004년 10월 영업비밀보호법 위반 및 업무상 배임 혐의로 구속 기소되었다. A씨의 영업비밀이 경쟁업체에 유출되었을 경우 향후 3년간 4조 원 상당의 매출손실과 국내 메모리 반도체 업체의 세계 점유율 감소 등 막대한 손실이 발생하였을 사례이다[503].

---

502) 법률신문, 2007년 09월 28일자 참조.
503) 한국경제신문, 2003년 12년 15일자 참조.

(4) 비리연루에 의한 영업비밀 유출사례

광주에 소재한 광통신 부품제조업체인 P사의 A씨는 회사공금 횡령 의혹을 받아 2002년 12월 P사에서 해고된 데 불만을 품고, 호주인 B씨와 동종업체인 L사를 호주에 설립하고 2004년 7월 L사에 광통신 핵심부품 제조기술을 제공하는 대가로 10만 달러와 연구소장 자리를 보장받는 고용계약을 체결하였다. 이후 P사의 연구원 C씨와 D씨 등을 스카우트 명분으로 P사의 트리플렉서 개발 실험, P사의 양산제품 설계자료 등을 복제 반출한 사례이다. 이 사건은 공금 횡령 등으로 인한 불만자에 대한 대책의 필요성을 일깨우는 대표적인 사례가 되었다.[504]

(5) 외국인 고문에 의한 영업비밀 유출사례

1998년 7월부터 1999년 7월까지 H전자의 메모리연구소에서 'CMOS Image Sensor'[505]부문 기술고문을 역임한 미국인 '마이크(가명)'가 H전자가 보유한 첨단 비메모리 반도체기술인 'CMOS Image Sensor' 설계기술을 도용하여 미국·대만 등 해외 경쟁업체에 불법판매를 시도하다 2000년 4월 적발된 사례이다. H사는 보유한 첨단 비메모리 반도체기술인 'CMOS Image Sensor'를 '마이크'가 원천기술을 제공한 사람이기 때문에 사법처리 시 법적 논란의 소지가 많고 대외 신인도 실추 등을 이유로 사법처리는 이루어지지 않았다. 이 사건은

---

504) 뉴시스, 2005년 7월 28일자 참조
505) 이미지를 음성으로 전환하는 최첨단 비메모리 반도체를 의미한다.

외국 기술고문 등 외부 컨설팅의 문제점과 영업비밀 노출의 위험성
이 나타난 대표적인 사례에 해당한다.

(6) 산업연수생에 의한 영업비밀 유출사례

반도체장비 제조업체 A사는 산업연수생에 의해 영업비밀 유출 피
해를 본 사례이다. A사는 60인의 종업원과 100억 원 가량의 연매출
액을 기록하는 중소기업이다. A사는 평소 외국어와 기술에 대한 식
견이 높던 동남아시아 출신의 기술훈련생 L을 고용하여 R&D 프로
젝트에 참여 시켰다. L은 R&D 프로젝트에 참여하면서 외국의 경쟁
업체와 접촉하여 영업비밀이 포함된 핵심기술을 매매하고 본국으로
출국해 버린 사안이다.[506] 이 사건으로 A사는 20억 원 내외의 피해
를 보게 된 사례로서 A사의 연 매출액의 20%에 달하는 손실을 입
게 되는 한편 경영난의 가중과 경쟁력 저하의 직·간접적인 피해를
보게 되었다.[507]

(7) 기업 간 공동연구에 의한 영업비밀 유출사례

모터 드라이버 제조업체인 T사는 거래기업과 공동으로 연구를 진
행하다 자사의 영업비밀이 유출된 사례이다. T사는 기존에 거래하던
기업으로부터 제품개발 의뢰를 받아 시제품 제작완료 후 샘플과 도
면을 공동연구 회사와 공유하였으나 이를 공동연구 회사가 중국의

---

506) 중소기업청, 2007년 7월 12일 보도자료 참조.
507) 공감코리아, 2007년 7월 12일자 참조.

경쟁업체에 넘겨 피해를 본 사례이다. 이 사건으로 T사는 전년대비 매출이 30% 이상 감소하였으며 생산직 근로자 20여 명을 해고하는 상황이 발생하게 되었다.[508]

3. 영업비밀의 유출형태

(1) 핵심기술 인력의 영입

다른 기업의 영업비밀을 빼내기 위한 방법 중 하나로 인력을 영업하는 이른바 스카우트가 있다.[509] 이 방법은 타 경쟁사의 영업비밀을 입수하는 가장 간단한 방법으로 경쟁사의 직원을 회사의 임직원으로 고용하여 필요한 정보와 영업비밀을 얻는 방법이다. 기술 인력의 영입은 영업비밀의 취득이라는 이익뿐 아니라 경쟁사에게는 인력의 손실이라는 불이익을 초래할 수도 있다. 현재 스카우트 문제에 대응하여 기업의 입장에서 할 수 있는 조치는 인센티브 제공 등을 통한 소극적인 방법, 입사 및 퇴직 시의 서약서를 이용하는 적극적인 방법을 활용하고 있다.[510]

---

508) 전자신문, 2007년 7월 27일자 참조.

509) 한국산업기술진흥협회, 전게보고서(2009년)에 따르면, 스카우트에 의해 영업비밀이 유출되는 경우가 29.7%에 달하는 것으로 조사된 바 있다.

510) 이상안 외 8인, 『IT기술 해외유출 방지방안에 관한 연구』, 정보통신부, 2003. 12, 19면.

(2) 컴퓨터 해킹

1990년대 중·후반을 기점으로 인터넷의 급격한 보급과 발달로 네트워크가 사회의 핵심기반으로 자리 잡으면서 컴퓨터에 의한 해킹도 주요 유출 수단으로 대두되고 있다. 2000년에 있었던 미국의 마이크로소프트의 영업비밀 유출사건은 컴퓨터 해킹에 의한 IT산업 영업비밀 유출의 전형적인 사건이라고 볼 수 있다. 우리나라의 경우도 컴퓨터 해킹에 의한 영업비밀 유출 사례가 빈번히 발생하고 있다. 2009년 12월에 11년간 340억 원을 투자하여 개발한 교통정보 시스템을 컴퓨터 해킹을 통해 유출한 사람들이 구속되었다. 이들은 A회사에 재직하면서 서버해킹을 통해 실시간교통정보 시스템 프로그램 소스파일, DB설계도, 관련통계자료 등을 유출하였다. 그 유출로 인해 175억 원이라는 직접적인 손해와 더불어 경영난 가중, 직원들의 이직 등의 간접적인 피해까지 보게 되었다.[511] 이렇듯 정보통신 환경의 발전에 따른 컴퓨터 해킹에 의한 영업비밀 유출 피해는 앞으로 더욱 증가할 것으로 예상된다.

(3) 전자신호의 도청

전화, 팩스, 위성 등을 통해 영업비밀을 유출하거나 혹은 직접 경쟁사에 영상 및 음성 도청 장치를 설치하여 필요한 정보를 얻는 방법도 중요한 영업비밀 유출 수단 중 하나로 사용되고 있다. 미국의 전 세계 위성통신감청망인 에셜런(Echelon)이 미국 정부의 산업스파

---

511) 보안신문, 2009.12.10일자.

이활동에 사용되었다는 사실이 2000년 유럽의회의 조사에 의해 공개된 것512)은 이러한 영업비밀에 대한 전자신호 도청이 국가 단위에서조차 전략적으로 이루어지고 있음을 단적으로 보여주는 사례이다.

(4) 경쟁업체로의 잠입

경쟁업체의 영업비밀을 얻기 위하여 위장 침투하는 형태도 존재한다. 예를 들면, 특채 혹은 일반 공채를 통해 입사한 이후 단기 혹은 장기간에 걸쳐 기업의 핵심적인 정보를 입수하는 것이다. 뿐만 아니라 시찰이나 견학을 통해 영업비밀이 포함된 회사의 중요한 정보가 유출되기도 한다.513)

(5) 기업내부자와 제3자 매수

스카우트와 더불어 영업비밀 유출의 유형으로 기업내부자를 매수하는 방법이 많은 비중을 차지한다.514) 기업내부자는 회사 관련 영업비밀을 잘 알고 있어 특별한 관리가 요구된다. 그러나 임직원의 보안의식 부족, 허술한 관리감독, 제도 미흡 등을 통해 경쟁업체의 위험에 노출되기 용이한 구조에 있다. 더불어 상대 기업에 대헤 많은 정보를 소유하고 있는 사람, 예를 들면 상대 기업 담당 회계시,

---

512) 서울신문, 200.5.9일자 "미 위성감청망 에셜런... 산업스파이 활동 확인"기사 참조
513) 한국산업기술진흥협회의 조사보고서(2009)에 의하면, 시찰이나 견학을 통해 영업비밀 등이 포함된 중요 정보가 유출되는 것으로 보고되고 있다.
514) 한국산업기술진흥협회, 전게보고서(2009)에 의하면, 기업내부자에 의한 영업비밀 유출이 29.7%에 달하는 것으로 조사된 바 있다.

컨설턴트, 변호사 등을 통하여 영업비밀이 포함된 중요정보를 얻는
방법이 동원된다.

Ⅲ. 영업비밀의 보호전략

1. 의의

우리 사회에는 많은 종류의 기업이 존재한다. 많은 기업의 존재는
각자 특성에 적합한 영업비밀 보호전략을 요구하게 된다. 다시 말하
면 영업비밀 보호전략은 각 기업의 규모, 특성, 업종 등에 따라 다르
게 나타날 수 있음을 의미한다. 그러나 그런 특성에도 불구하고 기
업에 공통적으로 필요한 기본적인 측면들은 존재한다. 따라서 이하
에서는 영업비밀 보호를 위한 기본적이고 공통적인 사항을 중심으로
전개하되 이를 위해 관리적 측면, 물리적 측면, 기술적 측면으로 구
분하여 그 보호전략을 살펴보기로 한다.

2. 관리적 측면

(1) 내부 인원에 대한 관리

기업의 중요한 영업비밀은 기업들 나름대로 철저한 관리를 한다. 그러므로 외부자가 내부자의 도움 없이 영업비밀의 존재여부나 보관위치 등을 알기 힘들고 유출이 곤란한 점이 있다. 이러한 이유 때문에 대부분의 경쟁업체가 스카우트 또는 매수 등을 통해 정보를 유출하려고 하는 원인이 되는 것이다. 또한 고용불안으로 내부자가 재물이나 승진 등의 유혹을 쉽게 외면하지 못하는 것도 임직원 또는 퇴직자 등 내부자가 개입된 정보유출의 3분의 2를 차지하는 이유 중 하나이다. 따라서 영업비밀을 보호하기 위해서는 무엇보다도 회사내부자 관리가 중요하며 채용 시, 재직 시, 퇴직 시로 구분하여 단계적이고 체계적인 관리가 필요하다.

1) 채용 시 인적 관리

회사의 신규인력 채용은 영업비밀에 대한 시작이다. 따라서 채용시점부터 영업비밀에 대한 확고한 보호의식을 가지고 다음과 같은 보호전략이 필요하다. 첫째, 면접을 비롯한 다면평가를 통해 윤리관과 직업관 등을 종합적으로 고려하여 기업에 적절한 인재를 채용하여야 한다. 둘째, 영업비밀에 대한 계약서나 서약서를 작성한다.515)

---

515) 영업비밀 유지계약시 필수 포함 사항은 다음과 같다. ⅰ) 비밀접근 대상자의 구체적이고 명확한 규정(계약당사자, 사용자), ⅱ) 비밀접근의 범위와 한계 및 책임의 구체화(비밀접근의 내용, 보호책임), ⅲ) 비밀취급 결과물에 대한 귀속

영업비밀유지계약은 근로기준법에 의해 상시 10인 이상의 근로자를 사용하는 사업장에서 사용자가 취업조건 등을 정하고 있는 취업규칙 안에 영업비밀유지에 관한 특별규정을 직접 두거나 취업규칙에서 영업비밀관리규정에 위임하여 이 규정에서 따로 정하여 이를 근거로 서약서를 징구하거나 계약을 체결한다. 그 이외에도 근로기준법에 의한 사원계약 형식으로 체결할 수 있다. 그러나 10인 미만의 영세기업에서도 이와 같은 취업규칙이나 이에 의한 영업비밀관리규정 등을 만들어 종업원의 의무를 명시해야 한다. 또한 이를 근거로 직원과 영업비밀유지계약을 체결하여야 한다.516)

셋째, 기업이 보유한 영업비밀에 관해 보안유지의무 및 보안관련 규정 등에 대한 교육을 실시하고 그 근거기록을 유지하도록 한다. 이와 더불어 경쟁업체의 경력자를 채용할 때에는 전직 기업에서 영업비밀유지서약을 했는지 여부와 전직기업을 상대로 전직회사의 영업비밀침해우려가 있는지를 조사하고 비밀유지가 있으면 그 기간 내에 채용을 피해야 한다. 아울러 영업비밀 유출을 위해 위장취업을 하는 경우도 있을 수 있으므로 심층면접 등을 통해 채용관리 제도를 강화할 필요가 있다.

2) 재직 시 인적 관리

영업비밀 보호는 입사 시 시작되어 퇴직 시까지 지속적인 관리가

문제(개발한 비밀의 귀속, 사용문제) 명시, ⅳ) 비밀취급 업무종류 후 등 비밀유지의무기간을 명시, ⅴ) 침해 시 법적인 문제와 배상문제, 소송관할 문제(침해 시 책임) 명시 등을 포함하여야 한대[컴퓨터프로그램보호위원회, 전게서, 69면].
516) 황의창 · 황광연, 전게서, 288면.

필요하다. 이를 위해서 재직 시에도 직원들에 대한 정기적인 이론과 실무 교육이 필요하고 불시에 보안점검을 실시하여 경각심을 제고하는 형태도 영업비밀 보호에 도움이 되는 방법이다. 이러한 교육은 영업비밀에 대한 기본인식의 향상과 더불어 퇴직 이후에도 영업비밀 보호를 위한 책임과 의무를 준수할 수 있는 토양을 마련해 준다. 영업비밀 보안교육은 교육 대상에 따라 교육 내용이 달리하여야 한다.517) 이러한 교육과 더불어 재직 중인 핵심인력에 대해서는 정기적으로 면담을 실시하고 금전적 문제와 근무여건 등 애로사항 등을 사전에 파악하여 스카우트를 통한 영업비밀의 유출 사건에 휘말릴 가능성 및 경쟁업체로의 전직 사건 등을 차단하는 것이 중요하다. 또한 중요한 프로젝트에 참여한 임원과 직원에게는 적절한 성과급을 차등지급하고 복리후생에 힘쓰는 것이 장기적인 영업비밀 관리대책으로 효과가 좋다.518)

3) 퇴직 시 인적 관리

영업비밀 유출의 상당수가 퇴직자에 의한 경우가 많다. 그렇기 때문에 퇴직예정 사실 인지 즉시 영업비밀 관련 부서의 관리가 이루어질 수 있도록 인사 담당 부서의 퇴직 절차를 수행하는 담당자는 영업비밀 보안부서와 업무 협조가 긴밀하게 이루어져야 할 것이다. 이

---

517) 예를 들면 i) 기업 내의 업무상 보호 구역 및 출입권한, ii) 기업 내의 정보보안 규정 및 각종 양식, iii) 기업 내의 정보보안 관련 시스템 또는 프로그램 설치 및 사용안내, iv) 기업 내의 정보보안 사고 능급 및 징계, v) 비밀문서 및 자료관리 방법 등이 포함되어야 한다.

518) 최근 많은 기업에서는 우수인력 유치를 위해 '기술개발 상여금' 등 인센티브 제도를 시행하고 있고, 상여금을 지급할 때 이에 대한 확인서를 받아 두어 향후 법적 소송에서 영업비밀 보호를 위한 회사의 노력을 입증하게 되어 유리하다.

를 위해서 먼저 담당부서는 퇴직의사를 밝힌 직원에게는 재직 시 취득한 영업비밀의 명세를 제시하고 이에 대한 비밀유지의무가 있음을 고지한다. 또한 퇴직 후 일정기간 재직 시 취득한 영업비밀의 사용 또는 공개금지규정을 취업규칙이나 취업규칙에 근거한 영업비밀관리규정에 정하여 이에 따른 경업금지의무를 약정한다.519) 다만, 퇴직자의 경업금지에 관한 약정이 헌법상 보장된 직업선택의 자유에 반할 수 있으므로 이에 유의할 필요가 있다.520) 또한, 연구·개발부서의 직원 또는 영업비밀 관리부서의 직원의 경우 더욱더 세밀한 관리가 필요하다. 즉, 퇴직예정이거나 퇴직 시에는 사전에 영업비밀 인수인계에 대해 만전을 기하는 한편 퇴직 직원에게 영업비밀의 사용 또는 공개행위는 영업비밀 침해행위에 속한다는 관련 법률 규정을 설명해야 한다. 또한 재직 중 연구·개발 및 관리하였던 영업비밀관련 서류 등 일체를 반납하도록 하여야 한다.

---

519) 예를 들면, 퇴직 직원이 동종 경쟁업체인 경우에는 "귀사가 채용한 A는 B회사에서 C연구·개발 및 영업비밀 관리업무를 담당하다가 퇴직한 자로서 C에 관한 일체의 정보는 영업비밀보호법 제2조 제2호에 의하여 보호되는 영업비밀임을 알려드리며, 만약 귀사가 채용한 A를 통하여 이를 사용할 경우 영업비밀 침해행위에 해당함을 알려드립니다"라는 취지의 내용을 고지할 필요가 있다.

520) 경업금지의무약정이 헌법상 보장된 직업선택의 자유에 반하지 않기 위해서는 다음과 같은 내용이 필요하다. 먼저 반드시 서면에 의해야 하며, 계약의 일부로 체결하고, 유효한 대가에 의해야 한다. 제한이 부과되는 기간, 지역은 한정하되 합리적이어야 한다. 또한 제한을 가하는 직종의 범위는 세분화하여 한정하며 사항적인 제한도 근무 중 직무와 관련하여 알게 된 비밀이라고 한정하여야 한다. 그리고 그 계약은 양당사자에게 공평해야 하고 공공의 복리에 위배되어서는 안 된다[황의창·황광연, 전게서, 289면].

(2) 외부 인원에 대한 관리

1) 협력업체의 관리

외부업체 인원, 관리협력업체 직원, 파견사원, 인턴사원, 아르바이트생, 단순용역직원 등 임직원 이외의 인원에 대한 영업비밀 보안관리 역시 소홀히 할 수 없는 부분이다. 협력업체 관련자에 대한 영업비밀의 보안 관리로는 비밀유지서약서[521]와 정보보안교육, 정기 진단 및 점검을 들 수 있다. 그리고 업무상 정기적으로 출입하는 협력업체 직원은 최소한으로 제한하고 출입지역도 일정한 한계를 두어 핵심시설에는 일체 접근하지 못하도록 엄격하게 통제하여야 한다. 계열사 파견직원의 경우 해당 사업장에서 근무하므로 본 소속 영업비밀 보안 정책뿐만 아니라 근무지의 영업비밀 보안 정책에 따라 관리되어야 할 것이다. 다만, 파견사원의 보안관리에 대하여 본사 및 해당 사업장 영업비밀 보안 담당부서의 실질적 합의가 이루어진 정책이 만들어질 수 있도록 조치한다. 그리고 하청 및 부품업체와 제품판매업체 직원에 대해서도 중요정보에 접근하지 못하도록 사안별로 적절한 보안대책을 강구하여야 하며, 유치과학자가 있는 경우에는 자유로운 연구활동을 위축하지 않는 범위 내에서 특이 언동과 동향 등을 파악하도록 해야 한다.

---

521) 협력업체장 및 직원에 대한 비밀유지서약서는 다음과 같은 사항을 포함하여야 한다. ⅰ) 제공받은 일체의 정보 자산은 계약상 명시된 협력업무 수행을 위한 업무 이외의 목적으로 이용하지 아니할 것, ⅱ) 자사와의 계약기간 중 경쟁 업체 혹은 동종업체와 동일유사한 업무를 내용으로 하는 계약을 체결하거나 업무를 수행하지 아니할 것, ⅲ) 자사와의 업무 수행을 위한 별도의 담당자를 두어 타 인원으로 하여금 중복 수행하도록 하지 아니하며, 협력업체내 임직원들 간 영업정보가 담긴 정보 자산에 대한 접근 권한을 달리할 것이 있어야 한다.

2) 외국인의 관리

기업들은 선진 기술의 보다 빠른 습득을 위하여 선진 국가 혹은 기업체의 인원과 계약을 체결하여 기술을 습득 받기도 한다. 혹은 오퍼레이터의 인건비 절감차원에서 외국인 기술자를 고용하기도 한다. 이러한 경우 계약을 통한 비밀유지의무가 발생함은 물론 내국인이 아닌 외국인이라는 점에서 보다 특별한 관리가 요구된다. 외국인이 주체가 되어 중요 정보의 유출 혹은 영업비밀 침해 사건이 발생할 경우에는 기업의 손실뿐만 아니라 국가적 손실이 야기된다. 유치 외국인 기술자에 대한 정보 보안관리 역시 고용계약서 작성 시 비밀유지의무를 명시하는 것이다. 계약서상에 영업비밀에 대한 보안 정책과 규정의 준수의무 및 위반 시 처벌조항을 명기함은 물론 연구성과물의 소유권이 사측 혹은 개발자 등에 있음을 명확히 하여야 한다. 그리고 연구 목적이나 관련 업무와 무관한 연구실, 실험실, 자료 보관실, 현장 등 중요시설의 무단출입과 사진촬영 등을 엄격히 제한하고, 서버의 업무 파일에 대한 접근 권한을 검토하여 최소한의 필요에 따라 부여하여야 한다. 이외에도 상호 의견 대립 시 분쟁조정방법을 조율하는 선행 작업이 필요하며 계약 만료 시에는 연구 노트, 성과물 등 각종 연구자료를 회수하고, 업무를 위해 지급하였던 정보저장매체 일체를 회수하도록 한다. 뿐만 아니라 해외사업장에서 근무하는 현지 채용인도 존재한다. 현지 채용인의 영업비밀 보안 관리 역시 고용계약 체결 시 현지인 기술인력에 의한 유출에 대비하여 현지 국가의 영업비밀보호법 및 지식재산권 법률에 대한 면밀한 검토를 하여야 한다. 이를 통해 현지 국가의 제도적 범위 내에서 영업비밀을 보호하는 계약 등 후속조치를 취해야 한다.

3) 일시 방문자 관리

영업비밀은 기업내부인과 협력업체 관련인뿐만 아니라 공장견학, 공장시찰자, 기타 방문객 등을 통해서 유출되기도 한다. 따라서 일반 방문자들 또한 영업비밀 보호를 위해 철저한 관리를 하여야 한다. 이를 위해서는 방문 전에 방문목적, 방문일시, 방문할 장소, 방문자 인적사항 등을 기재한 서류를 제출토록 해야 한다. 아울러 방문 시에는 방문 전에 제출한 명단과 대조하여 방문 시 지득한 회사 중요 정보가 포함된 영업비밀을 유지하겠다는 비밀유지에 관한 서류를 징구한다. 이와 더불어 카메라, 녹음기 등 휴대품을 제한하고 첨단 장비를 통한 경비체계의 구축도 병행해야 한다.

(3) 중요 자료에 대한 관리

중요 자료의 관리는 정보의 중요도에 따라 적절히 분류하고 통제하는 방법이 있다. 즉 영업비밀의 중요 정보는 엄격히 분류하여 중요도에 따라 보호의 방법과 절차의 강도를 달리하여야 한다. 중요한 자료가 포함된 비밀은 철저한 보호가 필요하며 직접 업무담당자만이 접근이 가능하도록 통제하여야 한다. 일반적인 비밀은 업무관련자만이 접근이 가능하고 대외비는 임직원만이 접근이 가능하두록 하는 등 비밀보호 객체인 문서, 전자문서와 보호와 관련되는 시설, 장비, OA기기 각종 정보저장매체와 기타 비밀이 화체된 유형의 물체를 중요도에 따라 구분하여 중요도와 등급에 따라 접근을 통제하여야 한다. 예를 들면 국가기밀은 그 중요도에 따라 1급 비밀, 2급 비밀, 3급 비밀 및 대외비 등으로 4단계로 구분하고 있지만 영업비밀은 2~3

단계로 단순화하여 관리할 필요가 있다. 영업비밀을 여러 단계로 구분하면 절차와 관리가 복잡하고 분류에 어려움이 있기 때문이다. 따라서 등급별로 단순하게 구분하여 접근통제와 보호절차를 달리 하여야 한다.522)

3. 물리적 측면

(1) 중요시설의 보안 관리

생산 공장, 사무실, 연구실 등 중요시설의 위치·특성 등을 면밀히 검토하여 시설 자체보다는 그 시설이 가지고 있는 기능을 보호할 수 있는 대책을 강구하도록 해야 한다. 시설은 중요도에 따라 제한지역, 제한구역, 통제구역으로 구분하여 지정하고 비인가 자가 임의로 출입하지 못하도록 보안대책을 수립하여 시행한다. 이를 위해서는 중요시설에는 CCTV, 적외선 감지기, 카드기, 지문인식시스템 등 과학장비를 이용한 24시간 출입통제시스템을 설치 운용하도록 한다.523) 여기서 '제한 지역'이란 영업비밀의 보호를 위하여 울타리 또는 경비원에 의하여 일반인의 출입의 감시가 요구되는 지역을 의미하고 '제한구역'이란 영업비밀 또는 주요시설 및 자재에 대한 비인가자의 접근을 방지하기 위하여 그 출입에 안내가 요구되는 구역을 의미한다. 끝으로 '통제 구역'이란 영업비밀 비인가자의 출입이 금지되

---

522) 문서에 준하는 사진, 각종 필름, 각종 디스켓 류, 상황판, 핵심 자재 등도 문서에 준하여 구분 관리한다.

523) 국가정보원, 산업기밀보호센터 홈페이지 참조.

는 극히 중요한 구역을 의미한다.524)

(2) 출입통제

기업의 핵심 시설에 대해서는 출입 인가자를 지정하고 인가된 인원 이외에는 출입하지 못하도록 통제한다. 협력업체 직원이나 시설 또는 장비 보수 등을 목적으로 정기적으로 출입하는 인원은 사전에 신원확인에 필요한 서류를 확보하여 비치하고 보안서약서를 받는 한편, 임시출입자는 먼저 신분을 확인한 후 출입대장에 인적사항, 방문목적, 방문대상 직원 등을 기재하고 임시출입증을 패용하게 한 후 반드시 직원의 안내를 받아 출입하도록 조치한다.525)

4. 기술적 측면

(1) E-mail(전자우편) 보안 관리

정보통신이 발달한 현대사회에서 컴퓨터는 도구가 아닌 생활의 일부라고 불릴 만큼 없어서는 안 될 필수품이 되었다. 이런 현상은 기업을 비롯한 산업현장에서 두드러시게 나타나고 있으며 그 만큼 영업비밀의 유출이 쉽게 이루어지는 환경에 놓이게 되었다. 이에 따라 기업에서도 영업비밀을 포함한 중요 정보자산을 다루는 임직원들을

---

524) 황의창 · 황광연, 전게서, 295면.
525) 국가정보원, 산업기밀보호센터 홈페이지 참조.

감시하고 통제의 필요성이 증대되었다.526) 그 통제의 수단으로 가장
많이 활용되는 것이 E-mail(전자우편) 등 인터넷 사용에 대한 모니
터링 방법이 있다.527) E-mail(전자우편) 보안관리는 전송 중인 E-mail
(전자우편)을 열람하는 방법과 전송이 완료된 E-mail을 열람하는
방법이 있다. 먼저 전송 중인 E-mail(전자우편)의 열람은 발신자와
수신서버 사이에서 전송 중인 전자우편에 대한 모니터링, 즉 감청의
문제는 이론의 여기가 없다. 통신비밀보호법 제2조 제7호에 의하면
"감청"이라 함은 전기통신에 대하여 당사자의 동의 없이 전자장치·기
계장치 등을 사용하여 통신의 음향, 문언, 부호, 영상을 청취, 공독하
여 그 내용을 지득 또는 채록하거나 전기통신의 송·수신을 방해하
는 것을 말한다고 규정하고 있다. 전송 중인 E-mail(전자우편)의
경우에는 통화 중인 전화나 배달하기 위하여 채신관서에 있는 우편
물과 동일하게 취급되기 때문에 감청영장이나 적절한 절차를 득하지
아니한 감청은 통신비밀보호법 위반으로 처벌될 수 있다. 또한 전송
이 완료된 E-mail의 열람의 경우도 통신비밀보호법 제2조 제9호에
서는 "전자우편"이라 함은 컴퓨터 통신망을 통해서 메시지를 전송하
는 것 또는 '전송된 메시지'를 의미한다고 규정하고 있으므로 전송이
완료된 과거의 E-mail(전자우편)을 감청이라고 보지 않을 이유가
없다. 따라서 기업들은 관련 법률에 위반하지 않고 개인의 프라이버
시 침해의 우려를 상당부분 해소하기 위한 관리전략이 필요하다. 먼
저 E-mail(전자우편) 등 온라인 사용 내역이 감지될 수 있음을 임

---

526) 이러한 E-mail(전자우편)의 모니터링에 대해서 시민단체들은 개인 프라이버
　　시와 통신비밀을 침해하는 행위라고 강력히 반발한다.
527) 미국경영자협회의 2002년 조사결과에 따르면, 미국의 E-mail(전자우편) 감시
　　조사통계를 보면 주요기업의 77.7%가 업무 수행 중 임직원의 이메일, 인터넷
　　서핑 등을 감시하고 기록하고 있는 것으로 나타났다.

직원에게 사전에 공고하는 절차가 필요하다. 둘째, 고용계약이나 취업규칙에 E-mail(전자우편)의 모니터링을 명기한다. 셋째, E-mail (전자우편)이 감시될 수 있다는 사실을 E-mail(전자우편) 메시지에 표기해야 한다. 넷째, 임직원들의 동의를 받아 모니터링 기준을 설정하고 다섯째, 모니터링 내용은 본인의 요청에 의해 열람할 수 있도록 한다는 원칙을 설정하는 것이 필요하다.

(2) 컴퓨터 해킹 관리

최근 컴퓨터 해커들에 의해 컴퓨터 전산망이 해킹되고 있는 실정이다. 이런 컴퓨터 해킹은 국가기관뿐만 아니라 기업, 개인에 이르기까지 폭넓게 이루어지고 있다.[528] 따라서 컴퓨터 해킹에 의해서 기업의 영업비밀을 포함한 중요정보들이 유출 혹은 손상될 수 있으므로 이에 대한 대책도 강구해야 한다. 이를 위해서는 첫째, 컴퓨터 통신망시설의 이용은 반드시 암호를 사용하되 여러 가지의 암호를 두고 수시로 바꿔 사용하며, 사용자에 대한 별도의 로킹파일(사용자 일지)을 남겨 수시로 검사해야 한다. 아울러 대형컴퓨터의 시스템에 접속한 사용자명(ID)과 사용시간, 어떤 작업을 했는지 작업명과 작업내용을 구체적으로 기록해 두는 등의 노력이 필요하다. 둘째, 교환장치를 이용한 보안이나 선진국의 첨단 보안장비를 사용하는 등의 시스템 보안장치에 각별한 주의를 기울여야 한다. 셋째, 자료의 성격에 따라 일반정보와 비밀정보를 분류하여 이에 따라 시스템 접근을 제한하는 관리체계를 마련해야 한다. 넷째, 컴퓨터 보안에 대한 중요성

---

528) 국가 국방무기를 제작하는 방위산업체들이 컴퓨터 해킹을 당한 것으로 나타났다[쿠키뉴스 2008. 9. 29 "컴퓨터 해킹에 구멍 숭숭 뚫린 국가보안"기사 참조].

을 인식하고 이에 대처해 나갈 수 있는 전문인력을 양성하는 방안 등을 생각해 볼 수 있다.529) 다만, 컴퓨터 해킹은 특정 기업에서 방어하는 데는 한계가 있다. 따라서 정부기관과의 협력을 통해 보안기법의 공유 등을 통해 대처해 나갈 때 도움이 될 것이다.

(3) 바이러스 예방 관리

영업비밀 등 중요정보가 많은 컴퓨터에 큰 해악은 해킹과 더불어 바이러스에 의한 감염이다. 즉 바이러스는 주요 중요 데이터를 파괴하고 감염사실 여부 및 피해사실을 파악하기 곤란하다는 점에서 위험성이 크다. 또한 바이러스 감염에 의해 다른 서버로 전파속도가 빠르다는 것이 더욱더 큰 문제이다. 조직에 컴퓨터 바이러스의 위험을 효과적으로 감소시키기 위해서는 우선적으로 바이러스 대응 정책을 수립한 후 종합적이고 역동적인 바이러스 방지 프로그램을 설치하도록 권장하는 것이다. 바이러스 예방 및 적발을 위한 기술적 관리방안으로는 하드웨어와 소프트웨어를 통해 구축될 수 있다. 감염의 위험을 줄일 수 있는 하드웨어 전술은 다음과 같다. 첫째, 부트 바이러스(boot virus) 보호대책 사용(펌웨어 기반의 바이러스 방지 기능 설치) 둘째, 원격부팅 사용(디스크 없는 워크스테이션) 셋째, 하드웨어 기반의 암호화 등이 필요하다.

---

529) 황의창 · 황광연, 전게서, 294면.

참고문헌

1. 국내문헌

〈단행본〉

강경근, 『헌법』, 법문사, 2004.

고준환, 『기업법원론』, 교서관, 2000.

고준환·안성조 공저, 『평화세계거래법』, 교서관, 2004.

권영성, 『헌법학원론』, 법문사, 2000.

권태환·조형제·한상진, 『정보사회의 이해』, 미래M&B, 2002.

김관형, 『지적재산권법개론』, 경문사, 2000.

김성준, 『WTO법의 형성과 전망』, 삼성출판사, 1996.

김유성, 『노동법 Ⅰ』, 법문사, 2005

김용진, 『민사소송법』, 신영사, 2004.

김철수, 『헌법학개론』, 박영사, 1999.

김형배, 『노동법』, 박영사, 2005.

대검찰청, 『통신비밀보호법 해설』, 대검찰청, 2005.

박상기, 『형법각론』, 박영사, 2002.

박세일, 『법경제학』, 박영사, 2000.

법무부, 『UR협정의 법적고찰(하)』, 법무부, 1994.

사법연구원, 『부정경쟁방지법』, 사법연수원, 2005.

성낙인, 『헌법학』, 법문사, 2005.

송영식·이상정 공저, 『지적재산법』, 세창출판사, 2005.

송영식 · 이상정 · 황종환 공저, 『지적소유권법(하)』, 육법사, 2001.

송영식 · 이상정 · 김병일 공저, 『지적재산법』, 세창출판사, 2008.

윤기관 외 5인 공저, 『국제통상의 이해』, 법문사, 2004.

윤민원, 『지적재산권법』, 한올출판사, 2007.

윤선희, 『영업비밀개설』, 법경출판사, 1991.

_____, 『지적재산권법』, 세창출판사, 2007.

이균성 · 홍승인 · 김동훈, 『기업법강의』, 인텔에듀케이션, 2003.

이동훈 · 김창배 공저, 『지식재산권법』, 예응, 2004.

오성락, 『입증책임론 서설』, 청림출판, 1992.

이시윤, 『민사소송법』, 박영사, 1995.

이은영, 『채권총론』, 박영사, 2000.

이재상, 『형사소송법』, 박영사, 1996.

이희승, 『국어대사전』, 민중서림, 2002.

임종률, 『노동법』, 박영사, 2007.

윤명선 · 김병묵, 『헌법체계론』, 법률계, 1996.

정경석, 『지적재산권이야기』, 법률정보센터, 2006.

정덕배, 『중국의 영업비밀 보호제도와 현황』, 특허청 산업재산과, 2004. 6.

정상조 편, 『지적재산권법강의』, 홍문사, 1997,

정 완, 『저작권보호의 국제적 동향』, 법무부, 1988.

정진섭, 『국제지적소유권법』, 육법사, 1992.

정진섭 · 황희철, 『국제지적재산권법』, 육법사, 1995.

정찬형, 『상법강의(상)』, 박영사, 2008.

정호열, 『부정경쟁방지법론』, 삼지원, 1993.

최경수, 『국제지적재산권법』, 한올아카데미, 2001.

최승환, 『국제경제법』, 법영사, 2006.

최원목, 『WTO 비차별 원칙의 이해와 적용연구』, 법무부, 2003.

특허청, 『영업비밀보호 가이드북』, 특허청 산업재산보호과, 2004. 5.

황의창, 『영업비밀』, 육법사, 1992.

황의창 · 황광연, 『부정경쟁방지 및 영업비밀보호법』, 세창출판사, 2006.

허 영, 『헌법이론과 헌법』, 박영사, 2002.

〈논문〉

고광국, "전통지식의 지적재산권 보호", 충남대학교 박사학위논문, 2006.
고명식, "손해배상에 있어서 적극적 손해의 산정", 「논문집」 제2권 제1호, 부경대학교, 1997. 12.
고영수, "일본에 있어서의 영업비밀의 침해행위에 대한 법적보호", 「지적소유권법연구」 제4호, 한국지적소유권학회, 2000. 6.
_____, "영업비밀의 보호에 관한 소송법적 고찰", 「비교사법」 제8권 제1호, 한국비교사법학회, 2001. 6.
곽경직, "영업비밀의 침해에 대한 형사적 보호", 「법조」 제504호, 법조협회, 1998. 9.
_____, "영업비밀의 침해와 구제 및 소송상의 제문제", 「인권과 정의」 제250호, 대한변호사협회, 1996,
김문환, "영업비밀의 법적보호", 「법학논총」 제3집, 국민대학교 법학연구소, 1990. 12.
김병일 · 김의석, "중국의 영업비밀 보호제도에 관한 연구", 「산업재산권」 제10호, 한국산업재산권법학회, 2001.
김상수, "증거개시제도란 무엇인가?", 「시민과 변호사」 통권 제122호, 2004. 3.
김순석, "특허권의 국제적 보호에 관한 연구", 성균관대학교 박사학위논문, 1997.
김원학, "S/W Reserve Engineering 규정에 대한 연구", 「법조」 제570호, 법조협회, 2004. 3.
김용선, "영업비밀보호의 국제적 동향 및 최근의 국내주요 판례분석", 「특허정보」 제36호, 특허청, 1996. 1.
김의석, "영업비밀보호법제에 대한 비교연구", 상지대학교 박사학위논문, 2001.
김의성, "산업스파이방지법(가칭) 제정방향에 관한 연구", 「법제현안」

제98 - 6호, 국회사무처 법제예산실, 1998.

김정완, "산업재산권의 국제적 보호와 내국민대우원칙", 「기업법 연구」 제19권 제2호, 한국기업법학회, 2005.

김재봉, "영업비밀의 형사법적 보호방안", 「형사정책」 제14권 제1호, 한국형사정책연구원, 2002.

______, "미국의 경제스파이법", 「법학연구」 제12권 제1호, 충남대학교 법학연구소, 2001.

김태한 · 김의화, "영업비밀보호법의 연혁적 고찰 - 한국 · 중국 · 대만을 중심으로", 「사회과학연구」 제20집, 호서대학교 사회과학연구소, 2001. 12.

김효신, "부정경쟁방지법상 영업비밀의 개념", 「IT와 법연구」 제2집, 경북대학교 IT와 법센터, 2007.

남기환, "직업선택의 자유", 「월간고시」 제145호, 법학사, 1986. 2.

남윤삼, "독일에서의 영업비밀보호와 민법 제826조", 「정보와 법연구」 제2호, 국민대학교 정보와 법연구소, 1999.

나종갑, "부정경쟁방지 및 영업비밀보호에 관한 법률상의 기술상 또는 경영상의 정보의 의미", 「무역구제」 통권 제15호, 산업자원부 무역위원회, 2004. 7.

류병운, "경제스파이로부터 영업비밀의 법적보호", 「외법논집」 제17집, 한국외국어대학교 외국학종합연구센터 법학연구소, 2004. 11.

박광민 · 윤해성, "부정경쟁방지법상 영업비밀 개념의 검토", 「성균관법학」 제18권 제1호, 성균관대학교 비교법연구소, 2006. 11.

박덕영, "한 - EU FTA 지적재산권 집행 분야 주요 쟁점", 「산업재산권」 제26호, 한국산업재산권법학회, 2008. 8.

박준우, "무역관련 지적재산권(TRIPs)협정의 한계에 대한 소고", 「연세법학연구」 제11권 제4호, 연세대학교 연세법학연구회, 2001.

박철수 · 이영수 · 권순국, "지적재산권 관련 국제기구에 관한 고찰", 「논문집」 제4집, 경북외국어테크노대학, 1998. 12.

박형래 · 박건영, "국가별 지적재산권 보호 수준 결정 요인에 대한 실증분석", 「국제통상연구」 제12권 제1호, 한국국제통상학회, 2007.

배대헌, "지적재산권 개념의 형성·발전", 「지적소유권법연구」제2호, 한국지적소유권학회, 1998. 2.

백영준, "부정경쟁방지법상 영업비밀보호제도 비교와 적용에 관하여", 「창작과 권리」제43호, 세창, 2006.

백형기, "정보화시대의 컴퓨터프로그램보호", 「컴퓨터법 연구(1)」, 컴퓨터법 연구회, 2000. 12.

서정우, "국민의 알 권리에 대한 연구", 「사회과학논집」제23집, 연세대학교 사회과학연구소, 1992.

성재호, "WTO체제하의 지적재산권분쟁", 「국제법학회논총」제82호, 대한국제법학회, 1997. 12.

송근장·김홍조·기민호·최병규, "영업비밀의 보호", 「전자통신동향분석」제13권 제1호, 한국전자통신연구원, 1998. 2.

송상현, "WTO체제는 법의 지배체제의 출범이다", 「통상법률」제2호, 법무부, 1995. 4.

송석언, "영업비밀보호제도", 「법정논총」제44집, 중앙대학교 법과대학, 1995.

신기하, "헌법상 공공복리에 관한 연구", 한양대학교 박사학위논문, 1993.

심재한, "독일의 개정 부정경쟁방지법 고찰", 「경영법률」, 제16집 제1호, 한국경영법률학회, 2005. 10.

이규호, "영업비밀보호를 위한 미국민사소송법제", 「연세법학연구」제6호 제2권, 연세대학교 연세법학연구회, 1999. 12.

         , "한미 FTA상 저작권 집행과 우리법의 대응", 「법조」제56권 제10호, 법조협회, 2007. 10.

이빈녕, "정보매체의 규세법리에 관한 연구", 성균관대학교 박사학위논문, 2006.

이상정, "영업비밀의 보호", 「사회과학논집」제2권 제2호, 울산대학교, 1992.

         , "영업비밀의 보호", 「인권과 정의」제191호, 대한변호사협회, 1992. 7.

이우영, "영업비밀의 보호와 관리전략", 「전기산업」제14권 제4호, 한국전기산업진흥회, 2003. 4.

이은영, "물건의 손상 등으로 인한 손해배상액의 산정", 「불법행위법의 특수문제」, 법문사, 1997.

이윤제, "미국 경제스파이법 연구", 「법제」제589호, 법제처, 2007. 1.

이희성, "각국의 직업선택의 자유와 실질적 보장에 관한 노동법상 고찰", 「비교사법」제11권 제4호, 한국비교사법학회, 2004. 12.

임순철, "국제지적재산권 보호체제의 변화와 분쟁해결에 관한 연구", 청주대학교 박사학위논문, 1999.

윤선희, "영업비밀에 있어서의 경영상 정보", 「창작과 권리」제39호, 세창, 2005.

______, "영업비밀의 보호와 한국헌법", 「입법조사월보」제205호, 국회사무처, 1991. 12.

윤선희 · 김지영, "재판공개로 인한 영업비밀누설의 방지에 관한 소고(1)", 「발명특허」제245호, 특허청, 1996. 8.

____________, "영업비밀 보호와 재판의 공개", 「특허정보」제39호, 특허청, 1996. 7.

윤해성, "영업비밀보호에 관한 형사법적 연구", 성균관대학교 박사학위논문, 2006.

정갑주, "노하우(Know-How)의 보호", 「지적소유권에 관한 제문제(상)」, 재판자료 제56집, 법원행정처, 1992.

정상조, "UR협정과 지적소유권", 「국제거래법연구」제4집, 국제거래법학회, 1995.

정영철, "영업비밀법 제정의 문제", 「상사법연구」제9집, 한국상사법학회, 1991. 11.

정진옥, "산업재산권으로서 영업비밀의 보호", 「법학연구」제48호, 부산대학교 법학연구소, 1999. 12.

______, "지적재산권 침해 물품에 대한 통관보류 등 잠정조치에 관한 연구", 「무역구제」2005 - 겨울호, 산업자원부 무역위원회, 2005.

정호열, "미국 통일영업비밀법에 관한 연구", 「아주사회과학논총」제7

호, 사회과학연구소, 1994. 2.

차상육, "영업비밀의 보호", 「산업재산권」제32호, 한국지적재산권법
    학회, 2007, 8.

최경진, "민법상 물건에 관한 연구", 성균관대학교 박사학위논문,
    2004.

최병규, "기업체 영업비밀의 효과적 보호를 위한 법적 검토", 「안암
    법학」제10호, 안암법학회, 1999. 12.

표호건, "특허소송에서의 영업비밀 보호", 「지식재산 21」제55호, 특
    허청, 1999. 7.

하홍준·서천석, "부정경쟁방지 및 영업비밀보호법 최신동향", 「연구
    보고서」 2003－4, 한국발명진흥원 지식재산권연구센터, 2003.
    12.

한국법제연구원, "경쟁질서의 유지와 지적소유권법", 한국법제연구원,
    1992.

한상훈, "산업스파이에 대한 형사법적 대응방안", 「연구보고서」 2000－19,
    한국형사정책연구원, 2000.

함정민, "무역관련지적재산권협정", 「국제법평론」통권 제2호, 삼우사,
    1994.

홍성태, "지적재산권과 '현실 정보사회'의 모순", 「정보화 저널」제6권
    제2호, 한국전산원, 1999. 6.

황의창, "영업비밀 보호제도의 도입과 기업의 대응", 「생산기술」제2
    권 제8호, 한국생산기술연구원, 1991. 9.

_____, "독일의 영업비밀 제도 고찰", 「발명특허」제272호, 한국발명
    진흥원, 1998. 11.

황송환, "전통지식보호에 관한 연구", 고려대학교 박사학위논문,
    2004.

2. 국외문헌

(1) 일본문헌

〈단행본〉

高石義一,「尖端産業の知的所有權」, 東洋經濟新聞社, 1990.

高倉成男,「知的財産權法制と國際政策」, 有斐閣, 2001.

金春陽,「營業秘密の法的保護」, 成文堂, 2007.

大矢息生,「知的所有權と營業秘密の保護」, 稅務經理協會, 1994.

大澤秀介,「憲法入門」, 成文堂, 2003.

馬田啓一・浦田秀次郎・木村福成,「日本新通商戰略」, 文眞堂, 2005.

紋谷暢男(윤선희 역),「무체재산권법개론」, 법경출판사, 1991.

苗村 博子, "營業秘密の企業內管理",「企業活動における知的財産」,
　　　　大阪大學出版會, 2006.

北川善太郎,「技術革新と知的財産權法制」, 有斐閣, 1992.

澁谷達紀,「知的財産法講義(Ⅲ)」, 有斐閣, 2005.

小口彦太・木間正道・田中信行・國谷知史,「中國法入門」, 三省
　　　　堂 , 1998.

小野昌延,「不正競爭防止法」, 靑林書院, 1990.

少野昌延 著(천병태 역),「노・하우-기업의 기술비밀-」, 탐구당,
　　　　1982.

松下滿雄,「國際經濟法」, 有斐閣, 1996.

伊藤塾,「知的財産法」, 弘文堂, 2006.

長谷川俊明 著(고창현 역), 법률영한사전, 광장서적출판부, 1997.

長內 健,「企業秘密保護法入門」, 民事法硏究會, 2005.

田村善之,「不正競爭防止法槪說」, 有斐閣, 2003.

井原 宏,「國際知的財産法」, 有信堂, 2007.

川口博也,「槪說特許法・知的財産權條約」, 勁草書房, 2004.

千野直郎, 「營業秘密の法的保護」, 中央經濟社, 2002.

千野直郎, "營業秘密保護の法史と法理", 「現代企業法諸問題」, 成文堂, 1996.

靑山繡一, 「不正競爭防止法」, 法學書院, 2006.

________, 「特許法」, 法學書院, 2005.

土井輝生, 「工業所有權論」, 商事法務硏究會, 1973.

通商産業省知的財産權政策室, 「營業秘密・逐業解說改正不正競爭防止法」, 有斐閣, 1990.

〈논 문〉

古河 謙一, "營業秘密の各要件の認定・判斷について", 「知的財産權の理論と實務」第3卷, 新日本法規, 2007.

各越秀夫, "營業秘密の保護と競業避止義務", 「不正競爭防止法研究」, Lexis Nexis, 2007.

經濟團體聯合會, "知的所有權に關する日米歐三極會議の見解", 「經濟資料」第354號, 經濟團體聯合會, 1988. 7.

金野 和弘, "國際知財紛爭の現狀分析", 「第10回 公共選擇學會學術發表資料」, 公共選擇學會, 2006. 6.

鈴木將文, "模倣品・海賊版對策", 「ゾュリスト」, No. 1326, 有斐閣, 2007. 1.

林いづみ, "營業秘密の保有をめぐ從業員・會社間の法律關係", 「不正競爭防止法研究」, Lexis Nexis, 2007.

林紘一郎, "秘密の法的保護と管理義務", 「研究レポート」No. 243, 富士通總研(FRI) 經濟研究所, 2005. 10.

末吉 瓦, "營業秘密の侵害について", 「不正競爭防止法の新論点」, 商事法務, 2006.

尾島 明, "ウルグアイラウソド協定の解說", 「米國通商關聯知的財産權情報」Vol. 2, No. 1, 日本輸出機械組合, 1993. 5.

________, "ウルグアイラウソド協定の解說", 「米國通商關聯知的財

産權情報」Vol. 2, No. 3, 日本輸出機械組合, 1993. 9.

三木浩一, "文書提出命令における文書の「所持者」について", 「民事手段法と商事法務」, 商事法務, 2006.

杉井嚴一, "民事裁判の近代變質かせら秘密保護規定", 「資産の正義」Vol. 43, No. 12, 1992.

岡田 羊祐, "特許制度の法と經濟學", 「フィチンツャル・レビコー」, 大藏省財政金融研究所, 1998. 4.

王 浚紅, "營業秘密保護の諸問題",　「社會文化科學研究」第5號, 千葉大學 社會文化研究所, 1998.

日本工業所有權法學會, "營業秘密の保護", 「日本工業所有權法學會年報」第28號, 日本工業所有權法學會, 2004.

本間忠良, "TRIPS協定の特異性", 「貿易と關稅」第2號, 日本關稅協會, 1997.

福田光雲, "サービスの情報化と知的財産權", 「NII Jounal」No.2, 國立情報學研究所, 2001. 3.

石田正泰, "知的財産としての營業秘密", 「特許研究」No. 42, 工業所有權情報研究館, 2006. 9.

小橋撃, "營業秘密の保護と裁判公開制度", 「ゾュリスト」第962號, 有斐閣, 1990.

松本重敏, "實務からみた營業秘密保護立法の意義と問題點"「ゾュリスト」第962號, 有斐閣, 1990.

松下滿雄, "WTO體制の法的檢討－知的所有權と國際貿易(上)", 「國際商事法務」Vol. 23, No. 10, 國際 商事法研究所, 1995.

吳 斌, "中國の知的財産權法制度に關す一考察", 新潟大學校 博士學位論文, 2006.

中山信弘, "營業秘密の保護の必要性と問題點"「ゾュリスト」第962號, 有斐閣, 1990.

中田邦博, "ドイシ不正競爭防止法の新たな展開", 「立命館法學」第298號, 立命館法學會, 2004.

佐伯英隔, "TRIPs交渉の現狀と特色",　「日本工業所有權法學會年報」第15號, 有斐閣, 1991.

茶園成樹, “營業秘密の民事上の保護”, 「日本工業所有權法學會年
報」第28號, 日本工業所有權法學會, 2004.

花村良一, “知的財産權のェソフォースメソトに關する國際基準(上) :
WTO · TRIPs協定の權利行使規定の槪要”, 「NBL」No. 566,
商事法務硏究會, 1995.

(2) 중국문헌

高言 · 黃富, 『商標法理解適用興案例評釋』, 人民法院出版社, 1996.

孔祥俊, 『商業秘密保護法原理』, 中國法制出版社, 1999.

______, 『不競法新論』, 人民法院出版社, 2001.

國家工商行政管理局條法司 編, 『反不正當競爭法釋義』, 河北人民
出版社, 1993.

武建英 外 2人 共著, 『反不正當競爭法』, 淸華大出版社, 2006.

張玉瑞, 『商業秘密法學』, 中國法制出版社, 2000.

黃勤男, 『反不正當競爭法實務全書』, 中國政法大學出版社, 1994.

(3) 영미문헌

〈단행본〉

Carlos M. Correa, *“Can the TRIPS Agreement Forster Technology
Transfer to Develoing Countries?”*, Cambridge University
Press, 2005.

Chisum. D, & Jacobs. M, *Understanding Intellectual Property
Law,* Matthew Bender, 1992.

Christian Von Bar, *The Common European Law of Torts*, Oxford

University Press, 2000.

Christopher John Fox, *Information and Misinformation,* Greenwood Press, 1983.

Deborah E. Bouchoux, *Intellectual Property for paralegals,* Cliftion Park, 2005.

Drucker, Peter(이재규 역), 『자본주의 이후의 사회』, 한국경제신문사, 1993.

Eric W. Bond & Staiger, *"The Economics of International Trade Agreements and Dispute Settlement with Intellectual Property Rights",* Cambridge University Press, 2005.

Howard B. Rockman, *Intellectual Property Law for Engineers and Scientists,* IEEE Press, 2004.

H. Van Houtte, *The Law of International Law*, Sweet & Maxwell, 1995.

J. Jackson, W. Davey, and A. Sykes, *Legal Problems of International Economic Relations,* West, 1995.

Jagdish N. Bhagwati and Robert Hudec, *Fair Trade and Harmonization,* Vol. 2, MIT Press, 1996.

Jager, Melvin F. *Trade Secrets Law,* Clark Boardman Company, 1997.

K. E. Maskus and J. H. Reichman, *Internaational Public Goods and Transfer of Technology,* Cambridge University Press, 2005.

Kintner & Lajr, *An Intellectual Property Law,* Clark Boardman Company, 1982.

Lisa Guerin & Amy Delpo, *The Manager's Legal Handbook,* Nolo, 2007.

May, Christopher, *"A Global Economy of Intellectual Property Rights : The new enclosures?",* Routledge, 2000.

May, Christopher and Susan K. Sell, "Why You Need to Know About Intellectual Property", *Intellectual Property Right : A Critical History,* Lynne Rienner Publishers, 2005.

Michael Blakeney, *Trade Related Aspects of Intellectual Property Rights : A Concise Guide to the TRIPs Agreement,* Sweet & Maxwell, 1997.

Michael Craig Budden, *Protecting Trade Secrets Under the Uniform Trade Secrets Act: Practical Advice for Executives,* Greenwood Publishing Group, 1996.

McManis, Charles R, *Unfair Trade Practices,* West Publishing Co., 1993.

Merges, Menell, and Lemley, *Intellectual Property in the New Technological Age,* Aspen, 2003.

Randall G. Holcombe, *Public sector economics : the role of government in the American economy,* Pearson/Prentice Hall, 2006.

Unkovic, Dennis, *The Trade Secret Handbook,* Prentice – Hall, Inc., 1985.

Wifred J. Ethier, *"Intellectual Property Right and Dispute Settlement in the World Trade Organization",* Cambridge University Press, 2005.

〈논 문〉

A. Arthur Schiller, "Trade Secrets and the Roman Law: The Actio Servi Corrupti", *Columbia Law Review,* Vol. 30, No. 6, Columbia Law Review Association, 1930.

Andrew Beckerman – Rodau, "Trade Secrets – The New Risks to Trade Secrets Posed by Computerization", *Rutgers Computer & Technology Law Journal,* Vol. 28, 2002.

Desmet. Thierry Olivivier, "The Economic Espionage Act of 1996", *Houston Journal of international Law*, Vol. 22, 1999. 11.

Frank J. Bozzo, "The Failure of the Uniform Trade Secrets Act to Clarify the Doubtful confused State of Common Law Trade Secret principles", *Arkansas Law Review,* 2000.

Jackson, "Keeping Secrets: International Developments to protect Undisclosed Business Information and Trade Secrets", *Information Communication and Society,* Vol. 1, No. 4, Routledge, 1998.

J. H. Reichman, "Universal minimum standards of intellectual property protection under the TRIPS component of the WTO Agreement", *The International Lawyer,* Vol. 29, No. 2, 1995.

J. Reinbothe and A. Howard, "The state of play in the negotitions on the TRIPS", *European Intellectual Property Review,* Vol. 13, No. 5, 1991.

James S. Frank & Kathryn H. Branch, "Litigating Non-Competition Clauses in Labour Contracts and Related Fields of Law United State", *International Business Lawyer,* Vol.29, No.4, IBA, 2001.

Joost Pauwelyn, "Options for Implementing a Remand Process in the WTO Dispute Settlement, International Centre for Trade and Sustainable Development", *ICTSD Working Paper,* 2006.

Michael ahrens, "The mystery of the wisconsin supreme court's decison in burbank grease services v. sokolowski and its Effect upon the uniform Trade Secrets Act, Litigation, and Employee Mobility", *Wisconsin Law review,* 2007. 6.

Michal Reiterer, "Trade − Related Intellectual Property Rights", *The*

New Trading System, OECD, 1994.

MONCANY HASE, ANDRES VON, "Intellectual Property Protection and International Trade", *World Competition,* Vol.16 No.1, WERNER PUBLISHING COMPANY, 1992. 9.

Pooley, James HA/Lemley, Mark A/Toren, Peter, J, "Understanding the Economic Espionage act of 1996", *Texas Intellectual Property Journal,* Vol. 5, 1997.

Randall W. Schwart, "Are Corporate Information Assets, in the Midst of Dynamic Technological and Infrastructural Advances Best Secured by Legal or Self－Help Remedies?", *Houston Journal of International Law,* Vol. 26, 2003.

Robert G. Bone, "A New Look at Trade Secret Law", *Columbia Law Review,* Vol. 86, No. 2, Columbia Law Review Association, 1998.

Robin J. Efron, "Secrets and Spies: Extraterritorial Application of the Economic Espionage Act and the TRIPs Agreement", *New York University law Review,* Vol. 78, No. 4, 2003. 9.

Steinberg, Richard H., "In the Shadow of Law Power? : Consensus －Based Bargaining and Outcomes in the GATT/WTO", *International Organization,* Vol. 56, No. 2, 2002.

T. Cottier, "The prospects for intellectual property in GATT", *Common Market Law Review,* No. 2, 1991.

William R. Cornish, "The International Relations of Intellectual Property", *Cambridge law Journal,* 46, 1993. 3.

(4) 독일문헌

Alexander, Christian, *"Die Strafbare Werbung in der UWG－*

Reform", WRP, 2004.

F. Rittner, *Wettbewers – und Kartellrecht,* 5. Aufl., C.F.Muller, 1995.

Gesetzentwurf der Bundesregierung, "Entwurf eines Gesetzes gagen den unlauteren Wettbewerb", *Drucksache* 15/1487, vom 22, 2003.

Henning – Bodewig, *"Das neue Gesetz gegen den unlauteren Wettbewerb"*, GRUR 2004.

Köhler, Helmut, *"UWG – Reform und Verbraucherschutz"*, GRUR, 2003.

Köhler, Helmut/Bornkamm, Joachim/Henning – Bodewig, Frauke, *"Vorschlag för eine Richtlinie zum Lauterkeitsrecht und eine UWG – Reform"*, WER, 2002.

부록

부정경쟁방지 및 영업비밀보호에 관한 법률

[시행 2010.3.31] [법률 제9895호, 2009.12.30,

일부개정]

제1장 총칙 〈개정 2007.12.21〉

제1조(목적) 이 법은 국내에 널리 알려진 타인의 상표·상호(商號) 등을 부정하게 사용하는 등의 부정경쟁행위와 타인의 영업비밀을 침해하는 행위를 방지하여 건전한 거래질서를 유지함을 목적으로 한다.

[전문개정 2007.12.21]

제2조(정의) 이 법에서 사용하는 용어의 뜻은 다음과 같다.

1. "부정경쟁행위"란 다음 각 목의 어느 하나에 해당하는 행위를 말한다.

가. 국내에 널리 인식된 타인의 성명, 상호, 상표, 상품의 용기·포장, 그 밖에 타인의 상품임을 표시한 표지(標識)와 동일하거나 유사한 것을 사용하거나 이러한 것을 사용한 상품을 판매·반포(頒布) 또는 수입·수출하여 타인의 상품과 혼동하게 하는 행위

나. 국내에 널리 인식된 타인의 성명, 상호, 표장(標章), 그 밖에

타인의 영업임을 표시하는 표지와 동일하거나 유사한 것을 사용하여
타인의 영업상의 시설 또는 활동과 혼동하게 하는 행위

다. 가목 또는 나목의 혼동하게 하는 행위 외에 비상업적 사용 등
대통령령으로 정하는 정당한 사유 없이 국내에 널리 인식된 타인의
성명, 상호, 상표, 상품의 용기·포장, 그 밖에 타인의 상품 또는 영
업임을 표시한 표지와 동일하거나 유사한 것을 사용하거나 이러한
것을 사용한 상품을 판매·반포 또는 수입·수출하여 타인의 표지의
식별력이나 명성을 손상하는 행위

라. 상품이나 그 광고에 의하여 또는 공중이 알 수 있는 방법으로
거래상의 서류 또는 통신에 거짓의 원산지의 표지를 하거나 이러한
표지를 한 상품을 판매·반포 또는 수입·수출하여 원산지를 오인
(誤認)하게 하는 행위

마. 상품이나 그 광고에 의하여 또는 공중이 알 수 있는 방법으로
거래상의 서류 또는 통신에 그 상품이 생산·제조 또는 가공된 지역
외의 곳에서 생산 또는 가공된 듯이 오인하게 하는 표지를 하거나
이러한 표지를 한 상품을 판매·반포 또는 수입·수출하는 행위

바. 타인의 상품을 사칭(詐稱)하거나 상품 또는 그 광고에 상품의
품질, 내용, 제조방법, 용도 또는 수량을 오인하게 하는 선전 또는
표지를 하거나 이러한 방법이나 표지로써 상품을 판매·반포 또는
수입·수출하는 행위

사. 다음의 어느 하나의 나라에 등록된 상표 또는 이와 유사한 상
표에 관한 권리를 가진 자의 대리인이나 대표자 또는 그 행위를 한
날부터 1년 이전에 대리인이나 대표자이었던 자가 정당한 사유 없이
해당 상표를 그 상표의 지정상품과 동일하거나 유사한 상품에 사용
하거나 그 상표를 사용한 상품을 판매·반포 또는 수입·수출하는

행위

  (1) 『공업소유권의 보호를 위한 파리협약』(이하 "파리협약"이라
한다) 당사국

  (2) 세계무역기구 회원국

  (3) 『상표법 조약』의 체약국(締約國)

아. 정당한 권원이 없는 자가 다음의 어느 하나의 목적으로 국내에 널리 인식된 타인의 성명, 상호, 상표, 그 밖의 표지와 동일하거나 유사한 도메인이름을 등록·보유·이전 또는 사용하는 행위

  (1) 상표 등 표지에 대하여 정당한 권원이 있는 자 또는 제3자에게 판매하거나 대여할 목적

  (2) 정당한 권원이 있는 자의 도메인이름의 등록 및 사용을 방해할 목적

  (3) 그 밖에 상업적 이익을 얻을 목적

자. 타인이 제작한 상품의 형태(형상·모양·색채·광택 또는 이들을 결합한 것을 말하며, 시제품 또는 상품소개서상의 형태를 포함한다. 이하 같다)를 모방한 상품을 양도·대여 또는 이를 위한 전시를 하거나 수입·수출하는 행위. 다만, 다음의 어느 하나에 해당하는 행위는 제외한다.

  (1) 상품의 시제품 제작 등 상품의 형태가 갖추어진 날부터 3년이 지난 상품의 형태를 모방한 상품을 양도·대여 또는 이를 위한 전시를 하거나 수입·수출하는 행위

  (2) 타인이 제작한 상품과 동종의 상품(동종의 상품이 없는 경우에는 그 상품과 기능 및 효용이 동일하거나 유사한 상품을 말한다)이 통상적으로 가지는 형태를 모방한 상품을 양도·대여 또는 이를 위한 전시를 하거나 수입·수출하는 행위

2. "영업비밀"이란 공공연히 알려져 있지 아니하고 독립된 경제적 가치를 가지는 것으로서, 상당한 노력에 의하여 비밀로 유지된 생산방법, 판매방법, 그 밖에 영업활동에 유용한 기술상 또는 경영상의 정보를 말한다.

3. "영업비밀 침해행위"란 다음 각 목의 어느 하나에 해당하는 행위를 말한다.

가. 절취(竊取), 기망(欺罔), 협박, 그 밖의 부정한 수단으로 영업비밀을 취득하는 행위(이하 "부정취득행위"라 한다) 또는 그 취득한 영업비밀을 사용하거나 공개(비밀을 유지하면서 특정인에게 알리는 것을 포함한다. 이하 같다)하는 행위

나. 영업비밀에 대하여 부정취득행위가 개입된 사실을 알거나 중대한 과실로 알지 못하고 그 영업비밀을 취득하는 행위 또는 그 취득한 영업비밀을 사용하거나 공개하는 행위

다. 영업비밀을 취득한 후에 그 영업비밀에 대하여 부정취득행위가 개입된 사실을 알거나 중대한 과실로 알지 못하고 그 영업비밀을 사용하거나 공개하는 행위

라. 계약관계 등에 따라 영업비밀을 비밀로서 유지하여야 할 의무가 있는 자가 부정한 이익을 얻거나 그 영업비밀의 보유자에게 손해를 입힐 목적으로 그 영업비밀을 사용하거나 공개하는 행위

마. 영업비밀이 라목에 따라 공개된 사실 또는 그러한 공개행위가 개입된 사실을 알거나 중대한 과실로 알지 못하고 그 영업비밀을 취득하는 행위 또는 그 취득한 영업비밀을 사용하거나 공개하는 행위

바. 영업비밀을 취득한 후에 그 영업비밀이 라목에 따라 공개된 사실 또는 그러한 공개행위가 개입된 사실을 알거나 중대한 과실로 알지 못하고 그 영업비밀을 사용하거나 공개하는 행위

4. "도메인이름"이란 인터넷상의 숫자로 된 주소에 해당하는 숫자·문자·기호 또는 이들의 결합을 말한다.

[전문개정 2007.12.21]

제2조의2(부정경쟁방지 및 영업비밀보호 사업) 특허청장은 부정경쟁행위의 방지 및 영업비밀보호를 위하여 연구·교육 및 홍보, 부정경쟁방지를 위한 정보관리시스템 구축 및 운영, 그 밖에 대통령령으로 정하는 사업을 할 수 있다.

[본조신설 2009.3.25]

제2장 부정경쟁행위의 금지 등 〈개정 2007.12.21〉

제3조(국기·국장 등의 사용 금지) ① 파리협약 당사국, 세계무역기구 회원국 또는 「상표법 조약」 체약국의 국기·국장(國章), 그 밖의 휘장이나 국제기구의 표지와 동일하거나 유사한 것은 상표로 사용할 수 없다. 다만, 해당 국가 또는 국제기구의 허락을 받은 경우에는 그러하지 아니하다.

② 파리협약 당사국, 세계무역기구 회원국 또는 「상표법 조약」 체약국 정부의 감독용 또는 증명용 표지와 동일하거나 유사한 것은 상표로 사용할 수 없다. 다만, 해당 정부의 허락을 받은 경우에는 그러하지 아니하다.

[전문개정 2007.12.21]

제4조(부정경쟁행위의 금지청구권 등) ① 부정경쟁행위로 자신의 영업상의 이익이 침해되거나 침해될 우려가 있는 자는 부정경쟁행위

를 하거나 하려는 자에 대하여 법원에 그 행위의 금지 또는 예방을 청구할 수 있다.

② 제1항에 따른 청구를 할 때에는 다음 각 호의 조치를 함께 청구할 수 있다.

1. 부정경쟁행위를 조성한 물건의 폐기

2. 부정경쟁행위에 제공된 설비의 제거

3. 부정경쟁행위의 대상이 된 도메인이름의 등록말소

4. 그 밖에 부정경쟁행위의 금지 또는 예방을 위하여 필요한 조치

[전문개정 2007.12.21]

제5조(부정경쟁행위에 대한 손해배상책임) 고의 또는 과실에 의한 부정경쟁행위(제2조제1호다목의 경우에는 고의에 의한 부정경쟁행위만을 말한다)로 타인의 영업상 이익을 침해하여 손해를 입힌 자는 그 손해를 배상할 책임을 진다.[전문개정 2007.12.21]

제6조(부정경쟁행위로 실추된 신용의 회복) 법원은 고의 또는 과실에 의한 부정경쟁행위(제2조제1호다목의 경우에는 고의에 의한 부정경쟁행위만을 말한다)로 타인의 영업상의 신용을 실추시킨 자에게는 부정경쟁행위로 인하여 자신의 영업상의 이익이 침해된 자의 청구에 의하여 제5조에 따른 손해배상을 갈음하거나 손해배상과 함께 영업상의 신용을 회복하는 데에 필요한 조치를 명할 수 있다. [전문개정 2007.12.21]

제7조(부정경쟁행위의 조사 등) ① 특허청장은 제2조제1호가목부터 사목까지의 부정경쟁행위 또는 제3조를 위반한 행위를 확인하기

위하여 필요하다고 인정하면 관계 공무원에게 영업시설 또는 제조시설에 출입하여 관계 서류나 장부·제품 등을 조사하게 하거나 조사에 필요한 최소분량의 제품을 수거하여 검사하게 할 수 있다.

② 제1항에 따라 조사 등을 하는 공무원은 그 권한을 표시하는 증표를 지니고 이를 관계인에게 내보여야 한다.

[전문개정 2007.12.21]

제8조(위반행위의 시정권고) 특허청장은 제2조제1호가목부터 사목까지의 부정경쟁행위 또는 제3조를 위반한 행위가 있다고 인정되면 그 위반행위를 한 자에게 30일 이내의 기간을 정하여 그 행위를 중지하거나 표지를 제거 또는 폐기할 것 등 그 시정에 필요한 권고를 할 수 있다.

[전문개정 2007.12.21]

제9조(의견청취) 특허청장은 제8조에 따른 시정권고를 하기 위하여 필요하다고 인정하면 대통령령으로 정하는 바에 따라 당사자·이해관계인 또는 참고인의 의견을 들어야 한다. [전문개정 2007.12.21]

제3장 영업비밀의 보호 〈개정 2007.12.21〉

제10조(영업비밀 침해행위에 대한 금지청구권 등) ① 영업비밀의 보유자는 영업비밀 침해행위를 하거나 하려는 자에 대하여 그 행위에 의하여 영업상의 이익이 침해되거나 침해될 우려가 있는 경우에는 법원에 그 행위의 금지 또는 예방을 청구할 수 있다.

② 영업비밀 보유자가 제1항에 따른 청구를 할 때에는 침해행위

를 조성한 물건의 폐기, 침해행위에 제공된 설비의 제거, 그 밖에 침
해행위의 금지 또는 예방을 위하여 필요한 조치를 함께 청구할 수
있다.

[전문개정 2007.12.21]

제11조(영업비밀 침해에 대한 손해배상책임) 고의 또는 과실에 의
한 영업비밀 침해행위로 영업비밀 보유자의 영업상 이익을 침해하여
손해를 입힌 자는 그 손해를 배상할 책임을 진다.

[전문개정 2007.12.21]

제12조(영업비밀 보유자의 신용회복) 법원은 고의 또는 과실에 의
한 영업비밀 침해행위로 영업비밀 보유자의 영업상의 신용을 실추시
킨 자에게는 영업비밀 보유자의 청구에 의하여 제11조에 따른 손해
배상을 갈음하거나 손해배상과 함께 영업상의 신용을 회복하는 데에
필요한 조치를 명할 수 있다.

[전문개정 2007.12.21]

제13조(선의자에 관한 특례) ① 거래에 의하여 영업비밀을 정당하
게 취득한 자가 그 거래에 의하여 허용된 범위에서 그 영업비밀을
사용하거나 공개하는 행위에 대하여는 제10조부터 제12조까지의 규
정을 적용하지 아니한다.

② 제1항에서 "영업비밀을 정당하게 취득한 자"란 제2조제3호다
목 또는 바목에서 영업비밀을 취득할 당시에 그 영업비밀이 부정하
게 공개된 사실 또는 영업비밀의 부정취득행위나 부정공개행위가 개
입된 사실을 중대한 과실 없이 알지 못하고 그 영업비밀을 취득한

자를 말한다.

  [전문개정 2007.12.21]

  제14조(시효) 제10조제1항에 따라 영업비밀 침해행위의 금지 또는 예방을 청구할 수 있는 권리는 영업비밀 침해행위가 계속되는 경우에 영업비밀 보유자가 그 침해행위에 의하여 영업상의 이익이 침해되거나 침해될 우려가 있다는 사실 및 침해행위자를 안 날부터 3년간 행사하지 아니하면 시효(時效)로 소멸한다. 그 침해행위가 시작된 날부터 10년이 지난 때에도 또한 같다.

  [전문개정 2007.12.21]

  ### 제4장 보칙 〈개정 2007.12.21〉

  제14조의2(손해액의 추정 등) ① 부정경쟁행위나 영업비밀 침해행위로 영업상의 이익을 침해당한 자가 제5조 또는 제11조에 따른 손해배상을 청구하는 경우 영업상의 이익을 침해한 자가 부정경쟁행위나 영업비밀 침해행위를 하게 한 물건을 양도하였을 때에는 제1호의 수량에 제2호의 단위수량당 이익액을 곱한 금액을 영업상의 이익을 침해당한 자의 손해액으로 할 수 있다. 이 경우 손해액은 영업상의 이익을 침해당한 자가 생산할 수 있었던 물건의 수량에서 실제 판매한 물건의 수량을 뺀 수량에 단위수량당 이익액을 곱한 금액을 한도로 한다. 다만, 영업상의 이익을 침해당한 자가 부정경쟁행위나 영업비밀 침해행위 외의 사유로 판매할 수 없었던 사정이 있는 경우에는 그 부정경쟁행위나 영업비밀 침해행위 외의 사유로 판매할 수 없었던 수량에 따른 금액을 빼야 한다.

1. 물건의 양도수량

2. 영업상의 이익을 침해당한 자가 그 부정경쟁행위나 영업비밀 침해행위가 없었다면 판매할 수 있었던 물건의 단위수량당 이익액

② 부정경쟁행위나 영업비밀 침해행위로 영업상의 이익을 침해당한 자가 제5조 또는 제11조에 따른 손해배상을 청구하는 경우 영업상의 이익을 침해한 자가 그 침해행위에 의하여 이익을 받은 것이 있으면 그 이익액을 영업상의 이익을 침해당한 자의 손해액으로 추정한다.

③ 부정경쟁행위나 영업비밀 침해행위로 영업상의 이익을 침해당한 자는 제5조 또는 제11조에 따른 손해배상을 청구하는 경우 부정경쟁행위의 대상이 된 상품 등에 사용된 상표 등 표지의 사용 또는 영업비밀 침해행위의 대상이 된 영업비밀의 사용에 대하여 통상 받을 수 있는 금액에 상당하는 금액을 자기의 손해액으로 하여 손해배상을 청구할 수 있다.

④ 부정경쟁행위나 영업비밀 침해행위로 인한 손해액이 제3항에 따른 금액을 초과하면 그 초과액에 대하여도 손해배상을 청구할 수 있다. 이 경우 그 영업상의 이익을 침해한 자에게 고의 또는 중대한 과실이 없으면 법원은 손해배상 금액을 산정할 때 이를 고려할 수 있다.

⑤ 법원은 부정경쟁행위나 영업비밀 침해행위에 관한 소송에서 손해가 발생된 것은 인정되나 그 손해액을 입증하기 위하여 필요한 사실을 입증하는 것이 해당 사실의 성질상 극히 곤란한 경우에는 제1항부터 제4항까지의 규정에도 불구하고 변론 전체의 취지와 증거조사의 결과에 기초하여 상당한 손해액을 인정할 수 있다.

[전문개정 2007.12.21]

제14조의3(자료의 제출) 법원은 부정경쟁행위나 영업비밀 침해행위로 인한 영업상 이익의 침해에 관한 소송에서 당사자의 신청에 의하여 상대방 당사자에 대하여 해당 침해행위로 인한 손해액을 산정하는 데에 필요한 자료의 제출을 명할 수 있다. 다만, 그 자료의 소지자가 자료의 제출을 거절할 정당한 이유가 있는 경우에는 그러하지 아니하다.

[전문개정 2007.12.21]

제15조(다른 법률과의 관계) ① 「특허법」, 「실용신안법」, 「디자인보호법」 또는 「상표법」에 제2조부터 제6조까지 및 제18조제3항과 다른 규정이 있으면 그 법에 따른다.

② 「독점규제 및 공정거래에 관한 법률」, 「표시 · 광고의 공정화에 관한 법률」 또는 「형법」 중 국기 · 국장에 관한 규정에 제2조제1호라목부터 바목까지, 제3조부터 제6조까지 및 제18조제3항과 다른 규정이 있으면 그 법에 따른다. [전문개정 2007.12.21]

제16조 삭제 〈1998.12.31〉

제17조(권한의 위임 및 업무의 위탁) ① 이 법에 따른 특허청장의 권한은 그 일부를 대통령령으로 정하는 바에 따라 특별시장 · 광역시장 · 도지사 또는 특별자치도지사(이하 이 조에서 "시 · 도지사"라 한다)에게 위임할 수 있다. <개정 2009.3.25>

② 특허청장은 제2조의2에 따른 연구 · 교육 · 홍보 및 정보관리시스템의 구축 · 운영에 관한 업무를 대통령령으로 정하는 산업재산권보호 또는 부정경쟁방지 업무와 관련된 법인이나 단체(이하 이 조에

서 "전문단체"라 한다)에 위탁할 수 있다. <신설 2009.3.25>

③ 시·도지사는 제1항에 따른 위임업무를 수행하기 위하여 필요한 경우에 전문단체의 지원을 받을 수 있다. <신설 2009.3.25>

④ 제1항에 따른 위임업무 및 제3항에 따른 지원업무에 종사하는 자에 관하여는 제7조제2항을 준용한다. <신설 2009.3.25>

⑤ 특허청장은 예산의 범위에서 제2항에 따른 위탁업무 및 제3항에 따른 지원업무에 사용되는 비용의 전부 또는 일부를 지원할 수 있다. <신설 2009.3.25>

[전문개정 2007.12.21][제목개정 2009.3.25]

제17조의2(벌칙 적용에서의 공무원 의제) 제17조제3항에 따른 지원업무에 종사하는 자는 「형법」 제127조 및 제129조부터 제132조까지의 규정에 따른 벌칙의 적용에서는 공무원으로 본다.

[본조신설 2009.3.25]

제18조(벌칙) ① 부정한 이익을 얻거나 기업에 손해를 입힐 목적으로 그 기업에 유용한 영업비밀을 외국에서 사용하거나 외국에서 사용될 것임을 알면서 취득·사용 또는 제3자에게 누설한 자는 10년 이하의 징역 또는 그 재산상 이득액의 2배 이상 10배 이하에 상당하는 벌금에 처한다. <개정 2009.12.30>

② 부정한 이익을 얻거나 기업에 손해를 입힐 목적으로 그 기업에 유용한 영업비밀을 취득·사용하거나 제3자에게 누설한 자는 5년 이하의 징역 또는 그 재산상 이득액의 2배 이상 10배 이하에 상당하는 벌금에 처한다.

③ 다음 각 호의 어느 하나에 해당하는 자는 3년 이하의 징역 또

는 3천만원 이하의 벌금에 처한다.

  1. 제2조제1호(아목 및 자목은 제외한다)에 따른 부정경쟁행위를
한 자

  2. 제3조를 위반하여 다음 각 목의 어느 하나에 해당하는 휘장 또
는 표지와 동일하거나 유사한 것을 상표로 사용한 자

  가. 파리협약 당사국, 세계무역기구 회원국 또는 「상표법 조약」
체약국의 국기·국장, 그 밖의 휘장

  나. 국제기구의 표지

  다. 파리협약 당사국, 세계무역기구 회원국 또는 「상표법 조약」
체약국 정부의 감독용·증명용 표지

  ④ 제1항과 제2항의 징역과 벌금은 병과(倂科)할 수 있다.

[전문개정 2007.12.21]

제18조의2(미수) 제18조제1항 및 제2항의 미수범은 처벌한다.

[전문개정 2007.12.21]

제18조의3(예비·음모) ① 제18조제1항의 죄를 범할 목적으로 예
비 또는 음모한 자는 3년 이하의 징역 또는 2천만원 이하의 벌금에
처한다.

  ② 제18조제2항의 죄를 범할 목적으로 예비 또는 음모한 자는 2
년 이하의 징역 또는 1천만원 이하의 벌금에 처한다.

[전문개정 2007.12.21]

제19조(양벌규정) 법인의 대표자나 법인 또는 개인의 대리인, 사
용인, 그 밖의 종업원이 그 법인 또는 개인의 업무에 관하여 제18조

제1항부터 제3항까지의 어느 하나에 해당하는 위반행위를 하면 그 행위자를 벌하는 외에 그 법인 또는 개인에게도 해당 조문의 벌금형을 과(科)한다. 다만, 법인 또는 개인이 그 위반행위를 방지하기 위하여 해당 업무에 관하여 상당한 주의와 감독을 게을리하지 아니한 경우에는 그러하지 아니하다.

[전문개정 2008.12.26]

제20조(과태료) ① 제7조제1항에 따른 관계 공무원의 조사나 수거를 거부·방해 또는 기피한 자에게는 2천만원 이하의 과태료를 부과한다.

② 제1항에 따른 과태료는 대통령령으로 정하는 바에 따라 특허청장이 부과·징수한다.

③ 삭제 <2009.12.30>

④ 삭제 <2009.12.30>

⑤ 삭제 <2009.12.30>

[전문개정 2007.12.21]

부칙 <제3897호, 1986.12.31>
이 법은 1987년 1월 1일부터 시행한다.

부칙 <제4478호, 1991.12.31>
①(시행일) 이 법은 공포후 1년을 넘지 아니하는 범위내에서 대통령령이 정하는 날부터 시행한다.

②(이 법 시행전의 영업비밀 침해행위등에 관한 경과조치) 이 법 시행전에 행하여진 영업비밀 침해행위에 대하여는 제10조 내지 제12

조 및 제18조제1항제3호의 개정규정은 이를 적용하지 아니한다. 이 법 시행전에 영업비밀을 취득한 자 또는 사용한 자가 그 영업비밀을 이 법 시행후에 사용하는 행위에 대하여도 또한 같다.

부칙 <제5454호, 1997.12.13> (정부부처명칭등의변경에따른건축법등의정비에관한법률)

이 법은 1998년 1월 1일부터 시행한다. <단서 생략>

부칙 <제5621호, 1998.12.31>

① (시행일) 이 법은 1999년 1월 1일부터 시행한다.

② (벌칙에 관한 경과조치) 이 법 시행전에 행하여진 영업비밀 침해행위에 대한 벌칙의 적용에 있어서는 종전의 규정에 의한다.

③ (소멸시효에 관한 경과조치) 이 법 시행전에 행하여진 영업비밀 침해행위에 대하여 금지 또는 예방을 청구할 수 있는 권리의 소멸시효에 관하여는 제14조의 개정규정에 불구하고 종전의 규정에 의한다.

부칙 <제5814호, 1999.2.5> (표시ㆍ광고의공정화에관한법률)

제1조 (시행일) 이 법은 1999년 7월 1일부터 시행한다.

제2조 및 제3조 생략

제4조 (다른 법률의 개정) ① 생략
② 부정경쟁방지법 중 다음과 같이 개정한다.

제15조중 "독점규제및공정거래에관한법률"을 "독점규제및공정거래
에관한법률, 표시·광고의공정화에관한법률"로 한다.

제5조 생략

부칙 <제6421호, 2001.2.3>
① (시행일) 이 법은 2001년 7월 1일부터 시행한다.
② (벌칙적용에 관한 특례) 제2조제1호 다목 및 사목의 개정규정
에 의한 부정경쟁행위를 한 자에 대하여는 2001년 12월 31일까지는
제18조제3항의 규정에 불구하고 동조동항의 벌칙을 적용하지 아니한다.

부칙 <제7095호, 2004.1.20>
① (시행일) 이 법은 공포후 6월이 경과한 날부터 시행한다.
② (경과조치) 이 법 시행전에 종전의 제18조제1항 및 제2항의
규정을 위반한 자에 대하여는 종전의 규정에 의한다.

부칙 <제7289호, 2004.12.31>   (디자인보호법)

제1조 (시행일)   이 법은 공포후 6월이 경과한 날부터 시행한다.

제2조   내지 제4조 생략

제5조 (다른 법률의 개정)   ① 내지 ⑦ 생략
⑧ 부정경쟁방지 및 영업비밀보호에 관한 법률 중 다음과 같이 개
정한다.

제15조제1항 중 "의장법"을 "디자인보호법"으로 한다.
⑨ 내지 <17>생략

부칙 <제8767호, 2007.12.21>
이 법은 공포한 날부터 시행한다.

부칙 <제9225호, 2008.12.26>
이 법은 공포한 날부터 시행한다.

부칙 <제9537호, 2009.3.25>
이 법은 공포한 날부터 시행한다.

부칙 <제9895호, 2009.12.30>
이 법은 공포 후 3개월이 경과한 날부터 시행한다.

* 출처: 법제처 국가법령정보센터(http://www.moleg.go.kr)

김정덕(金正德) ────────────────────────────────

원광대학교 졸업(정치학 및 법학전공)
경기대학교 대학원 법학과 졸업(법학석사)
경기대학교 대학원 법학과 졸업(법학박사)

국회의원 입법정책비서관
강남대학교 법학과 강사
경기대학교 사회교육원 강사
현) 서울시립대학교 법학부 강사
　　경기대학교 법과대학 강사
　　대진대학교 국제통상학부 강사
　　경원대학교 사회정책대학원 외래교수
　　KCU 한국사이버대학교 세무회계학부 외래교수
　　SDU 서울디지털대학교 정치법무행정학부 법학전공 외래교수
　　한국기업법무연구원 책임연구원
　　서울시정개발연구원 재직 중
　　한국기업법학회, 기업소송연구회, 대한의료법학회, 한국집합건물법학회 회원

김성화(金成華) ─────────────────────────────────────

  중국 정법대학교 졸업(법학사)
  중국 연변대학교 대학원 법학과 졸업(법학석사)
  경기대학교 대학원 법학과 졸업(법학박사)
  중국 화동정법대학교 포스닥연구과정 수료

  중국 연변대학교 법학원 전임강사
  중국 화동정법대학교 국제법학원 연구교수
  현) 중국 상해대학교 법학원 교수
      부산대학교 법학전문대학원 초빙교수
      중국 상해대학교 중한비교법연구소장
      중국 상해 포서(浦瑞, CENLAW) 법무법인 법률고문
      중국법학회국제경제법연구회, 상해시법학회 이사
      한중법학회, 대한의료법학회, 한국집합건물법학회 이사

초 판 인 쇄 | 2011년 8월 5일
초 판 발 행 | 2011년 8월 5일

지 은 이 | 김정덕, 김성화
펴 낸 이 | 채종준
펴 낸 곳 | 한국학술정보㈜
주　　　소 | 경기도 파주시 교하읍 문발리 파주출판문화정보산업단지 513-5
전　　　화 | 031) 908-3181(대표)
팩　　　스 | 031) 908-3189
홈 페 이 지 | http://ebook.kstudy.com
E-mail | 출판사업부　publish@kstudy.com
등　　　록 | 제일산-115호(2000. 6. 19)

ISBN　　978-89-268-2431-3 93360 (Paper Book)
　　　　978-89-268-2432-0 98360 (e-Book)